KB069797

정서적으로 유능한 교사 되기

Roisin P. Corcoran · Roland Tormey 공저
정명화 · 허승희 · 박소영 · 신경숙 · 김아영 · 손 미 · 윤경미 · 김건희 · 김윤옥 공역

Developing
Emotionally
Competent Teachers

Emotional Intelligence and Pre-Service Teacher Education

학지사

역자 서문

이 책은 Roisin P. Corcoran과 Roland Tormey의 저서 『Developing Emotionally Competent Teachers: Emotional Intelligence and Pre-Service Teacher Education』을 번역한 것이다. 저자들은 교사 교육과 정서지능 분야에서 공동 연구를 활발하게 수행해 왔으며, 특히 예비교사의 정서지능과 그 영향력을 밝히는 논문을 출판하기도 했다.

번역은 1990년대 초부터 운영된 연구 모임인 '효우회' 회원들의 의욕적인 발의로 시작되었다. 번역진은 정서에 관한 입문서로 『정서와 교육』(2005)을 출간한 경험이 있기 때문에, 교육에서의 정서의 역할과 발달에 관한 관심을 오랜 시간 공유해 왔다. 특히 교사 교육에 있어서의 정서에 관한 관심을 가지게 되면서, 비교적 최근에 출간된 관련 책을 읽는 과정에서 이 책을 번역 출간하게 되었다.

정서는 학습동기를 유발하고 학습을 지속시키는 힘을 가진 것으로 알려져 있다. 이러한 정서는 학습에 있어서뿐만 아니라 가르침에 있어서도 중요하다. 교사의 정서는 교수·학습에 영향을 미치는 중요한 요소가 될 수 있기 때문이다. 따라서 교사 교육에 있어서 예비교사 및 현직교사의 정서를 개념화하고 관련 역량을 개발하기 위한 연구들이 더 활성화될 필요가 있다.

　이 책은 학교와 교실을 기반으로 교사와 학생들에게 정서가 어떤 역할을 하는가를 잘 묘사하고 있으며, 특히 예비교사들이 정서적으로 유능한 교사가 될 수 있도록 이들의 정서역량을 개발하는 데 의미 있는 시사점을 주고자 하였다. 따라서 번역진은 이 책의 내용이 교사 교육에서의 정서의 중요성에 대한 관심을 높이고, 예비교사를 비롯한 모든 교사의 정서역량을 함양하기 위한 교육과정 개발과 수업에 도움이 될 수 있기를 희망한다.

　마지막으로 이 책의 출판을 맡아 주신 학지사의 김진환 사장님과 편집부 황미나 선생님께 진심으로 감사드린다.

2015년 8월

역자 일동

차 례

제1장

서 론

정서는 가르침의 핵심이다……. 좋은 가르침에는 긍정적인 정서가 가득하다. 그것은 교과를 알게 되거나, 효율적이거나, 적합한 역량을 가지거나, 모든 올바른 기법을 학습하는 문제가 아니다. 좋은 교사는 기름을 잘 친 기계가 아니다. 좋은 교사는 학생들과 관계를 맺는 정서적이고 열정적인 존재이며, 직무와 수업을 즐거움, 창의성, 도전 정신과 기쁨으로 채운다.

— Hargreaves(1998: 835)

인간의 경험은 정서적인 일이다. 이것은 우리 삶의 여러 부분에 해당되는 바와 같이, 교육적 경험에도 해당된다. 학습은 단순히 추상적인 개념의 내용을 이해하는 것이 아니다. 그것은 새로운 개념에 비추어 우리 자신을 발견하는 것에 관한 일이다. 학습은 놀람, 드러냄, 기쁨, 때로는 분노를 포함한다. 그래서 우리는 교육에 관한 공적 담론이 가르침의 측정 가능한 인지적 성과에만 너무 배타적으로 집중하는 순간에 있는 우리 자신을 발견하는 것이 고통스럽다.

— Rosiek(2003: 399)

교실에는 정서가 가득하다. 정서의 상당 부분은 긍정적이다. 학생들은 학습과 서로 함께 있는 것을 즐기며, 교사들은 활기와 흥분을 느낀다. 하지만 불행하게도 부정적인 정서도 상당히 많다. 학생과 교사의 목소리가 분노로 높아지기도 하고, 불안이나 권태로 침묵하기도 한다. 로직(Rosiek)이 앞의 인용문에서 언급한 것처럼 정서는 학습에 핵심적이다. 긍정적인 정서는 학생들의 기억과 학습을 촉진하는 데 도움을 준다. 이는 학습자가 어려운 상황에 직면했을 때 학습을 계속하도록 용기를 주고, 자신을 발전시키는 동기유발의 원동력을 제공해 준다. 부정적 정서경험은 학생들이 교실이나 학교를 이탈하는 데 영향을 줄 수 있다. 하그리브스(Hargreaves)가 앞의 인용문에서 언급한 바와 같이, 만약 교사들이 학생들의 학습을 돕고자 한다면, 열정, 즐거움, 창의성, 그리고 기쁨을 경험할 수 있도록 이러한 정서를 받아들이고 만들어 낼 수 있는 교사의 능력이 그들의 역할에서 핵심일 것이다.

학습에 있어서 정서의 긍정적 역할이 늘 그렇게 명확하게 인지되어 온 것은 아니라는 점을 지적할 필요가 있다. 솔로몬(Solomon)이 지적한 것처럼, 서구 철학은 전통적으로 정서를 '이성보다 더 원시적이고, 덜 지성적이고, 더 동물적이고, 덜 믿음이 가고, 더 위험한' 것으로 간주해 왔다(Solomon, 2000: 3). 이성이 서구 세계에서 높이 평가되었던 것과 달리, 정서는 폄하되었으며 흔히 죄스러운 것으로 간주되었다. 정서는 합리성에 대립되는 위협으로 간주되었다. 정말로 정서는 우리의 '이성을 잃어버리도록' 할 수 있는 것이었다. 정서의 역할에 관한 이러한 부정적 견해는 지난 수십 년간 도전받고 있다. 예컨대, 신경학, 심리학, 그리고 사회학 분야에서의 정서적 혁명은 정서에 관한 전통적 전제에 대한 재검토를 이끌었다. 예를 들면, 뇌 생물학과 뇌 손상에 관한 최근 연구 결과, 정서와 합리적 사고를 관장하는 두뇌의 부분들이 분리될 때 사람들이 최적의 결정을 하지 않는다는 사실을 밝혀냈다(Turner & Stets, 2005: 22). 다마지오(Damasio, 1996)에 의해 나타났듯이 적절한 정서는 실제로 의사결정을 촉진하고 빠르게 할 수 있다. 친사회적 행동에 관한 연구들 또한 다른 사람에게 긍정적인 방식으로 행동하도록 결정할 때 공감과 정서적 관련성의 역할을 강조해 왔다(Hoffman, 2001). 여러 영역에서 정서를 위험하고 무가치한 것으로 간주하기보다는, 우리 삶에 미치는 정서적 영역의 긍정적 영향을 인지할 필요가 있다는 인식이 높아지고 있다.

정서에 관한 이러한 방향 전환에는 정서가 지능과 관련될 수 있다는 아이디어가 어느 정도 작용해 왔다. '정서지능'이라는 용어는 1990년대 중반 다니엘 골먼(Daniel Goleman, 1995a)의 베스트셀러인 『정서지능: 왜 IQ보다 정서지능이 더 중요한가(*Emotional Intelligence: Why It Can Matter More Than IQ*)』라는 책에서 자주 사용되었다. 현재 정서의 가치는 핵심적 단계에 있다. 골먼은 정서지능을 열정, 자기 통제, 그리고 끈기를 포함하는 것으로 정의하였으며, 그것은 지능의 잠재력을 드러낼 수 있다고 주장했다. 또한 도덕적 결핍감을 해소하여 보다 넓은 사회에서의 이타심을 증대시키는 것으로 주장했다(1995a: xii). 골먼은 『정서지능』에 이어 두 번째 책을 출판하였는데, 이번에는 작업장에서의 정서지능에 관한 것이었다. 여기서는 정서역량이 IQ와 전문 지식에 비교해 보건대, 일하는 과정에서 수월성을 나타내는 데 두 배로 기여할 만큼 중요하다고 주장되었다(1998: 31). 불행하게도, 골먼의 대중적 저술들에 관한 개별적 논평들은 그 주장의 다수가 근거가 없거나 지나친 것으로 언급해 왔다(Epstein, 1998; Hedlund & Sternberg, 2000; Roberts, Zeidner, & Matthews, 2001).

그러나 정서지능(EI)의 개념은 다니엘 골먼에 의해 개발된 것이 아니라, 뉴잉글랜드의 심리학자인 살로베이와 메이어(Salovey & Mayer, 1990)의 창작물이었다. 골먼의 주장이 대중의 의식에 불을 밝히는 동안, 다른 많은 연구자들은 정서지능의 개념에 대한 다양한 접근과 평가 방법을 계속해서 개발해 왔다. 살로베이와 메이어에게 있어서 정서지능은 다음의 네 가지 구성요소를 지닌 기술 구조를 의미했다(Mayer & Salovey, 1997; Salovey, Bedwell, Detweiler, & Mayer, 2000).

- 자신과 다른 사람의 정서를 지각하는 능력
- 서로 다른 사고유형을 촉진하는 데 정서 상태를 활용하거나 발생시키는 능력
- 정서 정보를 분석하고 정서 변화, 혼합, 전환 등을 이해하는 능력
- 자신과 다른 사람의 정서를 조절하는 능력

적극적인 수업경험을 하게 하는 이 4가지 기술의 개별적인 잠재 능력이 어쩌면 금방 드러날 수 있다. 나 자신과 다른 사람의 정서를 지

각하는 능력은 휘트컴, 보코와 리스톤(Whitcomb, Borko, & Liston)
이 말한 '자신과 학생들에 대한 민감성'(2008: 3)과 유사하다. 시간
이 지나면서 연구자들은 교사들이 학생들의 정서 상태를 알고 있어
야 한다는 중요성을 강조하고 있다. 그리고 하그리브스는 "이것이
타인과 관계를 맺게 하며, 특별한 방식으로 관계를 맺기 위해 노력
하는 정서적 경험을 나타내기 때문에, 가르치는 것은…… 반드시 넓
은 범위의 정서적 이해를 다루고 따라야 한다."(1998: 838)라고 주
장하고 있다.

이처럼 다양한 사고를 촉진시켜 주는 정서사용은 성공적인 교사들의
중요한 기술로 간주된다. 예를 들면, 로직(2003)은 교사들의 교육학
적 내용지식은 학생들이 공부할 때 그들의 정서적 여행을 위해 계획
하고 인식하는 것을 포함하고 있다고 한다. 그는 학습을 촉진시키는
방법으로 교재의 구체적인 분야에 대한 학생들의 정서반응에 영향을
주는 유추, 비유, 묘사에 대한 교사들의 교육학적 (용어) 사용을 나
타내는 '정서적 비계' 개념을 제시했다(2003: 400).

성공적인 교사들도 항상 정서적인 정보의 의미를 분석하고, 이해하
고, 인트라터(Intrator)가 "교실의 정서적인 상황은 정적이기보다 동
적이다."(2006: 235)라고 주장해 온 대로 그들 교실의 정서적 역동
이 어떻게 변화하고 있는지를 이해해야 한다. 교사들은 항상 자신의
학생들이 활기가 넘쳐야 하는지, 침착해야 하는지, 또는 학생들의
흥미 수준을 향상시켜야 하는지를 판단하고, 이러한 목표를 달성하
기 위한 최선의 방법을 결정해야 한다. 이것은 다양한 정서 사이의
관계 및 전환을 이해하고, 정서 상태를 변화시키는 방법을 이해하는

능력 없이는 불가능하다.

궁극적으로 교사는 **자신과 자기 학생들의 행동이 어떠한가에 대해, 감정이 어떤지를 관리하는 과정에** 항상 관여해야 한다. 이 과정에서 교사는 자신의 감정에 무슨 일이 일어나고 있는지에 대해 학생들에게 말할 수 있도록 감정의 경험을 열린 상태로 유지해야 한다. 또한 필요에 따라 교사는 자신의 정서와 자기 학생들의 정서를 생성하거나 변화시키는 데 대응해야 한다. 예를 들어, 수업에서 필요한 경우 교사는 직접 흥분 감정을 일으키려 하거나 학생들의 커져 가는 분노를 밖으로 표출시킨다.

EI가 교사에게 가치 있을 가능성이 높다는 생각은 EI가 높은 수준을 가지고 있는지에 따라 영향을 받는 것으로 연구에서 증명되고 있다. 교사의 정서기술은 학생 행동, 참여, 학교에 대한 애착, 학업 성적에 영향을 미치는 것으로 밝혀졌다(Baker, 1999; Durlak, Weissberg, Dymnicki, Taylor, & Schellinger, 2011; Schaps, Battistich, & Solomon, 1996; Wentzel, 2002). 또한 정서적으로 숙련된 교사는 공감적 행동을 보여 주고, 정상적 의사소통을 장려하고, 학생들이 안전하고 가치 있다고 느끼는 더 개방적이고 효과적인 학습환경을 창조한다(Brackett, Katulak, Kremenitzer, Alster, & Caruso, 2008). 자신의 감정(정서지능의 요소)을 조절하는 데 더 숙련된 교사는 낮은 피로도와 높은 직업 만족도를 보여 준다(Brackett, Palomera, Mojsa-Kaja, Reyes, & Salovey, 2010). 브레켓과 카투라크(2007: 4)는 "교사에 대한 정서기술 훈련이 이루어짐으로써 더 안정적이고, 지지적이고, 생산적인 학습환경을 만들 수 있다."고 주장하였다.

이 모든 것을 감안할 때, 교사 역량의 구성요소로서 정서지능의 잠재력에 더 큰 초점이 맞춰져 있지 않은 것이 이상하게 보일 수 있으므로, 그것은 교사 교육 프로그램을 통해 개발되어야 한다. 사실 교직과 관련하여 EI에 대한 연구가 비교적 적고, 일부 연구자(예를 들어, Hargreaves, 1998, 2000)는 이 개념에 대해 비판적이었다. 이 것에 대해 적어도 네 가지 이유가 있다.

첫째, EI모형은 정서 역량 또는 기술의 정량적 평가를 포함하고, 교육을 연구하는 많은 연구자는 정서는 현상학적 방법을 통해 가장 잘 연구되고 "인간의 정서적인 상호작용은 자연계 내에 배치되어야 한다."라는 덴진(Denzin, 1984)의 주장을 받아들인다.

둘째, 많은 사람들이 '지능'이란 개념을 고정된 또는 타고난 능력을 가리키는 것으로 간주하고, 사회적·경제적 불평등의 존재를 정당화하기 위해 우익 사상가에 의해 이념적인 방식으로 사용되었다는 점에 깊은 불안감을 가지고 있다(Fischer et al., 1996).

셋째, 펜과 종이(또는 컴퓨터 화면)를 이용하는 시험으로 특정 기술을 증명하는 사람의 능력은 학교와 교실에서의 바쁜 현실 속에서 그 기술에 의존하거나 그렇게 할 수 있다고 가정해서는 안 된다는 인식이 널리 퍼져 있다. 또한 이와 관련해 EI의 개념은 반문화적·반사회적 방법으로 정서를 (아마도 부당하게) 처리하는 것으로 보인다(EI 개념을 비판하는 많은 학자들이 골먼의 업적만 참조하고 있음을 주목해야 한다; Burman, 2009; Hargreaves, 2000).

넷째, 정서지능의 개념은 노동의 착취가 분석의 중심이라는 노동 프로세스 관점을 정반대로 간주하는 경향이 있다. 하그리브스는 이러한 많은 아이디어들에 의존하면서 "정서가 기술적 역량으로 축소되어서는 안 된다."라고 주장해 왔다(2000: 814).

정서가 기술적 역량으로 축소되어서는 안 된다고 하는 것은 정당한 반면에, 교사 정서를 논의할 때 역량이 존재하지 않아야 된다고 주장할 만큼 그 견해를 더 넓히는 것은 도움이 되지 않는다.

교수(예를 들어, Bullough, Knowles, & Crow, 1991; Jackson, 1968; Lortie, 1975; Nias, 1989; Waller, 1932; Woods & Jeffrey, 1996)의 정서적 경험을 조사하는 기술적인 연구들은 많이 진행되고 있지만, 교사들이 실제로 필요로 하는 정서적 기술을 개념화하는 데 도움이 되는 연구는 거의 없다. 또한 교사가 이러한 기술들을 가지고 있는 정도를 평가하는 연구도 거의 없는 실정이다. 그들의 사회적 · 정치적 맥락에서 정서를 분리해서 보지 않는 것이 중요하지만, 교사 교육자는 예비교사의 역량에 여전히 관심을 보인다(학습의 사회적 맥락에 대한 이해와 마찬가지로). 그러므로 우리는 살로베이와 메이어가 제공한 귀중한 EI 기술 구조를 이용할 수 있고, 개념적 도구를 필요로 한다. 동시에 학교와 교실의 현실에서 이러한 개념적 기술을 찾을 수 있는 도구를 필요로 한다. 따라서 EI는 자신과 다른 사람의 정서를 인식하고, 생성하고, 생각을 용이하게 하기 위해 정서를 생성하여 사용하고, 정서적인 정보와 정서적인 변화를 분석하고, 자신과 다른 사람의 정서를 조절하는 개인의 능력을 측정하는 것으로 이해될 수 있다. 그러나 코코란(Corcoran, 2011)에 의해 정의된 교사의 **정서역량**(emotional competence)은 교사가 학교와 교실의 현장에서 실제로 이 기술을 이용하는 능력을 가질 수 있는 정도를 설명한다.

일반적으로 교사의 정서역량이 교사역량에 중요한 요소(현재는 우리가 이것을 받아들이기 위한 충분한 연결 증거가 있어 보인다)임이 인정되는 경우, 그러한 역량이 교사 교육 프로그램의 상황에서 개발될 수 있는지 여부를 질문해야 한다. 여기서 다시 살펴보면, 증거를 기반으로 한 연구가 매우 적다. 교육에 있어서 정서의 중요성이 교사 교육의 정서에 더 많이 초점을 두고 있지만(Corcoran & Tormey, 2012b; Intrator, 2006; Rosiek, 2003; Tormey, 2005a; Whitcomb et al., 2008), 이것을 달성할 수 있는 방법에 대한 연구는 거의 없다. 이 질문은 현실적으로 교사 교육 프로그램에서 배운 많은(전부는 아니지만) 것들이 교사의 교육실습 시에는 상대적으로 적은 영향을 미치고 있다는 깨달음에서 비롯된다(Darling-Hammond & Baratz-Snowden, 2005). 예비교사의 암묵적 기술에 대한 최근의 일부 연구에서는 이러한 기술을 쉽게 가르칠 수 없고, 학교 상황에서 배우는 경향이 있다고 주장하면서 학교에 바탕을 둔 경험 역할에 초점을 맞추고 있다(Elliott, Stemler, Sternberg, Grigorenko, & Hoffman, 2011: 87). 다른 연구에서는 교사 교육 프로그램에 상당한 변화와 투자를 요구하는 상담/코칭 모형을 통해 이 문제를 해결할 것을 제안했다(Hoekstra & Korthagen, 2011). 그러나 엘리엇 등(Elliott et al., 2011: 98)은 "만약 교사 교육 프로그램이 교사의 실질적인 대인관계 기술의 개발에 명시적으로 초점을 두는 경우 더 큰 이점이 있는지에 대해 여전히 문제가 남아 있다. …… 실험 중재를 다루는 미래 연구는 이 질문을 적절하게 해결하는 데 필요할 것이다."라고 최근 결론을 내렸다.

따라서 교사의 교육노력 핵심으로 바뀐 다음과 같은 질문들을 다룰 필요가 있다.

- 예비교사들은 어떤 수준의 교사 정서역량을 가지는가?
- 예비교사 교육 프로그램에서 정서역량이 소개된다면 예비교사들은 정서역량을 개발할 수 있는가?
- 예비교사 교육에서 그러한 역량을 개발하는 것은 실제로 교사로서의 그들의 실전에 영향을 줍니까?

이것들은 이 책이 다루고 있는 질문들이다.

내용과 조직

여기서 설명하는 연구는 정서지능과 정서역량에 대한 대규모 연구의 자료를 바탕으로 교사 교육에서의 정서역량의 역할을 말하고자 한다(Corcoran, 2011).

제2장에서는 교수와 교사 교육에 있어서 정서의 역할을 탐구하고자 한다. 특히 정서적 문제가 교사와 예비교사에게 얼마나 중요한 문제인지를 강조한다. 상대적으로 교사 교육에 대한 연구가 최근에는 정서를 이슈로 제기하고 있고, 현재의 연구에서는 예비교사가 이러한 경험을 필요로 하는 기술 또는 역량에 집중하기보다는 교사가 경험하는 정서를 설명하는 데 집중하는 경향이 있다.

교수에 있어서 정서역량을 키우기 위해서는 정서 그 자체를 더 이해하는 것이 필요하다. 그러므로 제3장에서는 정서의 물리적·행동적, 인지적, 그리고 사회적·문화적 측면에 대해 알아보며 '정서'의 개념을 탐구하고자 한다. 이런 방법으로 정서의 개념을 형성하는 것은 정서의 사회적·정치적 맥락에서 정서지능과 정서역량을 연계하는 데 도움이 될 수 있다. 또한 그것은 교사가 정서를 동반한 일을 할 때 사람들이 이용할 수 있는 자원(물리적, 인지적, 사회적)의 범위를 이해하는 데 도움이 될 수 있다.

제4장에서는 정서역량을 이해하기 위한 접근 범위를 확인하고 탐구하고자 한다. 블룸(Bloom)과 크래드월(Krathwohl)의 정의적 영역에 대한 교육목표 분류 체계, 다중지능이론, 스턴버그(Sternberg)의 삼원지능이론과 정서지능(EI)이 이 범위에 포함된다. 지능의 개념과 지능측정에 대한 질문이 이 장에서 다루어진다. 그리고 교사의 정서역량에 대한 개념과 EI(정서지능)와의 관계를 설명할 것이다. 또한 제4장에서는 연구 방법론을 세분화할 것이다. 연구에 참여한 참여자 표본에 따른 연구 과제와 설계가 설명되어 있다. 이 연구를 설계하는 동안 사회적인 맥락에서 보는 정서의 질적 연구의 가치를 인식할 수 있다. 그러나 정서를 연구하는 수많은 연구자(Corcoran, 2011; Corcoran & Tormey, 2011, 2012a; Sutton & Wheatley, 2003; Zembylas & Schutz, 2009)는 질적 접근방식의 우위를 인정하면서도 양적 측정방식을 포함한 혼합적 연구 방법들이 여러 관점의 답변을 제공해 주고, 양적 측정방식은 교사의 정서에 대한 더 완벽한 그림을 얻기 위해 당장 필요하다고 주장해 왔다. 그러므로 이 책은 연

구 내에서 질적 자료와 양적 자료를 결합하여 예비교사 교육에서의 정서역량의 역할에 대한 통찰력을 제공하고자 한다.

　연구의 양적 요소는 메이어-살로베이-카루소 정서지능검사(Mayer-Salovey-Caruso Emotional Intelligence Test: MSCEIT)를 기초로 한다. 실험 연구는 (정서역량 워크숍 시리즈를 수강한) 실험집단 또는 (일반 수업을 받은) 통제집단 중 어느 집단 하나에 할당되기 전에 4년제 학부 교사 양성 프로그램에 참여한 60명의 학생들에게 정서지능 검사(the MSCEIT V2.0)를 실시했다. 기간이 끝나면, 학생들은 재시험과 면담을 했다. 연구 이후 단계에서 학생들의 정서지능 기술에 대한 인식이 그들의 교수에 영향을 주었는지 여부를 확인하기 위하여 교육실습 배치를 한 후에 다시 면담을 했다. 이때 다른 학부생 집단(통제집단2)과 1년짜리 대학원 교사 양성 프로그램의 학생 집단(통제집단3)에 MSCEIT가 실시되었다. MSCEIT는 총 356명의 예비교사에 대한 (정서지능) 점수를 제공했다. MSCEIT를 사용한 이 연구에서는 예비교사의 정서지능에 대해 우리가 알고 있는 한도에서 최대 규모를 대상으로 실험을 했다.

　제5장에서는 MSCEIT에 대한 연구 결과를 해석하며, 두 개의 절로 구성된다. 제1절에서는 MSCEIT에 따른 356명의 예비교사의 점수에 대한 주요 연구 결과를 제시할 것이다. 제2절에서는 예비교사 교육 프로그램과 통합된 짧은 기간 동안의 정서역량 워크숍 시리즈를 통해 예비교사의 정서지능을 증가시킬 수 있는지 아닌지에 대해 탐구하고자 한다. 이 워크숍 시리즈에 참가한 학생들은 EI 수준에서는 상당한 증가가 없었지만, 정서관리(교사로서 그들의 전문적 선택과

가장 관련된 기술 영역)의 평균 점수는 뚜렷하게 증가했다.

제6장과 제7장에서는 주요한 질적 연구에 대한 결과를 제시할 것이다. 제6장은 워크숍 시리즈가 학생들의 정서역량 수준을 향상시켰는지에 대한 질문으로 되돌아간다. 워크숍에 참여하지 않은 학생들에 비해 워크숍에 참여한 학생들의 이해력과 기술 수준이 어느 정도 증가되었는지를 강조한다. 양적 측정방식은 예비교사의 정서역량을 실제로 추적할 수 있을 정도로 아주 세밀하지 않으므로 EI 기술 개발의 정도를 평가하기 위해서는 양적인 도구 및 질적인 도구를 모두 사용하는 평가 방법을 강조하고 있다.

제7장에서는 교수의 수업 사례에 대한 워크숍의 전반적인 영향을 탐구하고자 한다. 예비교사가 수업에 들어갔을 때 워크숍 시리즈에서 이해하고 개발된 기술이 '사라진 것'이 아니라, 워크숍 시리즈에 참여하지 않은 사람들과 비교했을 때 보다 더 정교한 정서적 이해와 역량을 교사가 가져올 수 있다는 것을 강조한다.

교사의 정서지능 기술이 명백히 중요함에도, 예비교사 간의 정서역량의 개발에 대한 연구는 거의 없다. 여기서 제시된 자료는 예비교사가 MSCEIT에 의해 측정된 정서지능의 기대 수준보다 낮은 수준을 보이는 것으로 나타난다. 그러나 비교적 짧은 기간의 정서역량 워크숍 시리즈는 예비교사들이 교실에 들어갔을 때 교사들이 전념할 수 있도록 교사의 정서역량은 실제적이고 지속적인 효과를 갖고 있는 것으로 보인다. 이는 교사의 정서역량을 예비교사 교육 프로그램을 통해 쉽고 효과적으로 다룰 수 있다는 가능성을 드러내는 것이다.

Developing Emotionally Competent Teachers

제2장

교수와 교사 교육에 있어서의 정서

서 론

자신과 타인의 정서를 인지하고 사용하며 그것을 다루는 능력이 교사에게 있어서 중요한 기술이라는 것과 사회정서학습(Social and Emotional Learning: SEL)의 이러한 측면이 초임교사들과 예비교사들의 교육에 특히 관련성이 있다는 것은 이미 많은 연구들에 의해 제시되고 있다. 이 책의 시작 부분에서 인용되었던 하그리브스(Hargreaves)의 말처럼 "정서란 가르침에 있어서 가장 핵심적인 부분이다. 좋은 교사들이란 자신들의 학생들과 교감하고, 그들의 업무와 수업들을 기쁨과 창의성, 도전과 즐거움으로 가득 채우는 정서적이고 열정적인 사람들이다."(1998: 835) 따라서 교사의 기술, 교사 교육, 그리고 발달에 관한 연구들에서 정서와 정서 기술 또는 역량, 정서지능 혹은 SEL에 대한 연구들이 집중적으로 이루어져 있을 것이라고 기대되고 있지만, 불행하게도 실상은 그렇지가 않다. 물론 이것은 교육 연구에서 정서에 대한 연구들이 없었다는 것이 아니라 (Fried, 1995; Gay, 2000; Goleman, 1995a; Noddings, 1992), 현 시점에서 보았을 때 지금까지의 연구에는 한계가 있다는 것이다.

이 장에서는 우선 교사 업무의 본질과 그 맥락에 대해서 알아보고, 그 후 교사가 되는 것과 그와 관련된 정서의 역할에 대하여 알아볼 것이다. 마지막으로, 교사의 정서에 대해 현존하는 연구들의 한계와, 정서역량과 정서지능이 어느 정도로 교사 교육과 예비교사 교육을 위한 중요한 쟁점인지 또는 쟁점이여야 하는지에 대해서 살펴볼 것이다.

교사 업무의 본질과 맥락

하그리브스와 풀란(Hargreaves & Fullan, 1998)에 따르면, "정서는 우리 자신의 역동적인 부분들이고, 그 정서들이 긍정적이든 부정적이든 모든 조직체, 특히 학교에는 다양한 정서들이 항상 존재한다."(Bullough, 2009: 33에서 재인용). 불로우(Bullough)는 교사의 업무는 학생들의 성취도를 높이기 위한 두려움, 당혹감, 죄책감에 의존하는 새로운 관리 통제주의에 비추어 변화되고 있다고 주장한다.

코크란-스미스와 프라이즈(Cochran-Smith & Fries, 2006: 39)는 교사의 자질이 의미하는 것이 무엇인지, 그리고 교사의 어떤 특성들이 바람직한 교육과 관련이 있는지에 대해 아직도 불명확하다는 점을 강조했다. 교사의 자질이 학생들의 학습과 전반적인 학교 효과성에 영향을 미친다는 것에 대해서는 의견들이 일치되고 있다 (Cochran-Smith & Fries, 2006). 코크란-스미스와 프라이즈(2006: 40)에 따르면, 교사의 자질은 지금까지 두 가지 차원에서 개념화되어 왔다. 즉, "교사의 자질은 학생의 성취도, 그리고 교사의 자격 요건으로 규정되는 교사 자질의 두 측면에서 정의되어 왔다."는 것이다. 이 두 가지 정의는 상호 배타적이지는 않지만, 거기에는 서로 다른 의미들도 함축되어 있다. 하누섹(Hanushek, 2002)에 따르면, 교사의 자질을 학생의 성취도로 보았을 때, 이것은 단순히 "좋은 교사들은 그들의 학급 학생들의 성취도가 높은 사람들이다. 반대로 나쁜 교사들은 그들의 학급 학생들의 성취도가 낮은 사람들이다."(Cochran-Smith & Fries, 2006: 40에서 재인용)라는 것이다. 학생들의 성취가 검토되고 평가되며, 그 결과를 향상시키는 것은 교사의 능력이다(Day & Qing, 2009). 교사 자질에 관한 두 번째 접근은 교사의 자질이 교사의 능력과 연관되어 있다고 보는 것이다. 달링-하몬드(Darling-Hammond, 2000)가 말했듯이 학생의 학습은 "교사가 무엇을 알고 있고 무엇을 할 수 있는가에 따라 상당히 좌우된다."(Cochran-Smith & Fries, 2006: 41에서 재인용). 이 접근에서는 교사의 특성과 능력을 고려하지만, 여기에서의 교사 자질의 지표는 여전히 학생의 성취도 또는 결과물과 연관되어 있다. 최근의 몇몇 교육 정책에 관한 토론에서는 이와 관련하여 심지어 교사의 급여를 이러한 결과와 관련시켜 논의하기도 하였다. 발리와 부에스(Valli & Buese, 2007: 545)는 교사 자질에 대한 이러한 접근의 결과로 '교사를 훈련시키는 것'에 더 초점을 두는 교육과정이 만들어졌고, 교사가 학교에서 가르치는 것에는 스트레스가 더욱 증가하게 되었다고 주장한다(Bullough, 2009: 33에서 재인용).

이처럼 교사 업무의 본질이 변하고 있는 것뿐만 아니라, 교사가 업무를 수행하는 맥락 또한 변하고 있다. 레빈(Levine, 2006: 11)이 주장한 것처럼 '오늘날'의 교사들은 그들의 전임자들이 하지 않았던 것들도 알아야 하고 할 줄 알아야 한다. 교사들은 **모든 학생들**이 역사상 **가장 높은 학습 결과**를 성취해 낼 수 있도록 **교육시킬** 준비가 되어 있어야 한다. 이것은 근본적으로 이전 세대의 교사의 업무와는 다른 업무다. 뱅크스(Banks, 1995)는 '인구학적으로 긴요한 문제'는 '인종적, 문화적, 언어적, 사회경제적, 그리고 지리적으로 다른 학생 집단들 간의 교육적 기회, 자원, 성취의 불공평한 차이'라고 말했다(Cochran-Smith & Fries, 2006: 41에서 재인용). 미국 상무성(US Department of Commerce, 1996)에 따르면, 2035년에는 유색 인종 아동 수는 학교에서의 학생 수의 대다수를 차지하게 될 것이고, 2050년에는 57%를 차지하게 될 것이다. 아이러니하게도, 교사 인력 프로필은 그와는 반대다. 교사 인력의 86%는 백인 교사들로 이루어져 있고, 유색 인종 교사 수는 오직 전체 교사 수의 14%로 이루어져 있다(Cochran-Smith & Fries, 2006: 41에서 재인용). 길리건(Gilligan, 2004)과 토미(Tormey, 2005a)는, 교사 자신과 사회적으로 다른 학생들과 정서적으로 관계를 맺을 수 있는 교사의 능력을 길러 주는 것이 교사 교육자들에게 중요한 관심사가 되어야 한다고 주장했다. 부엘, 겔, 달라비스와 하비랜드(Buehler, Gere, Dallavis, & Haviland, 2009: 410)는 서로 다른 사회적 특권을 가진 학생들이 그들의 위치에서 정의적인 문제들에 부딪힐 때, 예비교사들이 공감을 넘어서 정치적인 신념까지 다룰 수 있는 기술들을 가지게 할 필요가 있다고 주장한다. 그들은 "문화적으로 서로 다른 성향을 가진 학생들이 요구하는 인지적인 문제와 정서적인 문제 모두에 대처하게 하기 위하여 초임교사들을 어떻게 준비시킬 것인가?"라고 묻는다.

교사와 정서

교사 정서에 관하여 연구들이 많이 없는 이유 중 하나는 심리학에서의 정서에 관한 집중적인 연구들이 근래인 1980년대 초반에 시작되었기 때문이다(Sutton & Wheatley, 2003: 328). 1990년대 중반에서 후반까지, 심리학에서의 이러한 연구들은 교육에 영향을 미쳤다. 『케임브리지 교육학 연구(*Cambridge Journal of Education*)』(Nias, 1996에 의해 편집됨)의 특별판의 내용은 하그리브스(1998, 2000)가 작성한 몇 개의 연구들과 함께 교사 정서 분야에 관해 많은 주목을 끌었다. 그러나 서튼과 휘틀리(Sutton & Wheatley, 2003)에 따르면, 초임교사들과 경력이 있는 교사들의 삶에 관한 광범위한 사회학적 연구들(Bullough et al., 1991; Jackson, 1968; Lortie, 1975; Nias, 1989; Waller, 1932; Woods & Jeffrey, 1996)은 교사의 가르침에 있어서의 정서에 대한 많은 실증적인 문헌들의 토대가 되었다. 일례로, 다수의 연구는 교사들이 학생들을 가르칠 때 경험하게 되는 긍정적인 정서와 부정적인 정서에 대해 초점을 두어 이루어졌다

(Sutton & Wheatley, 2003).

하그리브스의 말처럼 교사들은 다양한 상황에서 "걱정하고, 희망하고, 열변을 토하고, 지루해지고, 걱정하고, 부러워하고, 걱정되는 일을 회상하고, 사랑하고, 자랑스러워하고, 염려하고, 낙담하고, 좌절감을 느끼는 것 등을 경험한다."(Hargreaves, 2000: 812) 에머(Emmer, 1994)에 따르면, 유감스럽게도 교사들은 긍정적인 정서보다 부정적인 정서를 더 많이 경험한다고 한다. 로티(Lortie, 1975: 143-144)는 교사들에게 자신의 가르침의 결과를 평가하도록 하였을 때, 그들이 느끼게 되는 '일종의 정서의 홍수 상태' 그리고 '무능함, 좌절의 쓴맛, 학생들에 대한 분노, 절망, 그리고 다른 어두운 정서들'에 대하여 언급하였다. 헬싱(Helsing, 2007)은 교사들이 가지는 불확실성과 갈등들이 부정적인 정서들을 증가시키고, 교수의 질을 낮출 수 있다는 것을 발견하였다. 그녀는 교사들이 불확실성을 경험하게 되는 이유는 종종 '다른 사람들의 생각, 정서, 그리고 행동을 해석하고 평가하는 것'을 포함하는 그들 업무의 복잡한 본질 때문이라고 설명하였다(Helsing, 2007: 1318). 따라서 50%에 가까운 많은 교사들이 교직에 종사하게 된 지 5년 내에 떠난다고 하는 보고서(Alliance of Excellent Education, 2004; Ingersol, 2003)의 내용들은 더 이상 놀랍지 않다(Schutz & Zembylas, 2009에서 재인용). 이렇게 많은 교사들이 교직을 떠나게 되는 이유를 추정해 보면 대개 정서적인 이유들이며, 여기에는 스트레스를 일으키는 교사 업무의 본질이 포함된다.

교사 자신과 학생들의 정서를 통제하는 능력에 관한 다수의 연구가 있다. 예를 들어, 홋스킬드(Hochschild, 1983: 7)는 교직을 포함한 여러 직종에 있어서 적절한 공적ㆍ전문적 정체성을 유지하기 위해 개인이 스스로 자신을 억눌러야 되는 일들이 많은 '정서적 노동'에 대하여 말한다. 또 다른 연구들에서도 교사들이 자신의 감정이 그렇지 않음에도 불구하고 '가식적인 태도를 보인다거나' 그들 나름대로 어떤 정서를 느끼는 '척하는' 등의 교사들의 행동에 대해 언급하고 있다(Hargreaves, 1998; Sutton, 2004). 교직 문화의 특수성으로 인해, 교사들은 사랑을 표현하고, 연민하고, 걱정하며(Oplatka, 2007), 보다 더 사적이고 도덕적인 방식으로 학생들과 교감하도록 기대된다(Klaassen, 2002). 정서를 통제하고 다루는 능력은 교사들의 스트레스와 관련이 있다. 이 문제는 하나의 국제적인 현상으로서 캐나다(Klassen, 2010), 프랑스(Pedrabissi, Rolland, & Santinello, 1993), 이탈리아(Pisanti, Gagliardi, Razzino, & Bertini, 2003), 네덜란드(de Heus & Diekstra, 1999), 중국(Hui & Chan, 1996), 호주(Pithers & Soden, 1998), 그리고 다른 많은 선진국(Boyle, Borg, Falzon, & Baglioni, 1995; Kyriacou, 1987, 1998; van Dick & Wagner, 2001)에서 다루어지고 있다.

트레버스와 쿠프(Travers & Coope, 1993)의 한 연구에서는 30% 이상의 영국 교사들이 증가하는 압박감과 함께 그들의 직업을 스트레스가 많은 직업으로 인지하고 있다는 것을 발견했다. 한편 보그(Borg, 1990)는 전 세계의 많은 연구들에서 조사 대상 교사들 중 많게는 1/3의 교사들이 교직을 매우 스트레스가 많은 직업으로 여긴다는 것을 발견했다(Chan, 2006: 1042에서 재인용). 그러므로 스트레스와 정서조절의 어려움이 교사들로 하여금 그들의 직업에 대해 불만족하게 하고, 그 직업을 떠나게 하는 주된 이유가 될 수 있다 (Darling-Hammond, 2001). 교직을 그만두는 교사들의 수가 증가 하는 것뿐만 아니라 교육의 '질'에 대한 교사들의 불편한 정서의 문 제 때문에도 교사 정서의 다양한 측면에 관한 연구들은 점점 중요 시되고 있다(Schutz & Zembylas, 2009). 그러나 슈츠와 젬빌라스 (Schutz & Zembylas, 2009: 4)는 이렇게 말하였다.

> 지금까지 교사 정서의 어떤 면들이 어떻게 연구되고 이론화 되어야 하는지에 대하여 비판적으로 집대성하려는 체계적인 노 력은 없었다. 사실상, 연구자들은 가르침과 정서 사이에 일어나 는 다양한 교류 현상들을 이제 겨우 검토하기 시작했을 뿐이다. 이것은 교사들의 정서에 관한 부가적인 연구와 이론화는 정서 가 어떻게 가르침, 배움, 그리고 교사들의 삶에 영향을 미치는 지에 대해 보다 더 나은 이해를 가질 수 있게 하기 때문에 그러 한 연구가 시급히 필요하다는 것을 말해 준다.

초임교사와 정서

학생을 가르치는 데 있어서 교사의 정서가 중요한 역할을 한다면, 이것은 특히 초임교사들과 예비교사들에게 더욱 그러할 것으로 보 인다. 초임교사들이 경험하는 긍정적 정서와 부정적 정서에 대해서는 여러 연구 결과가 있다. 에벨라인 등(Evelein et al., 2008: 1137)에 따르면, 교사들은 '저항, 무력함, 교직의 피로에서부터 아무 문제가 없고 자신감을 가지는 것에 이르기까지 여러 범주의 정서들을 표현한다. 업(Erb)은 "한 경험에서 또 다른 경험까지, 초임교사들의 세계는 역동적이다. 비록 소용돌이의 방향은 예상할 수 있겠지만, 그 활동성의 정도는 보다 예측하기가 힘들다. 소용돌이에서 대립하는 물의 흐름은 크거나 작은 소용돌이들을 형성할 것이며, 물 위의 대상들은 부드러운 물의 흐름 속에 떠 있을 수도 있고, 압도적인 힘의 강도로 인해 수면 아래로 빨려 들어갈 수도 있다."(2002: 1)라고 하며 초임교사들의 정서를 소용돌이에 비유하였다. 또한, 많은 연구들이 초임교사들이 경험하게 되는 불안함에 대해 기술하고 있다 (Bullough et al., 1991; Erb, 2002; Lortie, 1975; Tickle, 1991). 메이어(Meyer, 2009)는 교육실습(또는 인턴십) 중의 예비교사의 정서를 예비교사가 작성한 설명과 면담들로써 확인하였다. 그녀는 이렇게 설명하였다.

예비교사들은 매우 통제된 환경 속에서 교직에 예비 입문하게 되고, 그러한 통제에 대해 보다 더 책임을 갖도록 요구되면서 자주 무력감을 느끼게 된다. 또한 예비교사의 대학 지도교수와 학교의 지도교사들도 그들이 교직에서 경험하는 다양한 정서들에 대해 동정적으로 공감하면서도 예비교사들이 그들의 정서를 잘 다루고 그들에 대한 전문적인 기대에 대응해 나가도록 촉구하는 것은 흔하게 일어나는 일이다(2009: 74).

예비교사들로 하여금 교육실습을 더 탐구해 볼 가치가 있게 만드는 것은 이러한 정서적인 긴장 상태에서 이루어진다. 이러한 문제는 교사들의 삶에 대한 로티(1975)의 연구 이후에도 별로 변화되지 않았다. 그는 "대부분의 초임교사가 교직에 입문하게 되는 방법은 그들을 이중으로 외롭게 만든다. 그들은 신체적 고립의 상태에서 '가라앉거나 수영하거나'의 상황에 직면하게 되고, 그 과정 속에서 단지 약간의 문화적 지원을 받을 뿐이다."(1975: 237)라고 하였다. 이것은 예비교사 교육 프로그램에서의 학생들에 대한 정서교육에 대한 문제점을 상기시키는 것이다. 현재의 교육 시스템에 대해 비판하는 사람들은 초임교사들이 경험하게 되는 앞의 부정적인 정서들은 예비교사 교육 프로그램이 잘 준비되지 못한 결과일 수 있다고 말한다. 스튜어트와 설로(Stuart & Thurlow, 2000)는 학부 교육 프로그램이 현장의 교직에서 요구되는 내용들에 비하여 부적절하게 예비교사들을 준비시킨다고 주장하였다. 실제로 다수의 연구자들은 예비교사들이 교직과 연관된 도전들에 잘 대처할 수 있도록 그들을 더 잘 준비시킬 필요가 있다는 것을 인식하고 있다(Brookhart & Free-man, 1992; Fullan & Stiegelbauer, 1991; Goodlad, 1990; Kagan, 1992). 메이어(2009)는 교사의 정서에 관한 현재의 몇몇 연구를 언급하며 교사 교육 프로그램의 문제점을 제시하였고, 젬빌라스와 슈츠(2009)는 교사의 업무와 연관된 정서적인 도전들을 잘 다룰 수 있게 초임교사와 예비교사를 포함하는 교사 교육 프로그램들을 개발할 필요가 있다는 것을 강조했다. 스튜어트와 설로(2000: 114)에 따르면, 예비교사는 종종 "성공적인 교사로서의 자질에 대해 잘못된

단순한 신념들을 갖는다." 몇몇은 교직을 지식 전달과 정보 소비의
한 과정으로 본다(Pajares, 1992). 이러한 '논리적이지 못하고 단순
화된'(Pajares, 1992: 321) 신념들은 교사들이 '그들의 직업에 대하
여 환멸을 느끼고' '그들 스스로를 유능하다고 지각하게 하지 못하
기 때문에 교직에 대하여 낙담하게' 만드는 결과를 초래할 수 있다
(Stuart & Thurlow, 2000: 113).

예비교사 교육을 위한 변화와 개혁의 의제

지난 몇십 년 동안은 전 세계적으로 교사 교육자들에게 매우 도전
적인 시기였고, 이 시기 동안에 교사 양성 모형의 가장 기본적인 내
용들에 대한 문제점들이 제기되었다. 예를 들어, 2002년 미국, 그
당시 미국 교육부 장관이었던 로드 페이지(Rod Paige)는 대학에서
의 교사 교육 프로그램들을 통해서 학생들이 배울 수 있는 교육적
영향력에 대한 증거들은 거의 없다고 주장하였다(Levine, 2006). 이
러한 논란은 페이지가 처음이 아니었다. 달링-하몬드와 바라츠-스
노우덴(Darling-Hammond & Baratz-Snowden, 2005)이 언급했듯
이, 수많은 미국 정치인들이 그들의 주된 교육 정책에서 교사 교육
을 개혁하거나 기존의 교육 정책들을 없애곤 하였다. 미국에서 논
쟁의 중심은, 전부는 아니지만, 많은 교사 교육 프로그램의 내용들
이 현장교사들이 교실에서 실제로 하는 내용들과 큰 차이가 없다
는 것이었다(Darling-Hammond & Fickel, 2006). 교사 교육 모형

에 이의를 제기하는 이러한 문제들에 대하여 미국뿐 아니라 다른 많은 나라들에서도 관심을 기울이고 있다. 프랑스와 아일랜드는 지난 몇 년간 그들의 교사 교육 모형에 상당한 재편성을 보이고 있고, 영국은 1980년대부터 교사 양성 모형을 지속적으로 수정하고 있다(Tormey & Batteson, 2011).

교사 교육이 개선될 필요가 있다는 의견이 증가하고 있지만, 어떻게, 왜 그런 목적을 위해 개선해야 할지에 관해서는 아직도 불확실한 측면들이 있다(Cochran-Smith & Fries, 2006: 43). 교사 교육 개혁의 선봉에 서기 위해 경쟁하는 복잡한 사회적 · 정치적 · 기관적 의제들이 있다. 이러한 의제들 중 몇 가지는 교직을 정치적으로 통제하는 것을 목표로 하며, 반면 다른 몇 가지는 전문적인 자율성과 평등을 획득하는 것을 목표로 한다. 가드너(Gardner, 1989)에 의하면, 전문화 의제는 '교사의 가르침과 교사 교육을 기초 연구들과 공식적인 지식 체계에 기반을 둔 전문직으로 만들어 전문적인 교육자와 비전문가를 구별하게 하는 것을 목표로 한다.'(Cochran-Smith & Fries, 2006: 44) 이 목표가 그 틀을 잡기 위한 하나의 방법은 교직 기준과 교사 교육에서 예비교사 교육, 자격증, 자격증 수료 과정 등이 일관성 있게 유지될 수 있도록 하는 것이다. 그리고 대학에 기반을 둔 프로그램들을 이수한 교사들을 확보하는 것이 학생들의 학습과 성취에 기여할 수 있는 가장 중요한 요소다(2006: 44).

둘째로, 이와 상충되는 의제는 규제완화다. 이것은 특히 미국과 영국의 상황에서 그러하다. 코크란-스미스와 프라이즈에 따르면, 이 의제를 지지하는 사람들은 "교직으로의 관문에 다양한 경로를 열어 두는 것을 옹호한다. 그리고 누가 교직에 설 것인가를 결정하기 위한 핵심을 학생들의 시험 점수에 두며, 교직에 서기 위한 대부분의 요건들이 똑똑하고 젊은 사람들을 교직에 서지 못하게 하고 학생들의 성취도보다 사회적 목표에 집중한다는 가정에 근거한다. 그러므로 이들은 교직의 '독점'을 없애기를 바란다."(2006: 44) 규제 의제는 투입(강의 내용, 현장 학습 등)과 교사 양성의 산출/결과(평가)에 관한 각 주 수준의 규제를 말한다. 이것은 모든 주가 매년 교사 양성 프로그램의 질을 보고하기를 요구한다. 모든 고등 교육 기관들 또한 교사 자격을 위해 추천된 모든 후보자들의 자격요건을 각 주에 보고해야 한다(Cochran-Smith & Fries, 2006: 45에서 재인용). 그러나 코크란-스미스(2004)는 이러한 상충되는 의제로 인해 야기되는 어려움들에 대해 설명했다. 그녀는 그것을 "엄격하게 규제된 규제완화, 즉 한편으로는 가장 많은 필요조건을 폐지하고 교직으로의 문을 넓히는 대안적인 방안에 대한 지지가 되면서, 다른 한편으로는 주와 지역의 결정권을 줄이고 전문적인 재량권과 자율성을 크게 제한하는 중앙 집권화된 연방 정부의 규제"(Cochran-Smith & Fries, 2006: 45에서 재인용)라고 언급하였다.

세 번째 의제는 사회적 정의의 의제다. 사회적 정의의 의제를 지지하는 사람들은 사회 운동가들이 미국 사회의 불평등을 줄이기 위해 헌신하는 것처럼 교사들도 그러한 전문적인 교육자가 되길 바란다(Cochran-Smith & Fries, 2006: 45에서 재인용). 이 의제는 백인 이외의 다른 인종의 교사들과 도시 학교에서 학생들의 성공을 고취시킨 교육 경험이 있는 교사들을 고용함으로써 교직을 다양화하는 것을 목표로 한다(Cochran-Smith & Fries, 2006). 하지만 그란트와 아고스토(Grant & Agosto, 2008)가 주장했듯이 교사 교육에 사회 정의를 다룰 필요가 있다는 것에 대한 많은 글이 있지만, 이러한 사회 정의가 어떤 것이어야 하며, 교사들에게는 어떤 능력들이 필요한지를 명확하게 그 이론적 근거를 끌어내어 설명하는 연구들은 드문 편이다.

이러한 상충되는 의제들이 명확한 목적을 가질지는 몰라도, 이것들은 교사가 되기를 준비하는 과정에서 사람들이 자주 겪게 되는 중요한 문제들을 다루고 있지는 못하다. 배려심이 많은 교사들, 열정적인 교사들, 그리고 정서적으로 지능이 있는 교사들의 개발은 이러한 의제들의 어느 부분에도 속하지 않는다. 글리손과 킬리(Gleeson & Kiely, 2006)는 교육 개혁에는 반응적인 접근법이 필요하다고 보았다. 즉, 결과보다는 과정에 더 관심을 가지고, 교사들의 다양한 필요와 선호들을 충족시키기 위해 그들의 참여와 상호작용을 확보하는 것이 보다 필요할 것이라고 주장하였다. 그러나 이 접근법은 '가르침과 배움, 그리고 학생과 교사의 상호작용의 질과 같은 논점들과 관련된 과정에 대한 지표들'을 필요로 한다(Gleeson & Kiely, 2006: 17). 이러한 논쟁들의 내용이 매우 복잡하긴 하지만, 그 모든 내용들에서 정서의 차원을 무시해서는 안 될 것이다. 하그리브스(1997: 109)가 말했듯이 "정서와 감정은 뒷문을 통해 교사 교육의 변화 과정에 다시 들어가게 된다."

이러한 여러 연구들은 교사 교육이 교직의 정서적 차원에 중점을 두어 개선될 필요가 있다는 것을 제시한다. 결국 교사의 기술, 교사 교육 그리고 발달의 연구들에서 정서에 관한 연구를 진전시킬 필요가 있다는 것은 자명하면서도 시급한 사실이다.

결 론

앞에서 설명한 바와 같이 교사의 기술, 교사 교육 그리고 발달에 관한 연구들에서 정서에 관한 연구의 많은 부분들은 질적이고 서술적이다. 이러한 연구들을 비판하는 것은 아니지만, 이러한 서술적인 연구들의 한 가지 한계는, 학생들을 가르치는 것과 가르치기 시작한다는 것이 정서적인 측면에서 중요한 경험이라는 것을 인지하게는 하지만 교사와 초임교사들이 어떤 차원의 정서적 기술을 가져야 하는가에 대해서는 명백히 설명해 주지 못한다는 것이다. 교사라는 직업을 선택한 예비교사들은 그 정서적 차원에 있어서 다른 직업을 선택하고자 하는 또래들과 비교했을 때 아마도 더 높은 수준의 정서역량을 가지고 있을지도 모른다는 가설을 만들 수도 있을 것이다. 그러나 이에 대한 서술적인 유형의 연구들만으로는 이런 가설(제4장에서 이 가설에 관해 다시 알아볼 것이다)을 검증할 수 없을 것이다.

이러한 연구들의 두 번째 한계는, 교사들의 정서를 이해하기 위한 일관성 있는 개념 체계의 부재다. 벤과 슬리거스(Veen & Sleegers, 2009)는 교육 개혁의 맥락에서 교사들의 정서를 고려하는 것이 필요하다고 보지만, 개인과 그들을 둘러싼 환경 모두를 고려해야 한다는 이론을 주장했다. 니아스(Nias, 1996: 294)의 말처럼 "인지와 감정 둘 중 어떤 것도 사회적·문화적 영향력에서 분리될 수 없다. 사회적·문화적 영향력은 인간의 인지와 감정을 형성하는 데 도움을 주고, 그에 따라 형성된 인지와 감정이 인간의 사회, 문화적 환경을 형성하게 되는 것이다."

세 번째로, 정서가 교사의 가르침의 통합적인 한 부분으로 인식되고 있기는 하지만, 이에 대한 예비교사들의 경험들(교사 발령 이전의 경험)에 관한 연구들은 아직 미미하다는 것이다(Meyer, 2009). 교육실습을 하는 과정에서의 예비교사들의 정서를 연구하는 것은 중요하다. 왜냐하면 메이어(2009: 74)가 설명했듯이 "그것은 교사들이 그들의 직장생활과 교실에 가져오는 역사들의 한 부분을 포착하는 것이기 때문이다."

이러한 한계들을 거론하는 것은 여기서 나아가 또 다른 논의들을 불러일으킨다. 예를 들어, 교사들의 정서적인 기술을 어떻게 측정할 것인가 하는 것은 매우 어려운 문제다. 실제로 몇몇 연구자들은, "학생들의 관점에서 '좋은 교사'로 인식되는 정서적이고 공감적인 자질들은 파악하기 어렵기 때문에 정확히 측정될 수 없다."라고 주장한다(Constanti & Gibbs, 2004: 247: O'Connor, 2008: 117에서 재인용). 이러한 것은 정서지능의 모형들(Bar-On, 1997b; Goleman, 1995a; Mayer & Salovey, 1997)에 대한 연구에서 탐구되는 문제다. 제4장에서는 정서지능모형들과 교수 맥락에의 적용 가능성에 대해 알아볼 것이다. 그러나 그것을 효과적으로 하기 위해서는 우선 정서라는 것이 무엇을 뜻하는가에 대해 분명한 해석을 전개해 나가는 것에 관심을 가지는 것이 필요하다.

제3장

정서의 이해

앞 장에서는 가르치는 것과 가르치는 것을 배우는 데 있어서 정서가 얼마나 핵심적인가를 강조하였다. 기존의 문헌은 교사의 정서 경험을 묘사하는 경향이 있으나, (1) 교사나 초임교사들은 어떤 정서적 기술이나 역량을 가져야 하는지, (2) 초임교사들은 어느 수준의 정서적 기술이나 역량을 가질 수 있는지, 그리고 (3) 그러한 역량을 예비교사 교육을 통해 어떻게 효과적으로 개발할 수 있는지에 대해서는 별로 언급하고 있지 않다. 정서적 기술이나 역량에 관한 이러한 질문들에 대해 살펴보기 전에, 먼저 '정서' 자체의 개념을 살펴볼 필요가 있다.

1995년 3월 28일자 『뉴욕 타임스(*The New York Times*)』의 다니엘 골먼(Daniel Goleman, 1995b)의 기사에서는 뇌를 스캔한 두 개의 그림을 제시했다. 이 그림은 행복과 슬픔의 정서와 관계되는 신경 활동 부위를 보여 준다. '행복'이라는 제목이 붙여진 그림의 설명은 "뇌 스캔은 행복한 생각이 특정한 영역의 신경 활동을 소강상태

가 되게 한다는 것을 말해 준다."라고 되어 있다. '슬픔'이라는 제목
이 붙은 그림에는 "슬픈 생각은 다른 영역의 신경 활동을 증가시킨
다."라고 설명이 되어 있다. 기사는 "정서의 핵심은…… 신경학자는
물론이고 시인이 다루기에도 무척 어렵다. 이제 뇌 연구자들이 그
들 자신의 방식으로 뇌 연구를 하기 시작했다."(Goleman, 1995b)로
시작한다. 이러한 보고서들은 상징적 · 언어적 · 사회적 형태를 통해
작동하는 뇌의 신경학적 활동으로 간주하는 정서에 대한 일반적인
이해를 재확인하는 경향이 있다(White, 2000).

그러나 정서는 신경학적 활동이나 신체적 상태의 변화 면에서 간
단히 설명될 수 없다. 오히려 어떤 정서적 경험이든 이는 사회적 · 인
지적 범위에서뿐만 아니라 심리적 요인의 측면에서 이해되어야만 한
다. 이러한 요소 각각은 교육 활동에 중요하다. 어떤 상황에 대한 학
생의 정서적 반응은 심리학적 요인뿐만 아니라 사회적 요인에 상당
부분 의존할 수 있고, 스트레스가 많은 교실 상황에서 학생들의 정서
를 관리할 수 있는 교사의 능력은 상황을 어떻게 평가하고 이해하는
지에 관한 교사 자신의 반응을 조절하는 방법에 달려 있을 수 있다.

이 장에서는 생리적 · 인지적 · 사회적 요소들이 정서적 경험에 어
떻게 영향을 미치는지를 살펴본다. 이를 통해 무엇이 정서를 구성
하는 모형으로 언급될 수 있는지를 파악할 수 있다. 이 모형은 정서
를 심리적 · 사회적 환경과 개인 간의 상호작용, 일련의 인지적 · 심
리적 변화를 포함하면서 일정 기간 동안 일어나는 것으로 간주한다.
그러나 우리는 정서가 어떻게 정의되는지를 고찰하는 것으로 시작
하고자 한다.

정서의 개념화와 범주화

정서가 순전히 자연적이거나 생물학적인 상태가 아니라, 사회적 · 문화적 과정을 통해 영향을 받고 형성된다는 개념이 최근 상당한 주목을 받아 왔다(Campos, Campos, & Barrett, 1989; Frijda, 1986; Kitayama & Markus, 1994; Lutz, 1988; Oatley, Keltner, & Jenkins, 2006; Ortony & Turner, 1990; Rosaldo, 1984). 그러나 사회적 · 문화적 과정은 흔히 『뉴욕 타임스』의 골먼(1995b)의 기사에 명백하게 제시된 생물학적 설명에 비해 지엽적인 것으로 간주된다. 옥스퍼드 영어 사전조차도 정서를 설명할 때 사회적 요인을 빼고 '마음, 느낌, 열정의 어떤 흔들림 또는 소요. 어떤 강렬함 또는 흥분된 마음 상태'(Goleman, 1995a: 289)로 간주한다. 스미스, 놀렌-헉시마, 프레드릭슨과 로프투스(Smith, Nolen-Hoeksema, Fredrickson, & Loftus)는 "정서란 행동할 준비를 갖추게 하는, 복잡한 다성분의 삽화다."(2003: 390)라고 정의하였다. 이것은 정서적 경험의 다양한 구성요소를 분명하게 인지할 필요가 있음을 시사한다.

스미스 등은 정서를 동기나 심리상태와 같은 다른 관련된 상태와 구분해 왔다. 정서는 흔히 외적 상황에 의해 야기되고, 정서적 반응은 이러한 상황을 지향하고 있다. 스미스 등에 따르면, 동기는 정서와 달리 내적 상황에 의해 작동되거나 항상성[항상성은 특히 생리적인 과정을 통해 안정된 평형 상태가 유지되는 것이다(Soanes & Stevenson, 2006: 681)] 불균형과 같은 것으로부터 활성화되며, (음식과 물과 같은) 환경 속의 특정한 대상을 자연스럽게 지향한다. 정서와 동기의 또 다른 차이는 동기는 특정한 요구에 의해 유발되는 반면, 정서는 다양한 자극에 의해 유도된다는 것이다(예를 들면, 사람을 화나게 만드는 모든 것에 대해 생각해 보라; Smith et al., 2003: 389).

정서는 또한 심리상태와 별개의 것으로 간주된다. 정서는 전형적으로 분명한 원인을 가지는 반면, 러셀과 펠드만 바레트(Russell & Feldman Barrett, 1999)에 따르면, 심리상태는 자유 부동적인 활성상태를 확산한다(Smith et al., 2003: 391에서 재인용). 이유를 모르는 채 어느 날은 과민한 상태를 느끼다가 그다음 날에는 즐거운 기분을 느끼기도 한다. 심리상태와 정서의 또 다른 차이는 정서는 때때로 특별히 몇 초나 몇 분 동안 지속되는 잠시 동안의 것으로 간주되는 반면, 심리상태는 훨씬 더 오래 지속되는데 아마도 며칠까지는 아니더라도 몇 시간은 지속되며(Smith et al., 2003), 특정한 자극과 별로 관련이 없다는 것이다(Frijda, 1993: Oplatka, 2009에서 재인용). 하루 종일 극심한 분노의 열기 속에 있는 일은 드물 것이다. 팩팩거리고 과민한 기분일 때 짧은 기간 지속되는 분노는 쉽게 일어난다. 결국 정서는 흔히 공포, 분노, 기쁨 등과 같이 별개의 범주에 해당하는 것으로 간주된다. 반면 심리상태는 흔히 유쾌함과 각성 수준의 차원에 따라 다양하게 변화하는 것으로 개념화된다(Russell & Feldman Barrett, 1999: Smith et al., 2003에서 재인용). 이러한 특징은 개념상의 관점에서 중요하다. 그러나 학습할 때 정서를 효과적으로 사용하는 데 관련되는 기술이나 역량은 흔히 정서 그 자체뿐만 아니라 심리상태와 동기를 포함한다는 사실을 언급하는 것 또한 중요하다.

찰스 다윈(Charles Darwin, 1872/1965)은 아마도 정서의 포괄적인 범위를 처음으로 체계적으로 확인하고 범주화하였을 것이다. 그는 30개의 상이한 정서를 확인하였으며, 그것을 유사한 정서끼리 모아서 범주화하였다. 그의 범주가 현장의 많은 동시대 작가들에 의해 여전히 인정받고 있지만, 모두의 동의를 받은 것은 아니다. 이후 몇몇 연구자들이 정서를 범주화하는 대안의 방법을 제안하여 다양한 접근을 제시했다(더 깊은 논의를 위해서는 Thamm, 2006 참조). 이 아이디어를 대표하는 한 가지 널리 인용되는 방식은 로버트 플루트칙(Robert Plutchik, 1994, 2001)이 고안한 원형모형(circumplex model)이다. 이 모형에서는 정서 범주가 8개로 묘사되며, 다른 정서적 용어들은 이 범주 내에서 강도가 덜하거나 더 증가한 형태로 설명된다. 예를 들면, '기쁨(joy)'의 범주는 (황홀감과 같이) 강도가 더 강한 형태뿐만 아니라 (평정과 같이) 강도가 덜한 형태를 포함한다. 이 모형에서 더 복잡한 정서들은 더 단순한 정서 단계를 여러 개 결합한 것으로 설명될 수 있다. 예를 들어, '사랑(love)'과 같은 경우 기쁨과 수용 또는 신뢰의 결합으로 볼 수 있다.

〈표 3-1〉 플루트칙 정서 모형

정서 범주	더 약한 강도와 더 강한 강도의 형태	혼합 정서	
기쁨(Joy)	평정, 황홀	낙관	
예상(Anticipation)	흥미, 조심		공격
화(Anger)	짜증, 격노	경멸	
혐오(Disgust)	권태, 증오		후회
비통/슬픔(Sorrow/Sadness)	수심, 비탄	못마땅	
놀라움(Surprise)	방심, 대단한 놀라움		경외
두려움(Fear)	우려, 공포	항복	
수용/신뢰(Acceptance/Trust)	수용, 감탄		사랑
기쁨(Joy)	평정, 황홀		

출처: Plutchik (2001).

플루트칙 모형이 널리 인용되고 있기는 하지만, 결코 합의된 것은 아니다. 관련된 논쟁들은, 예를 들면 '일차적' '이차적' 감정(Damasio, 1996)이나 '거칠고' '미묘한' 감정들이 여전히 존재하는 것으로 간주된다. 정서를 분류하는 이러한 시도들은 흔히 일부 정서들이 모든 문화에서 공유된다는 가정에 근거한다. 그러나 이것은 다음 부분에서 설명되는 바와 같이 비판받고 있는 복잡한 주장이다.

정서의 요소모형

정서를 정의하고 범주화하거나 설명하려는 시도들 중에서 반복되는 이슈 중의 하나는 연구자들이 정서를 생물학적이거나 심리학적인 또는 사회적인 용어로 설명하기 위해 노력하지만, 이 세 가지 용어를 모두 사용하지는 않는다는 것이다. 그럼에도 우리가 정서에 대한 광범위한 이해를 가지기를 원한다면, 세 가지 모든 영역의 상호작용을 이해할 필요가 있다. 스미스 등(2003: 390)은 정서경험에 있어 각 차원의 역할을 조명하는 방식으로 정서의 '요소모형'을 제시하였다. 이들에게 정서 과정이나 에피소드는 [그림 3-1]에 개관된 것처럼 최소 6가지의 요소로 구성된다. 이 요소들 중에는 초기 인지 평가가 포함된다(Lazarus, 1991; Scherer, Schorr, & Johnstone, 2001). 초기 인지 평가란 개인의 현 상황에서 비롯된 정보에 대하여 정서적 의미를 평가하는 과정이다. 이것은 많은 정서적 반응을 이끌어 낼 수 있다. 이러한 반응에는 정서의 주관적 경험, 생각-행동 경향, 내적 신체 변화, 얼굴 표정이 포함된다. 주관적 경험은 정서적 상태(기쁨 또는 고통) 또는 느낌 톤으로서 개인적인 경험에 색깔을 입힌다. 생각-행동 경향(동기 상태)은 특정한 방식으로 생각하거나 행동하도록 하는 충동을 포함한다. 이것은 그 자체로 생각이나 행동은 아니다. 이것은 단지 가능한 행동방안에 관한 사람들의 생각을 묘사한다. 이것은 현재의 인간-환경 관계를 유지하거나 수정하도록 동기화한다(Frijda, 2007). 내적 신체 변화(각성)는 생리적인 반응이며,

특히 심장 박동 수 및 땀샘 활동의 변화와 같은 자동적인 신경계를 포함한다. 얼굴 표정은 얼굴의 랜드마크—볼, 입술, 코, 눈썹 등— 를 특정한 형태로 변경시키는 근육 수축이다. 마지막 구성요소는 정 서(느낌)에 대한 반응이다. 이것은 그 과정을 일으키는 상황이나 자 신의 정서에 대처하거나 반응하는 방식을 나타낸다. 이 모형은 또한 인간-환경 관계를 포함한다. 이것은 개인이 자신을 발견하는 객관 적인 상황을 가리킨다(Smith et al., 2003: 392).

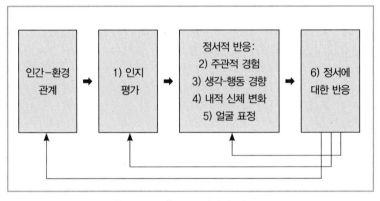

[그림 3-1] 정서 과정의 개요도

출처: Smith et al. (2003).

정서의 요소모형은 일차적으로 심리학적이며, 인간-환경 관계를 정서를 구성하는 요소 중의 하나로 간주하지 않는다. 그럼에도 불구 하고, 이것은 개인이 정서를 일으키기 위해 해석하고 결합해야 하는 사회적 · 물리적 환경이다. 인지 평가로 불리는 해석의 과정은 문화 적 · 사회적 요인과 같은 다수의 요인들에 의존하는 것으로 인정된 다. 그리하여 요소모형은 정서가 생물학적 · 인지적 · 사회적 요인을

포함한다는 점을 명확하게 설명하기 시작한다. 다음 세 개의 절에서
는 각각의 요소들에 대해 살펴볼 것이다.

정서의 신체적 · 행동적 차원

정서에 대한 가장 초창기의 설명이면서 영향력 있는 심리학적 설
명 중에는 정서의 신체적 차원과 행동적 차원에 초점을 맞추는 설
명이 있다. 여기에는 2요인 이론(Two-Factor Theory; Schachter
& Singer, 1962: Smith et al., 2003에서 재인용)과 제임스-랑게
(James-Lange) 이론(James, 1890/1952) 등이 포함된다.

2요인 이론

요소모형에서 신체적 요소의 중요성은 샥터와 싱어(Schachter &
Singer, 1962)의 중요한 2요인 이론([그림 3-2]; Smith et al., 2003에
서 재인용)에서 강조되었다. 2요인 이론에서는 정서가 '신체적' 반응
으로부터 처음으로 나타난다고 설명하였다.

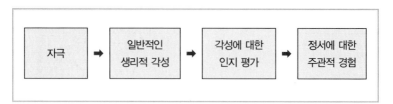

[그림 3-2] 2요인 이론

출처: Smith et al. (2003).

이 이론에 따르면, '정서는 2요인—설명할 수 없는 초기 각성 상태와 이러한 각성에 대한 인지적 설명(또는 평가)—의 결합에서 나타나는 것으로 간주되었다.'(Smith et al., 2003: 392에서 재인용) 이 이론을 테스트하는 실험은 복제하기 어려웠음에도 이론의 신뢰도에 관한 질문을 가져왔는데, 질만과 브라이언트(Zillman & Bryant, 1974)와 같은 연구자들은 각성의 오귀인으로 알려진 보다 제한된 효과에 대한 근거를 발견했다. "이 효과는 4층 계단을 뛰어오를 때 나타나는 것 같은 오래 지속되는 생리적 각성이—'멋진 머리'라는 모호한 말과 같은—후속 환경의 탓으로 잘못 기인될 수 있으며, 그러한 환경에 대한 우리의 정서적 반응을 강화할 수 있다는 것을 의미한다."(Smith et al., 2003: 393에서 재인용) 이러한 오래 지속되는 각성은, 예를 들면 분노를 야기할 수도 있다. 또한 이러한 효과는 많은 연구들에서 복제되어 왔다. 연구 결과에 따르면, 사람들은 오래 지속되는 각성이나 우발적 정서(즉, 목표 대상과 관계없는)가 그들의 결정에 영향을 미칠 수 있었음을 충분히 인지하지 못한다—만약 사람들이 이를 인지한다면, 오귀인을 바로잡는 경향이 있다(Manucia, Baumann, & Cialdini, 1984; Schwarz & Clore, 1983).

제임스-랑게 이론

이 연구를 통해 '호흡, 순환, 소화, 그리고 의식적으로 조절되지
않는 다른 신체 기능의 통제에 대한 책임이 있는 신경계의 부분'과
관련되거나 이를 나타내는 자율 각성이 정서의 강도에 영향을 준다
는 점이 명백하게 밝혀졌다(Soanes & Stevenson, 2006: 89). 그러
나 그것이 다양한 정서들을 어떻게 구별해 주는지에 대한 의문, 즉
'흥분이나 분노 등의 심리적 활동에 특정한 패턴이 있는가?'와 같은
의문은 여전히 존재한다. 1890년에 출판된 최초의 심리학 교재의
저자인 윌리엄 제임스(William James)와 덴마크의 생리학자인 칼 랑
게(Carl Lange)는 제임스-랑게(James-Lange) 이론으로 알려진 이
론을 만들었다([그림 3-3]).

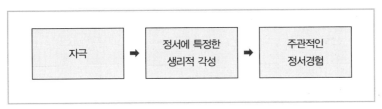

[그림 3-3] 제임스-랑게 이론

출처: Smith et al. (2003).

이 이론은 자율 각성이 정서를 구분해 준다고 설명한다. 왜냐하면
자율 각성(그리고 아마도 다른 신체 변화)에 대한 지각이 정서에 대한
경험을 구성하고 다른 정서는 다른 느낌을 가져오기 때문에 각각의
정서에 대하여 독특한 패턴의 자율적 활동이 있을 것으로 추측할 수

있다. 그러나 이 이론은 심각한 비판을 받게 되는데, 특히 자율 각
성과 관련된 부분에서 비판을 받았다. 심리학자인 월터 캐넌(Walter
Cannon, 1927)은 자율 각성의 패턴이 정서 상태에 따라 크게 다르
지 않은 것 같다고 주장했다. 예를 들면, 화는 우리의 심장을 보다
빠르게 뛰게 하지만, 사랑하는 사람을 볼 때도 그렇다(Smith et al.,
2003: 404에서 재인용). 1990년대까지 이루어진 대부분의 연구들은
각성의 패턴에 따라 정서가 달라진다는 증거를 거의 보여 주지 못했
다. 그러나 레벤슨, 에크먼, 프리젠(Levenson, Ekman, & Friesen,
1990)의 연구는 정서가 다르면, 함축적으로 설명하여 얼굴 표정이
다르면, 상대적으로 자율 신경계 활동의 패턴이 달라진다는 증거를
보여 주었다(Keltner & Ekman, 2000: 238에서 재인용). 연구 결과에
따르면, 분노, 공포, 슬픔은 모두 혐오보다 더 큰 심장 박동 가속을
가져왔다. 또한 분노는 공포보다 더 높은 손가락 온도를 야기하였다
(Keltner & Ekman, 2000: 242). 따라서 분노와 사랑하는 사람을 보
는 것은 둘 다 심장 박동을 빠르게 할 수 있지만, 분노가 훨씬 더 심
장 박동을 빠르게 할 수 있다.

　이러한 정서 이론은 정서와 육체의 관계를 다룬다. 그리고 생각-
행동 경향이 몸과 마음 모두에 영향을 미친다는 핵심을 포함한다.
긍정적인 정서와 관계된 생각-행동 경향은 부정적인 정서(공포와 같
은)와 관련된 생각-행동 경향보다 더 포괄적이며 특정적이지 않다.
그러나 긍정적인 정서는 다른 용도로 사용된다. 예를 들면, 프레드
릭슨, 맨쿠소, 브라니건, 터게이드(Fredrickson, Mancuso, Brani-
gan, & Tugade, 2000)는 부정적인 정서 때문에 서서히 각성되는 사

람들이 회복되는 것을 돕고자 할 때 긍정적인 정서가 유용할 수 있다는 점을 밝혀냈다. 이것은 긍정적 정서의 회복 효과로 알려져 있다(Smith et al., 2003: 402에서 재인용).

두뇌, 인지, 정서

윌리엄 제임스는 "우리가 갖는 모든 느낌의 파동은 몸을 움직이게 하는 일부 신경 활동과 상관관계가 있다."(Morris, 1961: 80에서 재인용)라고 말했다. 어떤 철학자들은 '고정된' 방식으로 정서를 이해하는 것을 비판하면서, 아리스토텔레스(Aristotle; 나중에 다시 깊이 다룰 것이다)가 두뇌에 관해서는 전혀 몰랐다고 하더라도 정서에 관해서는 모든 것을 알고 있었다고 주장할 수 있다. 그러나 이전에 알려지지 않았거나 개발되지 않은 학문 분야에서의 진보가 철학의 역사와 개념을 바꾸는 가장 급진적인 요소 가운데 있었다는 점은 부인할 수 없다(Solomon, 2000; White, 2000).

인지신경과학 연구는 성공적인 자기 조절이 정서와 관련된 피질하부 영역에 대해 전두엽 피질이 하향식으로 제어하는 것에 달려 있다고 제안하는 경향이 있어 왔다. 그러나 더 최근의 연구 결과는 이러한 설명에서 놓쳤던 흥미로운 뉘앙스를 제공한다. 예를 들면, 뇌영상 연구 결과는 전두엽 피질과 피질하부 영역 간에 복잡한 상호작용이 있는 것 같다고 암시한다. 일부 연구자들은 이러한 연구 결과에 기반하여 피질하부 영역 쪽으로 균형이 기울어질 때 자기 조절이 실패한다고 하는 자기 조절 균형 모형을 주장하였다(Heatherton & Wagner, 2011). 이것은 여러 가지 이유로 설명될 수 있다. 예를 들면, 전두 엽의 기능 자체가 손상되었거나 특별히 강한 충동을 경험할 때 자기 조절에 실패할 수 있다(Arnsten, 2009; Baumeister & Heatherton, 1996; Hagger, Wood, Stiff, & Chatzisarantis, 2010; Hains & Arn- sten, 2008; Heatherton, 2011). 이 절에서는 무의식적 평가의 생물 학적 근거에 대해 논한다. 인지와 정서의 영역과 관련이 있는 다른 문헌들은 다음 장에서 중요하게 다루어질 것이다.

지금까지 정서는 정서의 의식적 평가의 측면에서 논의되어 왔다. 그러나 어떤 연구자들은 정서가 어떤 선행하는 의식적 사고 없이 일어날 수 있다고 주장해 왔다(LeDoux, 1986; LeDoux & Phelps, 2000, 2008; Smith et al., 2003; Zajonc, 1984). 뇌 안에서 정서는 피 질 영역에 연결되는데, 이는 전통적으로 편도체를 포함한 핵심 변연 구조로 확인되며, 이는 '정서적 뇌'의 총 해부학적 구조다(Wager et al., 2008). 편도체의 해부학적 조직은 최소한 12개의 다른 핵(nu- clei)으로 구성된 것으로 알려져 있으며, 각각의 핵은 여러 하위요소 와 이들의 독특한 결합 형태를 취한다(LeDoux & Phelps, 2008 참 조). 이러한 핵들의 해부학적 조직, 크기, 위치(특히 뇌영상 연구에서) 는 일반적으로 한계가 있는 연구들을 지적했다(Larsen, Bernston, Poehlmann, Ito, & Cacioppo, 2008; LeDoux & Phelps, 2008). 편 도체는 피질로부터 투입을 받고, 모든 투입은 의식적 평가를 포함한 것으로 간주되어 왔다. 그러나 최근의 연구 결과(LeDoux & Phelps, 2000, 2008)에서는 피질을 통과하지 않는 편도체와 감각 채널 사이의 관계를 보여 주었다. 이것은 사람이 의식하지 않은 채 어떻게 무의식적으로 정서 상태를 나타낼 수 있는지, 그리고 우리는 왜 그 이유를 알기도 전에 정서를 경험하는지에 대해 설명해 줄 수 있다고 본다. 왜냐하면 어떤 놀라운 상황에 대해 피질이 반응하기 전에 편도체가 먼저 반응할 수 있기 때문이다. 이것은 정서의 힘이 보다 '합리적인' 사고로 간주되는 것을 능가할 수 있다는 점을 충분히 보여 준다.

아리스토텔레스 시대부터 이성과 감정의 이상적인 관계는 흔히 주인과 노예의 관계인 것으로 특징지어져 왔다. 이성의 지혜는 일련의 감정(비합리적 노예)을 억제하는데, 왜냐하면 감정은 불완전하여 이성보다 덜 가치 있고, 더 위험하기 때문이다. "감정에는 열등한 부분이 있다. ―감정은 이성보다 더 원시적이고, 덜 지성적이고, 더 야수적이며, 덜 신뢰할 수 있기 때문에 이성에 의해 통제될 필요가 있다(아리스토텔레스와 다른 저명한 아테네인들이 정치적 노예제를 정당화하는 데 사용했던 논리와 같다)."(Solomon, 2000: 3) 솔로몬(Solomon, 2000)은 아리스토텔레스 시대 이후로 서양 철학이 이성을 추구함에 따라, 흔히 인기 있는 문구로서 감정은 '우리의 이성을 잃게 하는' 하나의 위협으로 간주되어 왔다고 설명하였다. 레두스와 펠프스(Ledoux & Phelps, 2000)는 뇌의 구조에서 편도체가 뇌를 어떻게 장악하는지를 밝힘으로써 때로는 감정이 '합리성'으로 불리는 것을 어떻게 압도할 수 있는지를 설명해 냈다. 니코 프리지다(Frijda, 2000) 또한 감정 심리학에 상당한 기여를 한 사람으로서, 이러한 특징을 그려 냈다. 그러나 그는 이성이 몇 가지 다른 것들을 상징하는 데 사용된다고 제안하였는데, 예를 들면 논리적 추론과 같은 복잡한 사고작용뿐만 아니라 적절한 해결 방안을 찾아낼 수 있는 노력 같은 것들이 있다는 것이다. 프리지다에 따르면, 이러한 두 가지 기능은 감정에 반대되는 것으로 간주되어 왔다. 아리스토텔레스와 같이 그는 감정이 적합하지 않은 결과를 만들어 낸다는 점에서 비합리적일 수 있다고 인정하면서 "무대 공포는 공연을 망치며, 소심함은 동작의 정확성을 망친다."(2000: 71)라고 하였다. 그러나 그는 개인의 판단이 무시된다면 많은 감정들이 비합리적인 것으로 간주될 수 있다는 점도 지적하였다. 예를 들면, 무대 공포는 '비웃음의 위험에서 분별 있게 탈출할 수 있는 자극'(2000: 71)으로도 설명될 수 있다.

더 현대적인 사고에서는 감정이 추론에 기여하지 않는다는 개념에 도전한다. 의사결정에 대한 우발적 감정과 감정의 영향이 잘 설명된다(Andrade & Ariely, 2009; Lerner, Small, & Loewenstein, 2004; Simonsohn, 2010; Tice, Bratslavsky, & Baumeister, 2001; Vohs, Baumeister, & Loewenstein, 2007; Vohs et al., 2008; 이 점은 이전에 정서적 판단에서의 감정의 역할을 논의하면서 강조되었는데, 이는 정서적 경험의 일부인 해석의 과정이 일정한 양의 추론을 포함한다는 점에서 그러했다). 서양 심리학 내에서 감정은 분명히 합리성에 본질적인 것으로 정당화되었으며, 그 반대로 합리성도 감정에 본질적인 것으로 정당화되었다. 그러나 두마스(Dumas, 1948)나 더 최근의 자존크(Zajonc, 1980)와 같은 많은 초기 이론가들은 행복과 관련된 모든 인지가 실제로 감정을 도출하거나 변형하지는 않는다는 점을 제시하였다. 예를 들면, 거미 혐오증을 가진 사람에게는 거미가 해를 끼치지 않는다는 점을 아무리 설명해도 별로 도움이 되지 않는다(Frijda,

2000: 70에서 재인용).

생물학이 감정 현상의 측면을 이해하는 데 도움이 될 수 있다는 점은 명백하지만, 생물학적 용어로 설명하는 데는 한계가 있다. 다음 절에서는 정서 절차의 사회적 · 문화적 차원을 살펴보고자 한다.

정서와 사회적 · 문화적 차원

키타야마와 마르쿠스(Kitayama & Markus)는 문화와 정서 분야에서 매우 영향력 있는 연구를 수행했는데, "정서 과정의 조직과 발달, 경험은 생물학적 토대와 아울러 자신과 타인, 그리고 다른 사회적 사건이나 대상들이 의미 있게 되는 의미 체계에 의해 상당할 정도로 영향을 받고, 유지되거나 변형된다. 이러한 문화적 영향의 정도는 이전에 심리학에서 가정된 것보다 더 클 수 있다."(1994: 2)라고 말하였다. 정서와 문화의 관계는 복합적이다. 예를 들면, 정서가 나타나는 얼굴 표정의 보편성에 대한 어떤 증거가 존재하기는 하지만, 정서에 대한 문화적 관점은 정서의 보편성에 대한 공통의 가정에 도전하는 것이다. 문화적 변화는 정서의 '표현 규칙'에서도 명백하게 나타난다. 동시에 성별 문화와 정서의 관련성에 관한 상당히 많은 증거가 있는데, 이것은 사회적 힘의 문제와도 관련될 수 있다. 이러한 문제를 이 절에서 다룰 것이다.

화이트(White, 2000)에 따르면, 대부분의 정서 이론가들은 정서에 관한 일종의 2단계 모형을 설명한다. 이것은 '일차적'으로 생물학적 영향으로 시작하여 '이차적'으로 문화적이거나 인지적인 과정을 추가하는 모형이다(예를 들면, 앞에서 설명된 제임스-랑게 이론과 샥터와 싱어의 2요인 이론 참조). 키타야마와 마르쿠스 또한 "사회과학 연구에서 정서 형태의 공통성이 최소한 부분적으로는 사회적·문화적 과정의 공통성을 반영한다고 전제하는 것은 보다 정확하고 유익하다. 여기에는 심리적 요소의 과정도 포함된다."(1994: 6)라고 하면서 모든 정서는 어느 정도는 문화적이라고 주장하였다.

정서의 범주화에 관하여 앞에서 언급하였듯이, 이러한 논쟁의 많은 부분은 정서의 보편성에 대한 지속적인 탐구에서 기인한다. 에크먼에 따르면, "화, 두려움, 즐거움, 슬픔, 그리고 혐오감에 대한 얼굴 표정에는 확실하고 일관된 보편적인 증거가 있다."(1992a: 176) 그러나 그는 개별적인 기본 정서가 '하나의 감정 상태가 아니라 관련된 상태들이 조직되어 있는 형태'(1992a: 172)이며, '하나의 정서에 대해 한 가지 이상의 공통된 표현이 확인되었다는 점'을 설명하였다. 에크먼은 기본적인 정서군 간의 경계가 알쏭달쏭하다는 설명을 거부하였다. 그에 따르면, "각 정서군은 **주제**(theme)와 **변화**(variations)를 구성하는 것으로 간주될 수 있다. 주제는 그 군의 유일한 특징으로 구성된다."(1992b: 173) 에크먼은 이것을 "분노군의 모든 요소에서 눈썹이 내려오면서 찡그려지고, 윗쪽 눈꺼풀은 올라가고, 입술 근육은 경직된다."(1992a: 172)라고 예를 들어 설명한다. 에크먼에 따르면, 다른 문화권의 사람들이 정서를 얼굴에 유사하게 표현하느냐 아니냐는 정서가 선천적인 정도와 정서가 진화되어 문화적으로 결정되는 정도에 긴밀하게 관련된다(Keltner & Ekman,

2000: 241). 다른 연구자들도 에크먼의 견해에 동의하였다. 프리지 다(2000)에 따르면, 얼굴 표정에 의해 나타나는 주요 정서 범주의 보편성 또는 준보편성에 대한 확실한 사례를 만들 수 있다. 화이트(1994)는 얼굴 표정에 관한 비교 연구들이 정서에 대한 생물학적으로 공통된 기본 특징에 기반하여 보편적이고 과학적인 정서 이론에 대한 상당한 열광을 이끌었다고 설명하였다. "정서에 관한 거의 모든 후속 비교 연구들이 문화적으로 다양한 정서를 해석하는 데 있어 에크먼의 결과와 그 관련성을 설명하거나 인용해 왔다는 것이 이 연구의 중요성에 대한 증거다."(White, 1994: 222) 정서의 얼굴 표정에 있어서의 보편성을 확인하는 수많은 다른 연구들이 줄곧 수행되어 왔다. 그러나 얼굴 표정의 보편성이 결코 정서의 다른 요소들의 보편성을 의미하는 것은 아니라는 점을 지적하는 것은 중요하다(앞에서 설명된 요소모형을 보라). 얼굴 표정은 정서의 가장 보편적인 측면일 수 있지만, 정서에 대한 타고난 느낌의 개별 설명과 같은 다른 측면들은 더 문화적인 변화를 나타낼 수 있다(Keltner & Ekman, 2000: 242).

이는 최근 상당한 주목을 받아 온 정서적 표현과 행동의 문화적 변화 또는 차이에 관한 극적인 주장이다. 켈트너와 보난노(Keltner & Bonanno, 1997)에 따르면, 많은 문화권에서 웃음은 장례식에서 만연해 있다. 북극 어트쿠(Utku) 에스키모들 사이에서 분노의 감정은 강하게 비난받으며, 결코 얼굴에 나타나지 않는다(Briggs, 1970). 그러나 특정한 아랍 집단들 사이에서는 부당함에 대해 분노로 응하지 못하는 것은 불명예스러운 것이다(Ellsworth, 1994). 반면 얼굴

표정의 통제에 있어 문화적 차이를 보여 주는 에크먼의 연구(1973)
는 매우 영향력이 있는 것으로 나타났다. 이 연구에서 일본인 참가
여성들은 불쾌한 영화를 시청한 것에 대한 반응으로 나타난 부정적
인 정서 표현을 권위자가 나타났을 때 미국인 참가 여성들보다 더
숨겼다. 그러나 두 집단 모두 그 영화를 시청하였을 때의 얼굴 표정
은 거의 똑같았음을 나타냈다(Keltner & Ekman, 2000: 243에서 재
인용). 이 연구는 문화의 차이에 따라 '표현 규칙'의 적용(Ekman &
Friesen, 1975)에도 차이가 있음을 밝혀냈다. 정서의 표현 규칙은
"문화에 따라 다르며, 사람들이 특정한 상황에서 나타내는 정서의
형태를 보여 주는데, 그 행동은 특정한 정서에 적절하다."(Smith et
al., 2003: 406에서 재인용) 스미스 등은 그러한 문화적 변화에 대한
가능한 설명을 탐구하며, '집단주의'와 '개인주의'가 정서적 경험을
어떻게 형성하는지에 초점을 맞추었다. 그들은 "집단주의는 사람들
사이의 상호의존성과 핵심적인 유대감을 강조하는 문화를 가리키
며, 개인주의는 개인의 독립성과 근본적인 분리를 강조하는 문화를
가리킨다."(2003: 412)라고 하였다. 키타야마와 마르쿠스 또한 아시
아 또는 동양 문화와 서양 문화를 구별할 때 이러한 용어들을 사용
하였다. 아시아 또는 동양 문화는 개인들 간의 '상호의존성'을 강조
하며, 타인의 요구나 목적에 맞추는 것과 타인과의 관계를 만드는
것의 중요성을 강조한다고 주장된다. 그러나 서양 문화는 '독립성'
과 개인의 권리, 목적, 또는 요구와 같은 내적 특징을 표현하는 것을
강조하는 것으로 설명된다(1994: 8). 이러한 구분은 분명히 정형화
에 가까운 것인데, '분노는 서양 문화에서 요구, 목적, 권리를 막는

것과 매우 밀접하게 연관되기 때문에 중요하고 자연스러운 것인가?'
'분노는 비서구 문화권 사람들의 사회적 생활에 덜 통합되고, 덜 자
연스럽고, 덜 공통적인가?'와 같이 구체적인 예를 사용하는 특정한
질문들을 야기한다. 이러한 이슈들을 다룰 때, 키타야마와 마르쿠스
는 에크먼의 견해를 되풀이하며 "분노가 A와 B의 두 문화에 존재한
다는 주장이 있을 때, 관찰된 바와 같이 두 가지 형태의 분노가 똑같
다고 믿을 정확한 근거는 없다. 정확하게 똑같다기보다는 가족 유사
성의 주장과 같이 보다 합리적으로 해석되어야 한다."(1994: 6)라고
하였다.

포스너(Posner), 르두스(Ledoux), 자존크(Zajonc)와 같은 심리
학자들은 정서가 초기 단계에서는 범문화적으로 유사하다가 정서
적 '사건'의 시간이 흐르면서 달라지게 된다는 데 동의하는 듯하다
(Ellsworth, 1994: 46에서 재인용). 즉, 정서적 자극에 대한 반응에서
첫 몇 분 동안에는 보편성을 찾을 수 있다. 그러나 정서적 사건의 흐
름에서 범문화적 유사성과 차이점을 드러낼 수 있는 연구를 설계하
는 데는 방법론적 문제가 있다(Oatley, 2010; Pavlenko, 2005). 이러
한 연구는 상이한 문화와 학문의 연구자들 간의 협동을 요구한다.

성과 정서

최근 성과 정서에 관한 연구가 상당한 주목을 받아 왔다. 남성과
여성은 흔히 그들의 나이, 문화적 배경, 사회화 역사 등에 따라 상이

한 동기와 목적을 가지도록 사회화되기 때문에 성의 차이가 잘 입증 된다는 것은 놀랍지 않다(Brody & Hall, 2000: 338). 많은 연구자는 일본인을 집단주의자로, 미국인을 개인주의자로 특징짓는 것과 같 은 분류를 통해 남성의 문화가 여성의 문화와 똑같지 않다는 데 동 의하지만(Brody & Hall, 2000; Ellsworth, 1994; Smith et al., 2003), 이는 위험할 정도로 고정관념에 가깝다. 정말로 많은 연구(예를 들 면, Briton & Hall, 1995; Fischer & Manstead, 2000 참조)에서 여성 이 정서를 더 자주 표현하고 경험하는 정서적인 성이라고 확실하게 밝히고 있다. 하지만 분노와 자존심은 예외다. 이 두 가지 정서는 남 성들에 의해 더 자주 경험되고 표현된다(Smith et al., 2003). 그렇다 면 이러한 정형화는 어떻게 현실에 나타나는가? 이러한 질문을 논의 하기 전에 성별 차이에 대한 연구는 여러 가지 이유로 신중하게 다 루어져야 한다는 점을 지적할 필요가 있다. 첫 번째로, 남성과 여성 은 성 고정관념에 부응하는 방식으로 정서적 기능에 대해 왜곡할 수 있다. 예를 들면, 남성은 '나는 남자다. 남자는 감정적이지 않다. 따 라서 나는 감정적이어서는 안 된다.'라고 생각할 수 있다. 여성은 '나는 여자다. 여자는 감정적이기 때문에 나는 감정적일 수밖에 없 다.'라고 생각할 수 있다(Smith et al., 2003). 바레트, 로빈, 피에트 로모나코, 그리고 에이셀(Barrett, Robin, Pietromonaco, & Eyssell, 1998)은 보고된 경험들에 나타난 성별 차이는 사후에 보고되거나 ("지난주 시험 때 얼마나 걱정했나요?") 일반적인 수준에서 보고되는 것 ("얼마나 자주 슬프거나 우울한가요?")과는 대조적으로, 순간적으로 자 신이 어떻게 느끼는지("지금 얼마나 불안한가요?")를 보고할 때 남성과 여성의 성별 차이가 사라진다는 것을 발견했다. 이것은 추측컨대 사람들이 자신의 환경이나 느낌의 구체적인 것에 더 신경을 쓰고, 그 느낌이 자신의 성별을 반영한 믿음에 얼마나 부응하는지에 대해 서는 별로 신경을 쓰지 않기 때문일 수 있다(Smith et al., 2003에서 재인용). 두 번째로, 관찰법을 사용한 연구자들은 그들 자신이 (무의 식적으로) 편견을 가지고 연구 참여자들의 정서적 행동을 성 고정관 념에 맞추어 해석하였을 수도 있다(Brody & Hall, 2000). 이러한 유 의점들을 고려하여 기술된 다음의 결론들은 다양한 연구 방법과 도 구를 사용하여 이루어진 여러 연구들에 근거한다.

다른 '개인주의 국가'와 미국의 여성은 (자기 보고, 글쓰기 사례, 언 어 표현의 내용, 사회적 상호작용의 관찰, 얼굴 표정 등에서 나타나는 바 와 같이) 대부분 긍정적 표현과 많은 부정적 정서를 남성이 표현하는 것보다 더 강하게 표현한다는 것이 밝혀졌다(Brody & Hall, 2000: 344). 또한 여성은 분노의 경우는 예외지만, 대부분의 정서를 얼굴 로 더 잘 표현하는 것으로 간주되었다. 이는 얼굴 근육 활동에 대한 근전도 측정을 적용한 연구를 포함한 많은 연구들에서 분명한 것으 로 나타났다(Dimberg & Lundquist, 1990). 평가 척도(Biehl et al., 1997)와 양적 분석(Hall, 1984)을 활용한 다른 연구들에서도 이러한 결과가 확인되었다. 그러나 많은 연구들(Coats & Feldman, 1996; Dimberg & Lundquist, 1990)은 분노에 대해서는 남성이 여성보다 더 분명하게 얼굴로 표현한다고 지적했다. 여성은 비언어적인 얼굴, 몸, 그리고 목소리 단서에서 정서적 표현을 남성보다 더 잘 인지하 고 해석하는 것 같다. 물론 분노의 경우는 예외다. 여성은 이러한 정서를 얼굴로, 행동으로, 구두로 인지하고 표현하는 데는 상대적으로 더 취약한 것으로 나타났다. 또한 남성은 여성보다 자존심, 경멸, 외로움을 더 잘 보고하는 것으로 나타났다. 수치심, 무안함, 불안과 같은 스스로 느끼는 벌과 같은 감정은 별로 없고, 공포나 예민함도 덜하며, 긍정적인 감정도 더 적다(Allen & Haccoun, 1976; Brody, 1999; Brody, 1993). 피셔(Fischer, 2000)에 따르면, 이러한 특정한 정서의 성별 차이는 여성이 남성에 비하여 힘과 지위가 낮은 성별 위계의 결과다. 그는 힘과 정서 간의 관계를 논의하면서 여성은 공포나 불안과 같은 보다 힘없는 정서(약하고 무력하게 보이도록 하는 정서)를 더 표현하는 반면, 남성은 자존심, 분노, 경멸과 같은 강력한 정서(통제와 지배를 유지시켜 주는 정서)를 표현한다고 결론지었다(Smith et al., 2003에서 재인용).

어떤 정서가 강력한 것인가를 정하는 것도 또한 문화적이라는 사실이 지적될 필요가 있다. 알렌과 핫쿤(Allen & Haccoun, 1976)에 따르면, 슬픔, 우울, 불쾌감은 여성에 의해 더 오래 지속되고, 더 강한 것으로 보고된다. 남성은 그들의 느낌을 내면화하는 (혹은 감정을 밖으로 잘 표현하지 않는) 경향이 있다는 증거들이 있다(Brody, 1997; Fischer & Manstead, 2000; Scherer, 1986). 남성은 고조된 생리적 각성을 얼굴이나 언어적 감정 표현으로 드러내지 않는 반면, 여성은 그들의 정서적 표현을 생리적, 얼굴, 그리고 언어적 양상으로 일반화하는 경향이 있다. 그러나 정서의 성별 차이는 흔히 상황과 문화에 따라 특수하다는 점을 지적하는 것이 중요하다. 성별 차이는 '문화적으로 규정된 성 역할(예를 들면, 육아의 역할 대 경제적 제공자의 역할), 친밀함 대 통제의 요구와 같은 사회적 동기, 일반적으로 남성이 여성보다 더 높은 권력과 지위를 갖는 힘과 지위의 성별 간 불균형'(Brody & Hall, 2000: 344)과 같은 특정한 문화와 구체적인 상황에서 남성과 여성이 행하는 역할에 따라 달라진다. 예를 들면, 여성이 남성보다 공포나 예민함과 같은 감정을 더 잘 나타내는 것은 전통적인 성 역할이나 상호의존성에 기반을 둔 자기 개념과 관련될 수 있다. 남성이 여성보다 더 많이 표현하는 자존심, 경멸, 외로움 등의 정서는 독립성이나 개인주의에 기반을 둔 자기 개념과 관련될 수 있다. 내면화조차도 성 역할에 따라 변형된 것으로 볼 수 있다. 예를 들면, 성 역할은 남성들로 하여금 감정 통제를 유지하도록 할 수 있다. 여성들의 일반화 스타일은 자신과 타인 간의 경계가 열려 있음을 의미할 수 있다. 스미스 등(2003)은 또한 이러한 감정의 표현을 남성과 여성이 '성 역할을 하는', 즉 성별에 맞는 방식으로 행동하게 하는 매개체로 부르기도 하였다.

그래서 전반적으로 정서적 경험의 사회적·문화적 차원에 관한 문헌 검토를 통해 문화나 사회화, 사회적 지위, 사회적 권력과 같은 요인에 대한 언급 없이 정서를 충분히 설명하기란 매우 어렵다는 점이 나타났다. 이러한 논쟁들 중에 동의될 수 있는 한 가지는 (문화와 경험 간의 다양성 때문에) 정서의 보편성이 가정될 수는 없지만, (공통적인 얼굴 표정으로 인해) 묵살될 수도 없다는 것이다. 정서의 보편성과 문화적 다양성이 복잡한 이슈이긴 하지만, 이들이 상호 배타적이지 않다는 것도 명백하다. 결론적으로 연구 결과들은 남성과 여성의 정서적 경험과 표현에 차이가 존재한다고 시사한다. 브로디와 홀

(Brody & Hall, 2000: 344)에 따르면, "이러한 차이를 설명할 수 있는 문화적, 생물학적, 사회적, 대인 간, 그리고 개인 내적 수준 분석 등에 걸쳐 있는 다양하고 상호 관련된 요인들이 있다."

정서조절

정서는 흔히 주의를 끌고, 기억과 의사결정을 돕는 데 매우 유용하다. 그러나 때로는 주어진 상황에서 정서가 유용하지 않다. 사람들은 흔히 자신의 정서를 바꾸고, 맞추고, 조절하기 위해 노력하도록 동기부여된다. 정서를 바꾸도록 요구받는 강한 자극을 가진다는 이 개념은 앞서 논의된 전통적인 서양의 정서관과 여러 측면에서 관련이 많다. 그러므로 정서조절에 대한 관심의 풍부한 전통은 수천 년 전으로 거슬러 올라감에도 불구하고, 정서조절에 관한 경험적 연구는 여전히 유아 단계에 있다는 것이 별로 놀랍지 않다. 그러나 "연구 분량의 거대한 증가는 정서조절에 관한 연구를 현대 심리학의 가장 활발한 영역으로 만들었다."(Koole, 2009: 5) 그 결과 우리는 현재 이 영역에서 매력적인 과학적 연구 시기에 이르렀다. 인지와 행동에 있어서의 정서조절의 역할(Gross, 1998a, 1998b)과 사회 속에서의 그 결과의 중요성은 다양한 학문 분야 내에서 점점 더 인정받고 있으며, 이는 법학(Maroney, 2011), 교육학(Corcoran, 2011, 2012: Duckworth, Kirby, Gollwitzer, & Oettingen, 검토 중), 심리학(DeWall et al., 2011), 신경과학(Ochsner & Gross, 2008),

철학(Velleman, 2008), 정신의학(Kober & Ochsner, 2011), 경제학 (Andrade & Ariely, 2009) 등을 포함하고 있다. 이것이 교사들의 정서적 기술에 어떻게 관련되는지를 설명하기 위해, 정서조절에 관한 연구와 정서조절의 과정 모형 개념이 무엇을 의미하는지를 설명할 필요가 있다.

그로스(Gross, 1998a: 275)에 따르면, 정서조절이란 개인이 '어떤 감정을 가지고 있고, 언제 감정을 가지며, 이러한 감정을 어떻게 경험하고 표현하는지'에 대해 무의식적으로나 의식적으로 영향을 미치는 과정을 가리킨다. 그러므로 정서조절은 정서적 흐름의 과정을 수정하려는 암시적 또는 명시적 목적의 달성을 반영한다. 아마도 바로 떠오르는 예는 부정적 감정의 강도를 낮추고자 하는 노력일 것이다. 그러나 정서조절은 긍정적 감정과 부정적 감정 두 가지 모두를 증가시키거나 감소시키는 데 사용될 수 있다는 점이 지적되어야 한다. 정서조절 전략은 사람들이 자신의 감정을 조절하는 방식을 가리키며, 이는 **선행사건 집중** 혹은 **반응 집중**으로 분류될 수 있다(Gross, 1998b). 선행사건 집중 정서조절에는 **상황 선택**(selecting situations), **상황 수정**(modifying situations), **주의 분산**(attention deployment), 그리고 **인지적 변화**(cognitive change)를 포함한다. 반응 집중 정서조절은 '진행되는 정서적 **경험**(experience)과 **표현**(expression), 또는 **생리적 반응**(physiological responding)을 **강화**(intensify), **감소**(diminish), **연장**(prolong), **축소**(curtail)하는' 전략들을 포함한다(Gross, 1998b: 225; 고딕체 부분은 원문에 이탤릭체로 강조됨). 앞에서 언급되었던 바와 같이, 정서적 사건은 특정한 차원에 관한 특정한 방식으로 주의를 끌고 평가되거나 감정되는 상황에서 시작될 것이다. 그리고 나서 경험, 행동, 말초 생리학으로 구성되는 다양한 요소의 반응을 야기한다. 이렇게 조정된 반응은 그러한 정서 반응을 야기한 상황을 수정하는 효과를 가진다. 시간이 흐르면서 정서가 드러난다는 개념을 고려할 때, 정서적 반응의 여러 구성요소는 변화하는 감정에 따르는 개입의 다양한 지점을 확인하는 데 활용될 수 있다.

첫 번째 전략은 상황 선정을 통한 정서조절을 포함할 수 있다. 자신이 노출되는 상황이나 다른 사람이 노출되는 상황을 관리함으로써 정서를 조절할 수 있다. 두 번째 전략은 상황 변경 정서조절로 묘사될 수 있는 전략이다. 어떤 상황에 처한 사람이 자신의 정서 상태에 영향을 미칠 수 있는 방식으로 상황을 변경하려고 할 수 있다. 세 번째 전략은 주의 분산 정서조절 전략이 될 수 있다. 어떤 상황의 사람이 그 상황을 바꾸려고 하기보다는 그 상황 안에서 관심을 이동시킴으로써 그 상황이 가지는 정서적 영향력을 바꾸려 하는 것이다. 네 번째 전략은 인지적 변화 정서조절이다. 이것은 어떤 상황의 특정한 측면에 주의를 기울이지만, 그 상황이 자신에게 미치는 의미를 수정하고, 정서의 흐름을 바꾸고자 하는 목적을 가진다. 이러한 네 가지 정서조절 전략은 **선행사건 집중** 전략으로 간주된다. 즉, 이들은 판단 이전에 생겨나서 발전된 정서반응 경향을 가져온다. 다섯 번째 전략은 반응 조절 정서 전략으로 불린다. 이것은 드러나는 그대로의 정서반응이 가지는 구성요소 하나 이상을 관리하거나 수정하는 것을 포함한다. 이것은 정서적 반응이 일어난 뒤에 이루어진다는 점에서 **반응 집중** 전략으로 간주된다(Gross & Thompson, 2007).

이러한 정서조절 모형이 많은 현대 연구자들에 의해 널리 인정받고 있고, 이 분야의 많은 문헌들에서 중심적인 위치에 있기는 하지만, 또 다른 연구자들은 대안의 관점에서 정서조절을 재개념화하기 시작하였다는 점을 언급할 필요가 있다(Frijda, 2012). 그러나 정서조절의 과정 모형이 이 분야에서 활용되는 이유는 여러 형태의 정서조절을 구분할 수 있는 유용한 틀을 제공하고, 중요하게도 여러 형태의 정서조절이 상이한 결과를 가져온다는 점을 인정하기 때문이다. 후자의 포인트가 영향력의 가치가 있고, 최근의 연구에서는 상이한 정서조절군의 결과에 초점을 맞추고 있다. 예를 들면, 구체적으로 억제를 대조한 연구(반응 조절의 형태)가 있는데, 이것은 상황을 재평가함으로써 일어나는 정서–표현 행동을 줄이는(다른 사람들이 자신의 느낌을 알지 못하도록 얼굴 표정을 사라지게 하면서 특정한 방식으로 느끼는) 것을 포함한다. 여기서 기대하는 것은 억제라는 것이 비교적 노력이 필요하고 표현적 행동을 사라지게 하지만, 정서적 경험이나 말초적인 생리 채널을 자극하지 않아야 한다는 것이다. 이것은 인지적 변화―인지적 변화는 진행되는 계열에서 보다 앞 단계에서 일어나며―와 대조되는데, 이는 상황의 의미를 수정하는 것(예를 들면, 거미같이 작은 것을 두려워하는 것은 어리석은 일이라고 자신에게 말하는 것)을 일컫는다. 이 생각은 정서를 한 단계 앞에서 포착하여 새로운 방식으로 상황을 생각할 수 있다면, 그 새로운 틀은 정서를 바꾸는 데 효과적일 것이라는 것이다.

지금까지의 연구들은 억제가 인지적으로나 사회적으로 비용이 많이 들기는 하지만(Butler et al., 2003; Gross, 2002; Srivastava, Tamir, McGonigal, John, & Gross, 2009), 일부 상황에서는 재평가로 인해 개인이 정보를 깊이 있게 처리할 수 있기 때문에 재평가가 유용할 수 있다는 점을 시사한다(Gross & John, 2003; Mauss, Cook, Cheng, & Gross, 2007; McRae, Heller, John, & Gross, 2011; Richards & Gross, 2000). 동시에 재평가는 상황/맥락에 따라 활용하기에 항상 가장 적합한 전략이 될 수 있는 것은 아니다. 예를 들면, 정서 강도의 변화가 다양한 정서조절 전략을 활용하는 데 더 효과적인가 덜 효과적인가를 조사한 연구들에서 재평가가 높은 수준의 정서 강도에 관해서 선택할 만한 전략이 될 수 없을 수 있다는 점을 밝혀냈다. 정말로 재평가는 낮은 강도에서는 더 선호될 수 있으나, 높은 강도에서는 기분전환 전략이 더 선호되는 것으로 나타났다(Sheppes, Scheibe, Suri, & Gross, 2011).

두 번째로, 하나의 전략으로서 재평가의 효과성은 정서의 강도에 의해 완화되지만, 기분전환의 효과성은 그렇지 않다. 그러나 기분전환 역시 그에 맞는 비용을 치러야 한다. 개인이 정보를 처리하고 있지 않아 교실의 한 학생이 심란하고 주의가 산만하다면, 학습이 잘 일어나기 어려울 것이다. 또한 재평가는 특정한 상황에서 기분전환보다 더 적절하게 기다려질 수 있지만, 기분전환은 상황적으로 예민한 방식으로 자가 발전하는 데 더 어려울 수 있다(Sheppes & Gross, 출판 중; Suri, Sheppes, & Gross, 출판 중). 이러한 결과는 어떤 전략이 가장 잘 기능하는가 하는 것은 상황의 기능에 따라 다르며, 이것의 한 가지 차원은 정서의 강도라는 점을 시사한다

(Sheppes & Gross, 2011). 그러므로 교사와 예비교사에게 그들이 상황에 맞는 방식으로 정서를 유연하게 실행할 수 있도록 하는 조절 기제를 풍부하게 가르치는 것이 중요하다. 정서 교육의 목적은 교사들이 자신과 타인의 정서를 효과적으로 조절할 수 있도록 하기(정서 조절 역량) 위한 전략과 상황/맥락을 조합하는 것을 숙고하도록 하는 것이 될 것이다. 정말로 현재 그러한 기술이 학습될 수 있고 효과적으로 활용될 수 있다는 견해를 지지하는 매우 확실한 증거가 있는데(Sheldon, 2011), 여기에는 기능자기공명영상(functional magnetic resonance imaging: fMRI)의 방법을 활용한 최근 연구가 포함된다. 이 연구는 특정한 전략(즉, 외부 세계의 재해석 대 외부 세계에서 자신을 분리시키기)이 교육에 따라 민감하게 반응한다는 점을 시사한다(Ochsner, 2011). 따라서 '전략'의 아이디어가 의식적인 숙고를 암시하는 듯하기는 하지만, 정서조절의 많은 형태들은 정말로 노력을 요하는 것이며(Ochsner & Gross, 2005, 2008; Tice & Bratslavsky, 2000), 어떤 형태들은 별 노력 없이 자동으로 생성된다(Bargh & Williams, 2007; Mauss, Levenson, McCarter, Wilhelm, & Gross, 2005; Wagner, Dal Cin, Sargent, Kelley, & Heatherton, 2011).

결 론

정서의 의미에 관한 연구는 일반적으로 정서의 '개념'을 정서적 '경험'에 관한 연구와 다른 것으로 간주되어 왔는데, 이는 전자를 정서에 관한 개념으로, 후자를 고정된 생물학적 영향으로 개념화했기 때문이다(White, 2000: 31). 이러한 관점에서 화이트(2000)에 따르면, 해석적 구성이 느낌 상태나 얼굴 표정과 같은 생리학적 과정 위에 포개졌으며, 이는 맥락/상황에 대해 사회적으로 구성된 해석의 결과나 인지 이전의 각성의 결과가 될 수 있다. 그러므로 이 분야의 많은 연구자들(Brody & Hall, 2000; Corcoran, 2011; Frijda, 1986, 2000; Kitayama & Markus, 1994; Lutz, 1988; Oatley et al., 2006; Ortony & Turner, 1990; Smith et al., 2003)은 최소한의 느낌 상태에서 인지적 과정과 사회문화적 맥락을 수반하는 정서를 정의하는 데 있어 간학문적 접근을 제안했다. 앞에서 제시된 요소모형은 이러한 요소들이 어떻게 서로 연계되는지를 보여 주는 방식을 제공한다. 이 모형에 비추어 볼 때, 정서의 신체적 · 행동적 차원, 인지적 차원 그리고 사회적 · 문화적 차원은 모두 중요한 것으로 확인되었다. 정서적 경험이 시간선과 흐름, 그리고 순환적 과정을 가지는 것으로 인지하는 것의 중요성도 확인되었다.

이 장에서는 정서가 서양 문화권에서 전통적으로 위험하고, 억제될 필요가 있는 것(충동적 노예가 합리적인 주인에 의해 통제되어야 하는 것처럼)으로 간주되었다는 점을 살펴보았다. 이러한 관점은 바뀌고 있으며, 현재는 정서가 사회적 상호작용과 '합리적' 의사결정에 긍정적으로 기여한다는 생각이 훨씬 넓게 지지된다. 이것은 교사들이 자신과 학생들의 정서를 어떻게 활용할 수 있는지, 그리고 정서의 다차원적인 특성에 관하여 현재 알고 있는 것을 학교에서 학생들의 학습과 참여를 지원하고 스스로의 전문성 개발을 강화하기 위해

활용할 수 있는지에 관한 질문을 제기한다. 즉, 교사들이 효과적으
로 활용할 필요가 있는 정서 기술 또는 역량은 어떻게 알 수 있는가?
이제 우리가 주목하고자 하는 것은 정서지능의 개념이다.

정서지능 이해하기

서 론

교사의 정서에 대한 연구들에서 교사들이 사용하고 개발할 수 있는 정서 기술이나 능력을 이해하는 연구가 거의 없다는 것을 제2장에서 지적하고 있다. 그러나 다른 관련 연구가 정서 영역에서 교육목적을 포함한다 해도(Krathwohl, Bloom, & Masia, 1964), 정서지능 부분에서는 그러한 기술이나 능력을 확인하기 위한 시도를 해 왔다. 스턴버그의 삼원지능이론(Sternberg, 1985, 1988)이나 하워드 가드너의 다중지능이론(Howard Gardner, 1983, 1993)이 그러한 예다. 이 장에서는 교사가 정서 기술이나 능력을 명확하게 사용할 수 있도록 하는 다양한 모형을 탐색해 보고자 한다. 교사의 정서역량에 대해 제기할 수 있는 한 가지 의문은 교사의 정서역량이 잘 숙련되어 있는가 하는 것이다. 이런 이유로 인해 교사의 정서역량이나 기술에 대한 모형들은 교사의 정서기술 수준을 평가하는 방법을 고안

해야 한다는 것에 관심을 가져왔다.

이 장에서는 앞 장에서 간단하게 설명한 정서와 인지 간의 관계를 깊이 있게 탐구해 보고자 한다. 블룸(Bloom)이나 크래드월(Krathwohl)의 분류와 같은 오래된 이론들과 다중지능(Multiple Intelligences: MI)이론과 같은 보다 최근의 이론들을 함께 살펴볼 것이다. 정서지능의 구조에 대한 기존의 문헌들을 재검토하고, 정서지능의 다양한 모형들(Bar-On, 1997b; Goleman, 1995a; Mayer & Salovey, 1997)과 정서지능을 검사하는 데 사용되는 두 가지 측정방법인 메이어-살로베이-카루소 정서지능검사(Mayer-Salovey-Caruso Emotional Intelligence Test: MSCEIT)와 정서지수 목록(Emotional Quotient Inventory: EQ-i)을 비교하며 살펴볼 것이다. 기존의 연구들을 토대로 메이어(Mayer)와 살로베이(Salovey)의 정서지능모형이 사용할 가치가 있는지와 교사의 정서역량을 측정하는 데 사용되는 MSCEIT를 중요하게 살펴볼 것이다. 또한 이 검사의 준거표본, 측정치와 다른 개념들과의 관련성에 대해서도 살펴볼 것이다.

그러나 정서역량과 관련된 생각들이 얼마나 오래전부터 시작되었는지를 알아보기 위해 이 장은 블룸과 크래드월의 연구들을 살펴보는 것으로 시작할 것이다.

블룸과 크래드월의 정의적 교육목표 분류

1950년대에 벤자민 블룸과 그의 동료들은 인지적, 정의적, 그리고 행동적 영역에서 학습목표 위계를 제시하였다. 이들은 우리가 흔히 알고 있는 블룸의 인지적 교육목표 분류라는 가장 성공적인 업적을 남겼다. 블룸의 인지적 교육목표 분류에서는 분석적 사고, 창의적(종합) 사고, 그리고 비판적(평가) 사고의 중요성을 강조하고 있다. 이들은 블룸의 인지적 교육목표 분류가 너무 인지적인 측면만을 강조한다는 한계를 인식하고 교육에서 인간이 가지고 있는 능력을 더 확장시키고자 하였다. 이것이 크래드월의 정의적 교육목표 분류라 불리는 감정/정서 영역에 대한 분류다. 크래드월의 정의적 교육목표 분류는 〈표 4-1〉과 같다.

〈표 4-1〉 크래드월의 정의적 교육목표 분류

1. 수용(Receiving)	1.1 감지(Awareness) 1.2 자진감수(Willingness to receive) 1.3 선택적 주의 집중(Controlled or selected attention)
2. 반응(Responding)	2.1 묵종(Acquiescence in responding) 2.2 자진반응(Willingness to respond) 2.3 반응 후 만족(Satisfaction in response)
3. 가치화(Valuing)	3.1 가치 수용(Acceptance of a value) 3.2 가치 선택(Preference for a value) 3.3 신념[Commitment(conviction)]
4. 조직화(Organisation)	4.1 가치의 개념화(Conceptualization of a value) 4.2 가치체계(가치관)의 조직(Organisation of a value system)
5. 인격화(Characterization by a value or value complex)	5.1 일반화된 행동체계(Generalized set) 5.2 인격화(Characterization)

출처: Krathwohl, Bloom, & Masia (1964).

인지적 목표와 유사하게 각 범주들은 가장 낮은 것에서부터 가장 높은 것에 이르기까지 내면화의 연속성에 따라 순서대로 위계화되어 있다. 잉글리시와 잉글리시(English & English, 1958)는 내면화를 '마음 또는 육체로 무엇인가를 받아들이는 것, 다른 사람 혹은 사회의 관습, 기준, 또는 가치나 아이디어를 받아들이는 것'(Krathwohl et al., 1964: 29에서 재인용)으로 정의하고 있다. 그러나 크래드월과 그의 동료들이 만든 분류에서는 내면화를 처음에는 그 과정이 불완전하고 일시적인 선택이지만 나중에는 더 완전한 선택이 되는 과정으로 이해하고 있다.

현대 행동 과학연구에서 제기하는 하나의 질문은 인간이 감정 없이 사고할 수 있는가, 즉 인지적 영역과 정서적 영역이 완전히 분리될 수 있는가 하는 것이다. 이전에 이미 논의한 것처럼, 일부 사람들은 인지적 사고 없이도 정서(emotion)가 나타날 수 있다고 주장해 왔다(LeDoux, 1986; LeDoux & Phelps, 2000, 2008; Smith et al., 2003; Zajonc, 1984). 이와 유사하게 인지적 성취와 태도 간의 관계에 대한 연구에서는 이 두 요인이 통계적으로 거의 관련이 없다는 것을 보고하고 있다(Krathwohl et al., 1964; Mayer & Salovey, 1997). 이것은 두 영역 간에 관계가 거의 없어 다른 반응유형으로부터 한 반응유형을 예측할 수 없다는 것을 의미한다. 그러나 이들 관계에 대한 것은 논의의 여지가 있다. 한 세기 전에 제임스(James, 1890, 1952)는 두 영역이 독립적이라고 주장했지만, 인지적 행동이 정의적 행동과 어떤 관련이 있는지를 설명하고자 하였다.

우리가 느낌의 반대를 지식이라고 생각하는 것은 잘못된 것
이다. 만약 모든 느낌이 동시에 지식이 된다면 인지적 수준에
따라 정신적 상태가 다르다는 것을 더 이상 이야기할 필요가 없
다. 즉, 그것은 단지 아는 것(어떤 대상에 대해 많은 지식을 가지고
있느냐 없느냐에 대한 것)에 있어서 다르다는 것이다. 폭넓은 관
계들에 대한 도식에 대하여 느낌은 더 많은 것을 알고 있다는
느낌이다. 즉, 단순한 수준의 느낌은 조금 더 적게 알고 있다는
것에 대한 느낌이다(Krathwohl et al., 1964: 46에서 재인용).

제임스는 느낌을 '아는 것(knowing)'의 한 종류라고 정의하였다.
크래드월 등은 인지적 영역에서 정의적 영역으로 이동하는 것이 바
람직하다고 보았다. 그들은 "우리는 인지적 영역을 다루는 방법에
대해 더 잘 알게 되었다."(1964: 54)라고 하였다. 이 패턴은 교수에
서도 발견할 수 있다. "우리가 '좋은 교수(good teaching)'라고 하는
것은 학생들의 고정된 신념에 도전하고, 그 문제에 대해 토론함으
로써 새로운 신념을 획득해 나가는 것을 통해 정의적 목표를 이루는
교사의 능력이다."(1964: 55) 이것은 인지적인 것에 초점을 두고 정
의적 목표를 달성하기 위해 인지적 목표의 성취와 관련시키는 것이
'좋은 교수'라는 것을 의미한다. 크래드월 등(1964: 60)에 따르면,
학교는 학생들이 하고 있는 것(does do)보다 할 수 있는 것(can do)에
대해 더 많은 보상을 주는 곳이다.
　정의적(정서 또는 느낌) 영역은 가치나 도덕적 영역과 밀접한 관련
이 있다. 최근 도덕적 또는 친사회적 행동(Hoffman, 2001; Tormey,

2005a, 2005b)에 대한 연구에서는 공감과 같은 정서역량의 역할에
관심을 가지고 있다. 그리고 '가치'(즐거움과 같은)라는 부분에서도
정서적 요인이 분명히 있지만, 동시에 도덕성과 관련이 없는 정서
역량도 있다. 예를 들어, 유능한 사기꾼은 개인내 지능이 강해야만
한다. 그러나 이것을 사람들을 이용하거나 속이는 데 사용한다. 정
의적 영역과 도덕적 영역을 동일시하는 것(크래드월 등과 같이)은 문
제가 될 수 있다. 둘째로 이 영역에 있어서 더 상위의 능력들은 정
서나 느낌의 이해보다 도덕적 추론과 더 많은 관련이 있다는 것이
다. 우리가 정서적으로 경험할 수 없는, 인지에 의해 억압된 이러한
영역 안에서는 정서에 대해 거의 언급하지 않는다. 즉, 이 접근은
정서적 영역을 이해하는 하나의 제한된 방법을 보여 주는 것이다.

다중지능

블룸과 크래드월이 인간의 능력에 있어서 정서의 역할을 재인식
시키려는 노력을 하는 동안에 다른 연구들, 즉 다중지능(Gardner,
1983, 1993)과 정서지능(Bar-On, 1997b; Goleman, 1995a; Mayer
& Salovey, 1997)에 대한 연구들이 두각을 나타내기 시작하였다. 이
연구들은 인간의 지능이 논리 수학적, 언어적 추론과만 관련이 있다
는 기존의 접근과는 달리 지능의 개념을 다른 영역으로 확장시켰다.
하워드 가드너의 다중지능에 대한 연구는 지능을 오직 추론능력
과 관련지어 생각하는 편협한 인식에서 벗어나 다양한 인간의 능력

을 제시함으로 다양한 문화의 가치를 포함하고 있다(1993: 16). 가
드너는 '개발된다는 것(developed)'은 무엇을 의미하며, 최상의 인
간 발달이란 무엇을 의미하는가와 같은 질문을 스스로에게 하기
시작하였다. 즉, 인지에 대한 정의를 다시금 생각하기 시작하였다
(Gardner, 1999: 28). 그는 '예술에서 보이는 능력을 수학자나 과학
자가 보여 주는 기술과 마찬가지로 충분히 인지적인 것'(Gardner,
1999: 28)으로 보았고, 이러한 인지적 측면을 그 당시의 발달 심리
학자들이 간과했다고 생각하였다. 그는 뇌손상을 입은 성인과 아
이들(평범한 아이들과 영재)에 대한 연구를 하버드 프로젝트 제로
(Harvard Project Zero)를 통해 하게 되었고, 그것을 통해 결국 세상
을 놀라게 하는 연구를 수행하게 되었다. 그는 곧 두 집단이 같은 메
시지를 보내고 있다는 것을 깨닫게 되었다. 즉, 인간의 마음(mind)
을 단 하나의 기능으로 생각하기보다 상황과 맥락에 따라 좌우되
는 서로 분리된 여러 개의 기능으로 생각하는 것이 더 바람직하다
(Gardner, 1999: 32). 이러한 개인의 연구 결과와 발견들을 통해 가
드너는 다중지능의 존재에 대한 사례를 만들어 갔다. 그는 "나는 특
정한 집단(또는 평균적인 집단과는 달리 고립되지 않은)에서 비교적 독
립적으로 발견되는 지능의 존재를 확신하게 되었다. …… 석절한 관
찰 렌즈를 썼을 때, 각 지능의 특이한 특성이 충분히 명확하게 나타
난다."(1993: 9)라고 하였다.

　그러나 가드너의 이론은 자신이 주장하는 지능을 측정하기 위
한 방법과 전통적 지능의 관점을 확장할 필요가 있었다. 그 당시 사
람들처럼 그는 알프레드 비네(Alfred Binet, 1900년대 초반)와 빌

헬름 스턴(Wilhelm Stern, 1912)의 지능검사를 포함하여 심리측정
적 지능검사에 대한 과도한 믿음과 함정이 있다고 믿었다(Gardner,
1999에서 재인용). 알프레드 비네의 검사는 언어적 기억, 언어적 추
론, 수학적 추론, 논리적 연관성 등을 측정한다(Maltby, Day, &
Macaskill, 2010). 빌헬름 스턴(1912)의 지능검사는 **지능지수**(Intel-
ligence Quotient: IQ)를 측정하는데, 이것은 한 사람의 정신연령을
생활연령과의 비로 설명하는 것으로, 그 비에 100을 곱한다(Maltby
et al., 2010: 284에서 재인용). 이 검사들은 학교에서 학생들의 성공
을 합리적으로 예측하는 것으로 여겨지면서 오랫동안 지속적으로
사용되어 왔다(Gardner, 1999: 12). 그러나 졸업 후의 삶에 있어서
의 성공을 제대로 예언하지는 못하였다. 가드너는 자신의 이론을 발
전시키고 다양한 유형의 지능을 구별하기 위해서 지능의 다양한 '표
식(sign)'을 발달시켜 나갔고, 연구자들은 그 증거를 조사하기 시
작했다. 결과적으로 가드너는 지능의 8가지 기준을 창안해 내었다
(Gardner, 1993: 63). 8가지의 기준은 다음과 같다.

- 뇌 손상에 의한 잠재적 고립
- 특수한 재능을 지닌 학습 장애아, 영재, 그리고 예외적인 인간
  의 존재
- 증명 가능한 핵심 조작 혹은 일련의 조작들
- 전문가의 '최종상태(end-state)'의 결과물과 특유의 발달사
- 진화 역사와 진화 타당성
- 실험 심리학적 과제로부터의 지지

- 심리측정적 결과의 지지
- 상징적 시스템에서 부호화되기 쉬움

만약 선택된 지능이 8개의 모든 기준을 충족한다면 인간이 가지고 있는 지능의 유형으로 인식되어야 한다. 만약 이 기준을 충족하지 못한다면 이 능력을 개념화하는 다른 방법을 찾거나 아니면 한쪽으로 치워 버려야 한다(Gardner, 1999: 35). 이러한 연구과정을 통해서 가드너는 7개의 서로 다른 지능(역량)을 확인하게 되었다. 이들 중 두 가지, 즉 언어적 지능과 논리 수학적 지능은 전통적인 지능검사에서도 측정되곤 하였다. 세 번째, 공간지능 또한 때때로 전통적인 검사에서 측정되곤 하였다. 이 지능들에 더하여 가드너는 대인간 지능과 개인내 지능, 음악적 지능, 그리고 신체 운동 지능을 추가하였다. 더 최근에는 여덟 번째 지능으로 자연 지능을 그의 목록에 추가하였다.

가드너는 대인간(interpersonal) 지능을 '개인'이 다른 사람의 의도, 동기, 그리고 요구를 이해하는 능력으로 정의하였으며, 결국 다른 사람과 효율적으로 일할 수 있게 하는 능력이라고 하였다(Gardner, 1999: 43). 이 지능은 자신을 둘러싼 사람들의 다양한 기분을 감지해 내는 어린아이의 능력에서 다른 사람들의 의도와 요구(심지어 숨겨진 상태라도)를 읽고 자신의 생각에 반영하는 숙련된 어른의 능력에 이르기까지 다양한 범위에 걸쳐 있다(Gardner, 1993). 영업사원, 교사, 종교 지도자, 그리고 정치적 리더와 같은 사람들에게 이러한 능력이 필요하다. 개인내(intrapersonal) 지능에 대한 가드너의 정의는 자신을 이해하는 것을 넘어, 자신의 행동을 안내하는 충동통제 능력과 관련이 있다. 가드너는 이러한 능력을 '자신을 이해하는 능력, 자신의 희망과 두려움, 그리고 능력을 포함하여 자기 자신을 효과적으로 작동시키는 능력, 이러한 정보를 자신의 삶을 조절하는 데 효과적으로 사용할 수 있는 능력'으로 정의하였다(Gardner, 1999: 43). 복잡하고 차별화된 일련의 감정들을 감지하고 상징화할 수 있는 사람은 개인내 지능을 가지고 있다고 볼 수 있다. 그러나 이것이 다른 사람들 사이에서의 차이를 알아차리는 능력을 의미하지는 않는다(1993: 240). 가드너는 지능들이 서로 구별될 뿐만 아니라 한 지능이 다른 지능들을 포함하지 않는다는 것을 강조하였다. 즉, 한 지능 영역에서의 성공이 다른 지능 영역에서의 성공이나 실패를 예견하지는 않는다는 것이다. 캠벨 등(Campbell et al., 2004)은 대인간 지능과 개인내 지능과 관련된 특성을 가진 사람들의 전형적인 특징을 〈표 4-2〉에 요약하여 제시하였다.

〈표 4-2〉 대인간 지능과 개인내 지능

대인간 지능을 잘 발달시킨 사람은 다음과 같은 특징을 보일 수 있다.
• 부모와 강한 유대관계를 맺고 있으며, 다른 사람들과 상호작용함
• 사회적 관계를 형성하고 유지함
• 다른 사람들과 관계 맺는 다양한 방법을 알고 있으며 사용함
• 타인의 감정, 사고, 동기, 행동과 생활습관을 인정함
• 추종자에서 리더에 이르기까지 집단의 일에 협력적으로 참여하며, 적절하게 다양한 역할을 함
• 타인의 의견이나 행동에 영향을 미침
• 언어적 · 비언어적 방법으로 효과적으로 이해하고 상호 소통함
• 다른 환경이나 집단에 행동을 적응시키며 타인으로부터의 피드백에도 순응함
• 사회적 · 정치적 이슈에 다양한 관점을 고려함

- 중재, 공동의 목적으로 타인을 조직화, 또는 다양한 연령이나 배경을 지닌 사람들과 일하는 것의 기술이 발달됨
- 교수(teaching), 사회사업, 상담, 매니지먼트 또는 정치와 같은 대인관계 지향적인 직업에 관심을 표현함
- 새로운 사회적 절차나 모형을 개발함

개인내 지능을 잘 발달시킨 사람은 다음과 같은 특징을 보일 수 있다.
- 다양한 정서를 인식함
- 감정이나 생각을 표현하는 접근법이나 발산 수단을 찾아냄
- 자기(self)의 정확한 감각을 발달시킴
- 목표를 정하고 추구해 나가는 데 동기화됨
- 종교적 가치체계를 세우고 살아감
- 독립적으로 일함
- 학습이나 개인적 성장을 지속적으로 관리함
- 개인내적 경험을 추구하고 이해하려고 애씀
- 자기(self)와 인간으로서 처한 상황의 복잡함에 대한 통찰을 얻음
- 자기실현을 위해 애씀
- 타인에게 권한을 부여함

출처: Campbell, Campbell, & Dickinson (2004).

가드너는 개인지능들이 아이가 태어날 때부터 발달한다고 보았다. 즉, "신생아와 양육자 사이의 친밀한 관계는 개인지능들이 적절하게 발달하도록 돕는 자연적인 노력의 과정으로 볼 수 있다."(1993: 245) 가드너는 자신의 주장을 입증하는 한 가지 방법으로 얼굴 표정을 관찰하는 방법을 제안하였다. "다양한 문화 속에 있는 유아들의 얼굴 표정과 다른 영장류의 얼굴 표정을 비교·관찰해 보면, 평범한 아이들이 보여 주는 보편적인 얼굴 표정이 있다는 것을 알게 된다."(1993: 245)

다중지능이론(Multiple Intelligence Theory)에 대한 비평이 없었

던 것은 아니다. 예를 들어, 지능검사에 포함되어 있는 정신능력의 전통적 개념을 넘어서는 삼원지능이론(Triarchic Theory of Intelligence)을 주장한 스턴버그(2000)는 가드너의 이론이 더 많은 검토가 필요하다고 주장하였다. 가드너의 다중지능이론에 대한 또 다른 비판은 그가 주장하는 지능들, 예를 들어 운동 기능과 성격 특질과 관련되는 신체 운동 지능과 대인간 지능과 같은 지능들이 정신능력이라고 할 수 있는가 하는 것이다. 많은 심리학자는 지능을 정신능력으로 보기 때문에 "가드너의 이러한 지능은 '지능'이기보다는 특별한 재능으로 보는 것이 더 적절하다고 주장하였다."(Neisser et al., 1996: 79).

가드너의 이론에 대한 또 다른 비판은 각각의 지능을 측정하는 것이 어렵다는 것과 임상적 증거가 부족하다는 것이다. 디어리(Deary, 2001: xiv)는 "통계는 지능에 대한 연구에 중심적인 역할을 한다. …… 사람 사이의 패턴이나 주요한 차이를 발견하는 것은 자료의 통계적 검토 없이는 불가능하다."라고 설명하였다. 이러한 비판에 대해 가드너(1995: 202)는 각각의 지능은 전통적인 지능검사를 통해서는 측정할 수 없지만, 측정은 가능하다고 주장하였다. 그는 평가가 다양해야 한다고, 즉 지필검사로 측정하는 언어적 또는 수학적 지능의 측정방법과는 달리 오히려 지능을 직접적으로 검토하는 방법으로 측정할 수 있어야 한다고 주장한다. 그러나 기존의 전통적인 지능과는 다른 자신의 새로운 지능에 대한 비판에 대해 가드너가 옹호하려고 할 때 더 많은 문제들이 발생한다. 전통적인 지능은 디어리(2001: 15)가 말했던 것처럼 '발명'이 아니라 '발견'이다. 예를 들어, 동시대의 지능 연구 중 가장 많이 알려진 캐럴(Carroll)의 정신 능력 다층 모형은 자료에 가중치를 두지 않고도 표준화된 통계적 절차를 통해 긍정적인 결과를 나타내었다. 가드너의 다중지능이론의 타당성 연구는 각 지능을 측정하지 않고는 어렵다. 끝으로, 가드너의 각 지능이 뇌의 특정 부분에 위치하고 있다는 주장 또한 의문스럽다. 코필드 등(Coffield et al., 2004: 14)에 따르면 "뇌 반구에 따라 인간의 능력이 다르다는 것에 대한 신뢰할 만한 신경과학적 증거는 없다." 더 나아가 가드너가 "인간의 뇌 반구는 대체로 의사소통과 같은 복잡한 인간의 행동이 아닌 단순한 활동에만 관여한다는 것에 동의하는 사람이 늘어나고 있다."라고 말한 것과 같은 주장에 대해서도 비판하였다(Coffield et al., 2004: 13). 즉, 특별히 복잡한 기술과 능력은 뇌의 서로 다른 영역들이 협력적으로 작용한다는 것이다. 더 나아가 디어리(2001: 11)는 통계적 절차는 뇌의 각 부분의 활동에 대한 시스템을 발견하는 것이 아니라 정신능력 검사의 성취 유형을 개념화하는 데 어떻게 도움이 되는지를 설명한다.

전통적인 심리측정적 지능검사에 근거한 이러한 비판에도 불구하고, 가드너의 연구는, 첫째, 정서적 영역의 인지기술을 강조하는 이론으로 인식되었으며, 정서라는 감각이 억압되어 경험되지 않는 것이 아니라 여전히 인간의 삶에 기여하는 가치 있는 것이라고 말하고 있다. 가드너의 지능에 대한 접근은 '인지'와 '정서' 간의 관계에서 정서를 평가절하하지 않고 규명하였다. 이는 크래드월의 모형을 능가하는 발전적인 형태다. 둘째로, 가드너는 정서에 관한 인식에 더 초점을 둔 대인간 지능과 개인내 지능에 있어서의 정서의 역할을 자세하게 연구하지는 않았다. 이것은 이 영역에서 중요한 역할을 하는 정서를 깊이 탐구하지 않은 채로 두었다고 볼 수 있다. 셋째로, 가드너는 대인간 지능과 개인내 지능이 '도덕' 추론이나 도덕적 행동과 동의어로 사용되어서는 안 된다는 점을 강조하였다. 예를 들어, '도덕적 지능'을 지능의 한 가지 새로운(아홉 번째) 유형으로 포함시켜야 할지를 검토했으나, 도덕적 지능으로 인식하기에는 증거가 불충분하다는 결론을 내렸다. 그 당시 크래드월과는 달리 가드너는 감성 영역과 도덕 또는 가치 영역 사이의 분명한 차이를 강조하였다.

정서지능

정서역량을 개념화하는 세 번째 방법은 정서지능에 대한 연구로부터 시작할 수 있다. 이 분야의 연구에서는 가드너의 연구보다 감성 영역에 더 집중하고 있다. 그러나 정서지능은 가드너의 연구를 반영하는 용어로 개념화할 수 있다. 정서지능과 정서역량에 대한 개념화 연구와 조사 연구 둘 다 비교적 초기 단계(Salovey et al., 2000: 516)에 이루어졌으며, 그때까지는 정서역량을 어떻게 이해하고, 조작적 정의를 내리고, 측정해야 하는가에 대한 합의가 거의 이루어지지 않았다(Humphrey, Curran, Morris, Farrell, & Woods, 2007). 이것은 정서지능의 조작과 측정이 분명하지 않다는 것을 말하는 것이 아니다. 메이어, 살로베이, 그리고 그들의 동료들이 이 분야에서 많은 연구를 진행함에 따라 이에 대한 합의가 점점 이루어졌다(예를 들어, O'Connor & Little, 2003 참조).

가드너처럼 정서지능도 역량이라는 것을 설명하기 위한 한 가지 방법으로 '지능'이라는 단어를 사용하고 있다. 마지막 부분에서 논의된 바와 같이, 가드너의 연구에 대해 많은 비평가는 지능의 전통적인 심리측정적 접근이 중요하다는 관점에서 가드너의 지능이론을 비판하고 있다. 하지만 전통적인 지능의 관점이 중요하다는 이러한 관점 자체도 비판의 대상이 될 수 있다. 정서지능과 관련된 논문을 읽기 전에 지능이론과 측정에 대한 논쟁에 대해 우선적으로 살펴보는 것은 가치 있는 일이라 여겨진다.

지능의 개념

지능을 측정하는 방법, 지능에 대한 정의, 그리고 지능의 의미에 대한 관점은 사람마다 서로 다르다(Jensen, 1998; Neisser et al., 1996). 스피어먼(Spearman, 1927: 24)은 지능에 대해 "지능에 대한 열정적인 옹호자들도 지능에 대해 의심을 하게 된다. …… 지능은 결코 정의될 수 없다. 지능은 가설로 정의된 단어에 지나지 않는다."라고 말했다. 지능에 대한 사람들의 생각, 즉 암묵적 지능이론은 문화와 생애주기에 따라 다양하다(더 깊은 논의를 위해서는 Maltby et al., 2010 참조). 또한 전문가들이 제시하는 지능에 대한 개념도 다양하다. 이것을 종합해 볼 때, 지능의 정의에 대한 합의는 환경에의 적응, 고차원적인 사고(추론, 문제해결, 의사결정), 기본적인 정신과정과 같은 지능의 속성을 고려할 때 이루어질 수 있다. 지능 연구자들 간에 지능이 한 가지 능력을 나타내는 것인지 아니면 여러 가지의 능력을 나타내는 것인지에 대한 논쟁(Jensen, 1998; Sternberg, Conway, Ketron, & Bernstein, 1981; Sternberg & Detterman, 1986)이 있다 할지라도, 지능을 하나의 일반능력 또는 g로 구성된 것으로 보는 지능에 대한 심리 측정적 접근은 지능을 연구하는 분야에서는 지배적이다(Jensen, 2000; Kline, 1991). 그러나 일반능력 g의 존재와 본질이 무엇인가 하는 것은 논의되어야 할 문제다(Maltby et al., 2010; Neisser et al., 1996).

지능의 논쟁에서 핵심은 지능에 미치는 유전적 영향과 환경적 영향, 즉 본성 대 양육 간의 논쟁이다. 이 논쟁은 이 분야 연구에서 선구자인 골턴(Galton)의 『타고난 재능(*Hereditary Genius*)』(1869)이라는 책에서 유래되었다. 전통적으로 지능에 영향을 주는 유전과 환경적 측면을 연구하기 위해 가족, 쌍생아, 입양아(Plomin, 2004)들을 대상으로 관찰과 면담, 그리고 질문지(Maltby et al., 2010)의 방법으로 연구하였다. 많이 알려진 연구로는 미국의 행동 유전학자인 톰 보우차드(Tom Bouchard)가 조사한 분리 양육된 쌍생아 연구(Minnesota Study of Twins Reared Apart: MSTRA)가 있다. 이러한 연구들은 헤른스타인과 머레이(Herrnstein & Murray, 1994)가 일반적인 집단에서 74%의 유전가능성을 추정했지만, 지능의 유전가능성이 약 69%(Eysenck, 1979)라는 추정치를 제안하도록 촉구하였다고 보고 있다. 그러나 이 추정치는 유전과 환경의 개념, 유전적 변이의 다른 유형, 쌍생아와 적응연구의 대표성, 분류교배와 같은 점들을 고려할 때 다양하게 나타날 수 있다(더 깊은 논의를 위해서는 Malt-by et al., 2010 참조). 예를 들어, 미국심리학회에서는 지능의 유전가능성을 40~80%로 추정한다(Neisser et al., 1996). 또한 이들은 지능에 미치는 환경적 영향을 생물학적 차이, 가족, 학교와 교육, 문화의 4가지로 제시한다(Neisser et al., 1996). 이런 생각들은 연구자들이 유전이 지능에 미치는 영향이 추정된 것보다 낮다는 것을 제안하도록 촉구하였다(Chipuer, Rovine, & Plomin, 1990). 이것은 지능을 선천적 능력을 반영하는 것으로 보기보다는 학교나 가족과 같은 사회적 맥락 속에서 개발되고 학습된 능력을 반영하는 잠재력을 끌어내는 것으로 더 잘 특징지을 수 있다는 것을 의미한다. 더욱이 측정된 지능과 학업성취 간의 관련성은 약 .5 정도다(Neisser et al., 1996: 81). 이 문제는 단순히 학문적이거나 심리학적인 것만은 아니다. 지능이론은 사회 경제적 불평등을 정당화하는 우익 옹호자들에 의해 사용되어 왔다. 이 의미를 종합하면, 측정된 지능은 단지 약 25%로 학업성취에서의 차이를 설명하고 있고, 측정된 지능의 비율이 단지 유전적인 것으로만 보여지기 때문에 사회적 지위 또는 권력이 어떤 방법으로든 생물학적 차이의 당연한 결과라는 주장에 조심스럽게 접근해야 한다는 것이다(Fischer et al., 1996 참조).

지능이 선천적이라는 전통적인 관점에 의문을 불러일으키는 지능검사 자료에서 제기된 문제는 '플린 효과(Flynn effect)'로 알려진 것이다. 뉴질랜드 오타고 대학교 정치학과 교수인 제임스 플린(James R. Flynn)은 미국과 다른 14개 국가에서, 1994년에는 20개 국가에서 지능검사 점수가 증가했다는 것을 보고하고 있다(Flynn, 1984,

1987, 1999). 흥미롭게도 플린의 IQ 연구에서 언어적/결정적 지능 검사에서 가장 낮은 점수가 나타났고, 가장 높은 점수는 비언어적 검사/유동적 지능검사에서 나타났다. 중간 정도의 점수는 웩슬러 검사와 같이 혼합된 검사(언어와 비언어 혼합)에서 나타났다. 카텔(Cattell)의 지능이론에서 유동적 지능(기본적인 추론, 문제해결능력, 문화에 영향을 받지 않는 지능)과 결정적 지능(사실적 지식과 같은 학습된 지식과 기술, 문화의 영향을 받는 지능) 간의 구별은 언어적 지능과 비언어적 지능 간의 구별을 가장 잘 나타내어 준다. 플린의 발견은 중요하다. 왜냐하면 학교교육이 IQ검사 점수에서의 변화(점수의 증가)를 가장 잘 설명하는 것은 아니기 때문이다. 말트비 등(Maltby et al., 2010: 326)이 지적한 것처럼, "학교수업이 IQ검사 점수에서의 변화와 관련된다는 것을 보여 주는 사례였다면, IQ검사에서 비언어적/유동적 지능검사 점수보다 언어적/결정적 지능검사 점수가 증가해야 한다." 환경적 요인의 설명을 선호하는 플린(1994, 1998)과 같이, 지능검사에서 점수 증가를 다양하게 설명하고자 하는 여러 견해들이 있다. 이 설명들은 영양가설 대 인지 자극 가설(Flynn, 1998; Lynn, 1990; Neisser, 1998)과 같은 지능연구문헌에서 시작되었다. 플린(1987: 185)은 시간이 흐름에 따라 IQ검사 점수가 증가하는 것은 '추상적 문제해결능력'이 증가한 것이지 지능 그 자체는 아니라고 주장하였다. 더욱이 그는 이들 결과에서 주장한 것처럼, 전통적으로 이해했던 것처럼 지능검사들은 지능 그 자체를 측정하는 것이 아니라 지능과 관련이 있는 것을 측정한다고 주장한다.

지능검사가 지능을 제대로 측정하고 있는가와 같은 질문은 흥미로우면서도 논쟁의 여지가 있는 질문이다. 이것은 지능검사의 타당성에 대한 관심을 불러일으킨다(다른 곳에서 더 자세히 알아볼 것이다). 앞에서 지적한 것처럼, 지능은 학업성공을 예측하는 것으로 설명되어 왔다(Kline, 1991; Neisser et al., 1996). 그러나 지능검사의 기본 가정, 즉 지능에 일반요인 g가 있다는 것이 문제가 된다(Benson, 2003)는 점에 대해 비판적 논의가 있다. 가드너(1983, 1993)와 스턴버그(1985, 1988)는 그 개념이 너무 제한적이라고 주장하면서 일반 지능에 의문을 가진다. 이들은 지능이 논리 수학적 추론에 초점을 두고 있는 지능검사로 측정되는 것 이상이라는 점을 지적하고 있다. 즉, 다양한 문화를 고려하는 실제적인 지능을 측정할 수 있는 단하나의 지능검사는 없다는 것이다(Deary, 2001; Maltby et al., 2010; Sternberg, 2000).

이 논쟁의 중심에는 지능의 정의와 관련된 문제가 있다. 서로 다른 종류의 검사들을 고려해 볼 때, 이 검사들은 어떤 것을 측정하기 위해 더 타당하고 신뢰할 만하게 만들 수 있다. 그러나 핵심적인 질문은 어떤 것이 주로 선천적인 일반능력을 반영하는 것으로 개념화되었는가 아닌가의 문제다. 지능과 같은 개념을 사용할 때, 그리고 지능검사의 결과를 해석할 때, 어떤 것(지능의 정의)이 선천적이고 고정된 것을 의미하는 것이 아니라는 것과 그리고 단 하나의 '일반' 지능이 인간의 인지적 능력을 포함하기에 충분하다고 생각하지 않아야 한다는 것에 관심을 가져야 한다고 주장하는 증거들이 있다. 결정적으로 이 논의에서 드러난 중요한 시사점은 지능검사를 현명하게 사용해야 한다는 것이다(Benson, 2003).

골먼의 정서지능모형

'정서지능'이라는 용어는 살로베이와 메이어가 처음으로 사용했지만, 골먼(Goleman)의 『정서지능: 왜 IQ보다 정서지능이 더 중요한가(*Emotional Intelligence: Why It Can Matter More Than IQ*)』라는 책에 의해 대중화되었다. 이 책은 1995년에 출판되었는데, 정서지능이 학업적 성공과 일상생활에서의 성공을 예측한다는 주장에 대해 방송이 열광하게 했던 책이다. 골먼(1995a)이 주장했던 어떤 내용들은 빈약했지만(Epstein, 1998; Hedlund & Sternberg, 2000; Roberts et al., 2001), 대중들은 그 개념을 환영했다. 골먼(1998: 317)은 정서지능을 '자신과 다른 사람의 감정을 인식하는 능력과 자기 스스로를 동기화하는 능력, 그리고 자신과 다른 사람과의 관계에서 감정을 잘 조절하는 능력'으로 정의하였다. 또한 골먼(1995a: 43)은 정서지능의 서로 다른 5가지 구성요인을 확인하였는데, 이는 자신의 감정을 이해하기, 정서관리하기, 자기 동기화하기, 다른 사람의 감정을 인식하기, 관계를 잘 다루기다. 이 구성요소들은 가드너가 설명한 대인간 영역과 개인내 영역과 관련이 있다. 자신의 감정을 인식하고 관리하는 능력과 스스로를 동기화하는 능력은 '개인내'라는 용어와 관련이 있고, 다른 사람의 감정을 인식하는 능력(공감)과 관계를 잘 다루는 능력은 '대인간'이라는 용어와 관련이 있다. 정서지능이라는 용어가 골먼과 밀접한 관련이 있다 할지라도 골먼은 그 주제에 대한 경험적 연구를 거의 하지 않았다.

바온의 정서지능모형

정서지능 연구는 과거 10년 동안 활발하게 연구되어 왔고, 정서지능을 평가하려는 다양한 시도가 있어 왔다. 그중에서 가장 잘 알려진 두 검사는 메이어-살로베이-카루소 정서지능검사(MSCEIT; Mayer, Salovey, & Caruso, 2002a)와 정서지수 목록(EQ-i; Bar-On, 1997a)이다. 그러나 이 검사들이 실제적으로 측정하고자 하는 것이 무엇이며, 무엇을 예측할 수 있는지, 다른 능력 및 성격적 특성과는 구별이 되는지에 대한 논쟁은 여전히 남아 있다(Hedlund & Sternberg, 2000; Mayer, Salovey, & Caruso, 2000; McCrae, 2000). 정서지수 목록(EQ-i) 매뉴얼에는 정서지능을 다음과 같이 정의하고 있다.

> 지능의 정서적, 개인적, 사회적, 실존적 차원은 전통적인 지능의 인지적 차원보다 개인의 일상적이고 기능적인 적응에 더 중요하다. 정서지능은 우리 자신과 다른 사람에 대한 이해, 다른 사람과의 관계, 환경적 요구를 성공적으로 다루기 위한 환경에의 즉각적인 대처와 적응과 관련이 있다. …… 정서지능을 측정한다는 것은 보기에 따라서는 세상에서 잘 살아가는 능력과 우리의 '상식'을 측정하는 것이다(Bar-On, 1997b: 1).

정서지수 목록(EQ-i)은 '왜 어떤 사람들은 다른 사람들보다 심리

적으로 더 건강한가?'와 '왜 어떤 사람들은 다른 사람들보다 더 성공
적인 삶을 사는가?' 같은 문항들로 구성된 정서지능에 대한 자기 보
고식 검사다(Bar-On, 1997b: 1). 바온(Bar-On)의 접근은 '정서지
수(EQ)'라는 용어 사용을 반대하면서(Bar-On, 1988) 인간의 과학
적 문헌을 광범위하게 인용하고 있다. 정서지수 목록(EQ-i)이라는
이름은 지능을 측정하는 다양한 척도들(IQ)과 EQ-i 간의 점수 구조
가 유사하다는 것을 의미한다(Bar-On, 2000). 정서지수 목록(EQ-i)
의 개발은 심리적 안녕감으로 이끄는 정서적·사회적 기능 요소들
을 검토하기 위해 시작되었고(Bar-On, 2000: 364), 1997년에 출판
되었다(Bar-On, 1997a). 정서지수 목록(EQ-i)은 133문항으로 정
서와 사회적 기능을 측정하는 자기 보고식 검사다. 반응은 '매우 종
종 그렇다'에서 '거의 그렇지 않다'의 5점 리커트 척도로 구성되었
다(2000: 365). 이 검사는 17세 또는 그 이상의 청소년에게 실시하
기에 적합하며, 검사시간으로는 40분 정도가 소요된다. EQ-i의 결

〈표 4-3〉 EQ-i의 구성요소 척도와 하위척도

구성요소 척도	하위척도
개인내(Intrapersonal)	자기 존중, 정서적 자각, 공격성, 독립성, 자아실현 가능성
대인간(Interpersonal)	공감, 사회적 책임감, 대인 간 관계성
스트레스 관리(Stress Management)	스트레스에 대한 참을성, 충동 통제
적응성(Adaptability)	현실 검증력, 융통성, 문제해결
일반적 심리상태(General Mood)	낙천성, 행복감

출처: Bar-on (2002).

과가 EQ-i의 총점과 5개의 구성요소 척도, 15개의 하위척도와 함께 〈표 4-3〉에 제시되어 있다.

정서지수 목록(EQ-i)의 총점은 자신의 정서와 충동을 통제하는 정도와 문제해결과정에서 낙천성(낙관성)을 유지하는 능력, 삶을 긍정적으로 보려는 능력의 정도를 나타낸다(Bar-On, 1997b, 2002). 15개의 하위척도를 포함하는 5개의 구성요소 척도는 다음과 같다. (1) 자기 존중, 정서적 자각, 공격성, 독립성, 자아실현 가능성으로 구성된 개인내(Intrapersonal) 척도 (2) 공감, 사회적 책임감, 대인 간 관계성으로 구성된 대인간(Interpersonal) 척도 (3) 스트레스에 대한 참을성, 충동 통제로 구성된 스트레스 관리(Stress Management) 척도 (4) 현실 검증력, 융통성, 문제해결로 구성된 적응성(Adaptability) 척도 (5) 낙천성, 행복감의 하위요소로 구성된 일반적 심리상태(General Mood)다. (1)과 (2)는 가드너의 개인지능을 생각나게 한다.

바온(1997b)은 확인적 요인분석과 탐색적 요인분석을 통해 15개의 요인이 정서지수 목록(EQ-i)에 적합하다는 것을 보여 주었다. 그러나 해석가능성이 가장 큰 13번째 요인과 함께 12, 13, 14번째 요인들 또한 검토되었다(1997b). 이러한 결과(13번째 요인의 경험적 구조)는 다음과 같은 중요한 질문을 하게 한다. 즉, 15요인모형은 13요인 구조를 제시하는 결과에 비추어 볼 때 적합한가? 그러므로 바온이 최근에 새로운 개정판을 만들었다는 것은 놀라운 일이 아니다. 그는 지금 일반적 심리상태(General Mood) 요인을 정서지능의 부분으로 여기기보다 정서지능의 촉진자로 생각한다. 더욱이 정서지수 목록(EQ-i)의 총점은 첫 번째에서 네 번째 점수까지의 합으로 계산된다. 그러나 점수를 합산하는 두 검사 간의 공통점에 대해서는 보고된 바가 없다(Brackett & Mayer, 2003). 또한 하위척도들이 내적 일관성을 가지는 반면에, 정서지수 목록(EQ-i)의 총점에 대한 신뢰도는 보고된 바가 없었다. 정서지수 목록(EQ-i)을 구성하는 다양한 요인들이 있다면, 그 척도들이 단일한 차원(하나의 특성, 구성요소, 측면, 단일한 능력)으로 구성되었는지 혹은 다양한 차원(다양한 능력)을 나타내는지를 아는 것은 중요하다(Brackett & Mayer, 2003).

메이어와 살로베이의 정서지능모형

지난 세기 동안 이 분야에서 심리학적 연구는 '이성'과 '감정' 간의 관계에 대한 고전적 가정을 끌어내는 경향이 있었다. 메이어와 살로베이(1990)가 정서지능에 대한 기초연구들을 수행했을 때의 근본적인 의도는 정서와 이성 간의 관계를 정립하는 것이었다. 왜냐하면 인간은 완전히 이성적이지도 완전히 정서적이지도 않고, 이 두 가지를 모두 가진 존재이기 때문이다. 앞서 말한 바와 같이 삶에 대처하고 적응하는 인간의 능력은 정서와 이성의 통합된 기능에 의존한다(Salovey et al., 2000: 506). 1990년에 그 후 이어서 개정한 EI의 모델을 공식화하였다(Mayer & Salovey, 1997). 이 모형은 정서지능이 3가지의 구별되는 요소들, 즉 정서의 평가와 표현, 정서의 조절, 사고와 행위에 있어서의 정서 정보의 사용과 같은 포괄적인 개념들을 가정하고 있다. 이 연구자들은 정서지능의 이전 개념들이 부분적으로 혼합된 모형이었다는 것을 인식한다. 왜냐하면 이것은 정서지능을 구성하는 성격의 측면과 혼합하여 통합되었기 때문이다(Mayer et al., 2000: 402). 메이어와 살로베이는 점차 정서지능의 정의를 재정의하기 시작했고, 주된 심리측정적 전통에서 이해된 것처럼 실제적 지능으로 논의하기 시작했다. 이들은 '정서를 지각하고 표현하는 능력, 정서를 활용하고 이해하는 능력, 그리고 정서를 관리하는 능력'으로 정서지능을 정의하였다(Salovey et al., 2000: 506). 또한 이들은 이 정의를 정서지능을 측정하기 위해 사용할 수 있는 능력과 기술들을 개발하는 데 사용하였다. 이들이 개정한 정서지능모형은 4가지 요소로 구성되어 있다(Mayer & Salovey, 1997; Salovey et al., 2000). 이들 구성요소는 복잡성의 정도에 따라 형식적으로 위계적이다. 이들은 또한 각 범주 안에 있는 하위기술들은 복잡성에 따라 조직되고, 더 복잡한 하위기술들은 다른 범주의 기술에 의존하면서 상호 관련이 되어 있다. 4가지의 하위요소로는 (1) 정서의 지각, 평가, 그리고 표현 (2) 사고 촉진을 위한 정서 활용과 생성 (3) 정서 관련 정보의 분석과 이해 (4) 정서조절 관리가 있다. 이들 각각의 영역들을 자세히 살펴보면 다음과 같다.

- 정서의 지각, 평가, 그리고 표현(지각): 이 기술은 다른 사람의 정서 상태를 인식하고 공감하는 능력뿐만 아니라 자신의 정서 상태를 인식하고 평가하고 표현하는 것과 관련이 있다.
- 사고 촉진을 위한 정서 활용과 생성(활용): 정서 상태는 한 개인

이 다양한 목적을 위해 종종 사용할 수 있다. 즉, 지식을 사용하는 데 정서(분위기)를 이용하는 능력뿐만 아니라 문제해결과 창의성 산출에 정서 상태를 활용하는 능력을 언급하는 것과 관련이 있다. 심리상태는 정신작용과 관련이 있다. 예를 들어, 기쁘고 행복한 심리상태는 창의적 사고를 할 때 이용하고, 슬픈 심리상태는 구체적인 부분에 주의를 기울이며 천천히 문제를 해결할 필요가 있을 때 사용한다.

• 정서 관련 정보의 분석과 이해, 정서 지식 활용(이해): 이 기술은 정서를 인식하고 명명하는 개인의 능력과 다양한 정서들 간의 관계성, 즉 다양한 정서의 기저에 있는 핵심적인 주제에 대한 자각과 다양한 정서 간의 변화를 포함하는 이 제목에서 정의될 수 있다.

• 정서조절 관리(관리): 이 특정 부분과 관련된 기술들은 다양한 분위기와 정서를 경험하고 자신과 타인이 바람직한 목적을 향하도록 정서를 발생시키고 관리하는 개방성과 관련이 있다.

따라서 메이어와 살로베이의 정서지능모형은 수량화할 수 있는 기술에 초점을 둔 것은 확실하다. 이 모형은 경험적 증거의 부족과 각 지능을 측정하는 것과 관련된 가드너 이론의 어려움을 극복하였다. 또한 메이어와 살로베이 정서지능모형은 인지적·정서적 영역을 명확히 분리할 수 없다는 것을 분명히 한다. 반대로 정서역량은 정서를 이용하여 인지적으로 작업하는 능력과 관련이 있다. 이 모형이 도덕적 지능과 도덕적 행위 또는 도덕적 추론 간의 직접적인 관련을 도출할 수 없다는 것은 의미가 없다. 대신에 그와 같은 관련이 추후의 경험적 연구를 통해 재정립될 필요성이 있다는 것을 인식할 필요가 있다.

정서지능모형의 평가

초기 정서지능모형이 모호하고 인지적인 특성에 주의를 덜 기울였다는 측면이 궁극적으로 메이어와 살로베이의 정서지능모형의 개발로 이어졌고(Mayer & Salovey, 1997), 수많은 정서지능의 대안적 개념화를 양산하는 것으로 나타났다(예를 들면, Bar-On, 1997b; Cooper & Sawaf, 1998; Goleman, 1995a; Wessinger, 1998). 그러나 이러한 이론적 발달의 과정에서 메이어와 살로베이는 자신들의 능력모형이 정서지능의 '혼합'모형과는 다르다고 주장하였다. 연구자들은 혼합모형이 정서지능을 매우 인지적으로 정의하는 메이어와 살로베이의 능력모형과 반대로 성격변인들을 폭넓게 통합하는 것이라 주장하였다(Mayer, Caruso, & Salovey, 1999; Mayer, Roberts, & Barsade, 2008; Roberts, MacCann, Matthews, & Zeidner, 2010). 바온의 정서지수 목록(EQ-i; 1997a)은 자기 존중, 독립성, 문제해결, 현실 검증, 그 외 다른 속성을 측정하는 15개의 자기 보고식 척도로 구성되어 있다. 여기서 문제해결, 현실 검증과 같은 속성은 정서지능과 관련되기보다는 자아강도 또는 사회적 능력과 더 밀접한 관련이 있다. 따라서 혼합모형은 정서지능의 개념을 혼합된 개념으로부터 분리하는 분석이 먼저 이루어져야 한다고 연구자들은 주장한다(Mayer et al., 1999: 268).

이 분야의 다른 연구자들과 같이(Mayer, Salovey, & Caruso, 2000b; Roberts et al., 2001) 메이어 등(1999)은 정서지능이라는 용어가 정서와 지능 둘 다로부터 '닻을 올리는 것'과 같다고 하였다. 왜냐하면 소위 혼합모형은 정신능력(예를 들면, 정서를 지각하는 능력)과는 거리가 있는 낙천성, 안녕감과 같은 자기 보고식 속성에 정신능력을 결합하였기 때문이다. 메이어 등(1999)은 정서지능은 특질과 특성의 혼합보다는 능력으로 개념화해야 한다고 주장하였다. 캐럴(1993)은 능력을 검사조건이 적절할 때 어려운 과제를 성공적으로 해결하는 능력으로 정의한다(Mayer et al., 2000b: 105에서 재인용). 페트리더스와 펀햄(Petrides & Furnham)은 정서지능의 특질과 능력을 구별한다.

> 정서지능의 특질은 행동적 경향성과 자기 지각적 능력과 관련되기 때문에 그것의 탐색은 성격의 틀 안에서 근본적으로 이루어져야 한다. 반대로 정서지능의 능력은 심리 측정적 지능의 관점에서 근본적으로 연구되어야 한다. 지능과 성격이 근본적으로 독립적인 영역이라면…… 정서지능의 특질이 능력요인이 아니라 성격과 관련되었음을 기대할 수 있다(2001: 426).

이와 같은 결과는 많은 연구자들이 MSCEIT V2.0과 정서지수 목록(EQ-i)의 타당화에 대해 유사한 결론을 끌어내도록 한다. 먼저 오코너와 리틀(O'Conner & Little, 2003: 1901)은 MSCEIT는 성격과 구별되는 구성요인으로서의 정서지능을 측정하는 반면에, 정서지수 목록(EQ-i)은 성격적인 특징을 측정하는 것 같다는 결론을 내렸다. 두 번째로 로버츠 등(Roberts et al., 2001: 201)은 자기 보고식 척도가 개인의 자기 이해에 의존하므로, 만약 자기 이해에 대한 자기 보고가 정확하지 않다면, 이것은 단지 정서지능에 관한 개인의 자기 지각에 대한 정보만을 측정하게 된다고 주장한다. 즉, 이것은 자기 이해가 자기 보고식 측정의 핵심적 요소임을 말한다. 그러나 기술에 대한 자기 평가가 종종 잘못된다는 것을 제안한 연구들처럼 (Dunning, Heath, & Suls, 2004) 자기 이해가 정확하지 않다면, 이것은 측정의 타당성 전체에 영향을 주게 된다. 두 가지 측정의 평가에서 로버츠 등(2001: 227)은 "정서지능은 수행 기반의 검사에 의해 가장 잘 측정이 되고, 능력 요인들과는 구별되는 개인이 가지고 있는 진정한 속성이다."라고 결론 내렸다.

　이들은 전통적인 심리 측정적 모형은 인간의 능력을 전체적으로 측정할 수 있다는 것에는 한계가 있기 때문에 정서라는 용어보다 더 좋은 것은 없다고 주장하였다. 이 분야의 초기 연구들이 질적인 수행이라는 것은 놀랍지 않다. 앞에서 지적한 것처럼 덴진(Denzin, 1984)은 정서는 현상학적 방법으로 가장 잘 연구될 수 있고, 인간의 정서적 상호작용은 자연적인 세계 속에 놓여야 한다고 주장하였다. 즉, 상호작용은 살아 있는 경험의 세계 속에서 검토되어야 한다 (1984: 7). 정서에 대한 사회학적 연구들은 문화적으로 구체적인 맥락 속에서 이해되고 설명될 수 있는 문화 구속적 현상으로 정서를

관찰하는 접근으로 행해졌다. 양적 접근이 문화적·사회적 맥락을
전혀 다루지 않는다는 점에서 비판받아 왔다. 스턴버그(1999)와 토
마(Thoma, 2002) 모두 인간의 행위가 포함된 맥락에 더 관심을 가
지는 방법으로 양적 측정이 구성되어야 한다고 주장하였다. 만약 지
능을 단순히 고등인지기능이 아니라 환경에의 적응능력이라고 한다
면, 사회적·문화적 맥락은 인지적 기능의 조작에 대한 이해의 한
부분으로 필요하다. 이와 같이 MSCEIT와 같은 측정이 정서지능이
라 불리는 능력을 측정한다면, 실제 교수 상황에서 교사에 의해 산
출된 능력이나 기술인지 아닌지에 관심을 가져야 한다. 좁은 의미에
서의 정서지능 개념으로부터 이것을 구별하기 위해 이것을 **정서역량**
(emotional competence)이라고 언급할 수 있다(Corcoran, 2011).
그럼에도 여기서의 관심은 이 능력의 수준을 평가하는 데 있기 때문
에 MSCEIT가 정서지능을 어떻게 측정하는지 더 면밀히 살펴볼 필
요가 있다.

MSCEIT를 이용하여 정서지능 검사하기

메이어와 살로베이(1997)의 4가지 정서지능에 대한 구성 개념들
은 MSCEIT로 구체화되었다(MSCEIT V2.0; Mayer et al., 2002a).
MSCEIT는 메이어와 살로베이를 포함하여 정서지능의 능력 기반 지
표를 개발하는 몇몇 연구자들에 의해 이루어진 연구 결과다. MSCEIT
는 메이어와 살로베이의 정서모형의 기초가 되는 4가지 핵심 정서

역량을 점수로 산출할 수 있는 141문항의 검사도구다. MSCEIT는 정서지능이 정서와 관련이 있는 문제해결과 관련된다는 생각을 기반으로 한다. 이와 같은 능력 검사는 상관이 아주 낮은 자기 보고식 정서지능의 척도와는 다르다(Mayer, Salovey, Caruso, & Sitarenios, 2003: 98).

MSCEIT는 문제해결에 필요한 인간의 능력에 대한 평가를 제공하는 능력 기반 검사로 설명될 수 있다. MSCEIT는 정서와 관련된 문제 또는 정서활용을 필요로 하는 문제해결을 질문할 수 있다(Mayer, Salovey, & Caruso, 2002b: 70). 5점 척도를 사용하는 MS-CEIT는 얼굴에 표현된 정서를 정확하게 파악하는 반응자의 능력으로 해석될 수 있다. 메이어, 살로베이, 카루소(2004: 200)에 따르면, 좋은 지능검사는 정확하게 평가될 수 있는 응답을 가져야 한다. MSCEIT에서 특정 응답의 '정확성'은 전문가 또는 규준의 표본일치 점수산출 방법에 의해 결정될 수 있다(Mayer, Salovey, Caruso, & Sitarenios, 2003). 항목 점수는 비교집단(전문가 또는 기준 집단)에서 같은 반응을 하는 사람들의 퍼센트를 반영한다. 예를 들면, 정서 연구자 패널을 포함하여 전문가 표본 집단의 70%는 정서조절 전략이 아주 효과적이었고, 사람들은 점수가 .70 이상의 응답을 선택하였다는 것을 제시하였다. 연구자들은 전형적으로 전문가 채점을 사용한다(Mayer et al., 2003). MSCEIT는 (1) 전체적인 정서지능 점수(Total EIQ) (2) 두 영역의 점수(경험적, 전략적 정서지능 점수) (3) 정서지각, 정서활용, 정서이해와 정서관리의 4가지 하위영역의 점수 (4) 8개의 개별과제 점수의 서로 다른 점수를 산출한다. 경험적 정서지능 점수(Experiential Emotional Intelligence Score: EEIS)는 느낌을 분류하고 확인하는 것과 같은 정서의 가장 낮은 수준에 초점을 둔다. 이 점수는 정서지능의 틀에서 정서 지각과 활용에 기초를 두고 있는 점수다. 정서전략 점수는 정서지능의 틀에서 정서 이해 및 관리와 같은 높은 수준의 정서과정에 초점을 두고 있다(Mayer et al., 2002b). MSCEIT의 점수 구조가 [그림 4-1]에 나타나 있다.

개별점수는 4가지 영역 각각의 점수와 개별과제로 계산될 수 있다. 점수는 도형과 숫자로 표시되고, 점수범위는 결과를 해석하는 데 도움을 준다. 〈표 4-4〉는 5가지 점수 영역에 대한 메이어 등 (2002b: 89)의 설명이다.

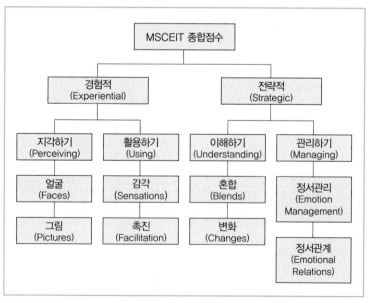

[그림 4-1] MSCEIT의 점수 구조 도표

출처: Mayer, Salovey, & Caruso (2002b).

〈표 4-4〉 MSCEIT의 점수 영역

점수 영역	점수	정의된 점수 영역
개선이 필요한	70 미만	• 이 영역에서 다소 어려움을 가지고 있고, 이 영역에서의 지식과 기술을 증가시키는 데 도움을 필요로 한다.
의미 있는 증가	70~89	• 이 영역이 강점은 아니지만 일상생활에서 이것이 중요하다고 여긴다면 이 기술 영역을 개발하는 것을 고려할 수 있다.
유능한	90~109	• 이 영역에서 어느 정도의 성공을 성취하기 위한 충분한 기술을 가지고 있다.
기술적인	110~129	• 이것은 당신의 강점 영역이다.
전문가 수준	130 이상	• 이것은 전문가 수준으로 개발되었고, 이 점수는 이 영역에서 많은 잠재력을 가지고 있다는 것을 의미한다.

출처: Mayer, Salovey, & Caruso (2002b).

MSCEIT의 규준 표본에 대한 설명

MSCEIT의 규준자료는 미국 성인 집단으로 대표되는 5,000명을 대상으로 수집되었다(Mayer et al., 2002b: 88). 영국, 캐나다, 몰타, 남아프리카, 오스트레일리아, 스위스, 스코틀랜드, 필리핀, 인도, 슬로베니아, 스리랑카를 포함한 세계 각국의 50개 이상의 연구 사이트에서 자료를 수집하였지만, 자료의 대부분은 미국 사이트의 것이다(Mayer et al., 2000b: 29). 이것은 규준으로부터 얻은 자료에서 얻은 폭넓은 예측과 가정이 미국을 벗어나 다른 나라에도 적용 가능하다는 것을 보여 준다.

MSCEIT는 정서지능을 측정하는가

　MSCEIT가 정서지능을 측정하는가의 질문은 초기에 지능검사가 지능을 측정하는가 하는 질문과 비슷하다. 이 질문에 대한 대답은 메이어와 살로베이의 정서지능에 대한 조작적 정의와 이것을 측정하는 MSCEIT에 대한 논리적인 논의와 관련이 있다. 이것은 구성타당도와도 관련이 있다. MSCEIT가 측정하고자 하는 것을 제대로 측정하고 있는 좋은 조작적 개념인지에 대해 메이어 등(2002b: 43)은 의문을 가진다. 이들은 MSCEIT가 좋은 조작적 개념이라는 결론을 내렸다. 그러나 구성타당도는 일반적으로 오랜 기간을 통해 결정되어야 할 문제이기 때문에 이 검사의 구성타당도 문제에 대한 논의는 앞으로의 과제로 남겨 두어야 한다.

　관심의 두 번째 영역은 측정된 정서지능이 (초기에 논의된 지능검사와 같이) 성공의 다른 유형을 예측한다고 논의되어 오는 동안에, 설명되지 않는 많은 변량을 남겨 둠으로 중요한 예측변인이 되지 못했다(Mayer et al., 2002b 참조). 결론적으로 말하자면 정서지능이 성공의 다른 영역을 완벽하게 예측하지는 못한다는 것이다. 정서지능의 제한된 예측 능력을 극복하기 위한 한 가지 방법으로는 그것을 평가하는 더 좋은 방법을 발견하는 것이다. 예를 들면, 스턴버그의 삼원지능이론은 분석적 지능(분석하기, 평가하기, 비판하기), 창의적 지능(창조하기, 발견과 발명하기), 실용적 지능(활용하기, 응용하기, 실행하기)이라는 세 가지가 서로 다르지만 관련이 있는 지능에 대한 대안적 모형을 제공한다고 볼 수 있다. 스턴버그 등(2001)에 따르면, 사람들은 지능의 서로 다른 측면에서 그들의 강점에 따라 서로 다른 지능 프로파일을 가진다고 하였다. 예를 들면, 실용적 지능은 사고의 요소들이 일상적이고 친숙한 그리고 현실적인 문제에 적용되는 것과 관련이 있다. 스턴버그는 이러한 이론적 고찰을 기초로 세 가지 지능을 측정할 수 있는 스턴버그의 삼원지능검사(Sternberg Triarchic Abilities Test: STAT; Sternberg, 1993)를 개발하였다. 스턴버그 등(2000: 98)에 따르면, 이 검사는 사지선다형으로 구성된 9개의 하위검사로 구성되어 있고, 각각의 하위검사는 언어, 수리, 도형의 3가지 내용영역과 함께 4가지 항목, 3개의 에세이로 구성되어 있다. 예를 들어, 실용지능의 하위척도에서 학생들에게 청소년 시기의 생활에서 경험할 수 있는 전형적인 일상적 문제와 시나리오가 주어진다. 그 척도는 맥락 구속적이고, 지능의 특정 영역을 위해 구성되었다. 즉, 일반적인 지능을 위한 대리물이 아니라 일상적인 문제를 해결하기 위해 필요한 기술들이 기존의 전통적인 IQ검사에 의해 측정되는 기술과는 다르게 측정되고 있다(Sternberg et al., 2000).

앞에서 기술한 것처럼 MSCEIT에서 교사들의 정서지능 수준을 평가하기 위해 탈맥락적이고 가상적인 사회적 시나리오를 사용하는 것에 관심이 있다. MSCEIT는 참여자들에게 정서문제를 어떻게 해결하는지, 또는 정서활용을 요구하는 문제를 어떻게 해결하는지를 묻는다. 여기서 MSCEIT는 전형적인 일상생활과 관련된 시나리오에 기반을 두고 있다(Mayer et al., 2002b). 교수 내용과 상관이 적은 탈맥락적인 사회적 시나리오를 참여자들에게 주는 것은 참여자들이 검사할 때 교수 역할을 포기하는 결과를 가져왔고, 그 때문에 결과의 활용을 손상시키게 된다. 예를 들어, 참여자들의 반응은 유사한 개인적 경험 때문에 혹은 특정 시나리오에 대한 친숙함 때문에 문제 이해나 시나리오 속에 등장하는 인물에 공감하는 능력과 관련이 있었다. 이것은 방법론적인 문제를 고려해야 한다는 것을 의미한다. 이 시나리오가 검사를 위해 거짓으로 꾸며진 각색된 시나리오라는 것이다(Roberts et al., 2010; Sternberg, 1999; Thoma, 2002). 이것은 특별히 교사를 위해 설계된 맥락 구속적인 검사도구가 개발될 필요성이 있음을 의미한다. 이러한 이유로, 양적 접근의 부재 속에서 양적 자료 수집을 보완하는 질적 자료가 충분히 가치 있다는 것은 명백하다.

정서지능과 정서역량

만약 교사의 정서역량이나 기술의 수준이 평가된다면, 그때 필요한 것은 이 기술이 무엇인지와 어떻게 평가할 수 있는지를 분명하게 설명할 수 있는 개념적 모형이다. 이 장에서는 다양한 모형들, 즉 크래드월의 교육목표, 다중지능(Multiple Intelligences: MI), 정서지능(EI) 등을 살펴볼 것이다. 크래드월은 인지적 통제와 정서활용보다는 정서 억압을 강조하였고, 정서와 도덕적 차원 간에 혼란이 존재한다. 가드너의 경우, 개념적이고 경험적인 문제가 구성 체제 안에 남아 있다. 페트리더스와 펀햄(2000: 314)에 따르면, 바온의 정서지

능모형은 능력보다는 공감, 주장적, 낙천적 등과 같은 다양한 상황
에서 일관성 있게 나타나는 성격특질에 더 가깝다. 다른 한편으로
골먼은 구성요소에 관한 주장을 과장하고, IQ보다 더 강력하고 IQ
보다 2배로 중요한 것으로 간주하면서 단순히 정서지능을 정의하려
는 메이어와 살로베이의 초기 시도를 확장했다(Mayer et al., 2004:
206에서 재인용). 메이어 등은 그 분야에 피해를 주었다고 하면서 그
주장에 반대를 하였다. 반대로 메이어와 살로베이의 정서지능모형
과 MSCEIT는 신뢰할 만하고 타당한 방법으로 평가할 수 있는 정서
기술 또는 역량에 대한 적합한 모형을 제공하였다.

그러나 타당성이 검사 그 자체의 구성에 관련되는 만큼 자료의 해
석과도 관련이 있다. 그리고 그와 같은 검사로부터 과장된 주장을
끌어내는 것은 조심해야 한다. 지능으로서의 정서지능의 지위에 관
해서는 MSCEIT가 인지능력 또는 적응 및 문제해결과 관련되는 능
력을 측정한다는 명백한 증거가 있다. 그러나 우리는 측정된 능력
의 선천성에 관한 결론은 조심스럽게 접근해야 한다. 더욱이 개인이
정서지능 시필검사에서 주어진 기술을 논증할 수 있다는 것은 이들
이 실생활 속에서 그 기술을 적용할 수 있다, 없다를 반드시 말하지
는 않는다. 그러므로 교사가 (1) 자신과 다른 사람의 정서를 인식하
는 능력 (2) 사고를 촉진하기 위해 정서를 활용하고 생성하는 능력
(3) 정서변화를 이해하는 능력 (4) 자신과 다른 사람의 정서를 규제
하는 능력을 가지는 것으로 정서지능을 설명할 수 있다면, 교사들의
정서역량은 이 기술을 학교 맥락에서 활용하는 기질이라고 할 수 있
다. 그것만으로 교사의 정서역량은 실제 상황 맥락 속에서 활용하는

기질과 기술 둘 다를 포함한다. 교사의 정서역량에 관한 개념은 제6장과 제7장에서 자세히 설명할 것이다.

교사와 정서지능

정서지능모형이 교사의 정서역량에 관해 생각하는 데 활용될 수 있다면, 교사와 정서지능에 관해 이미 잘 알려진 것에 대해 의문을 가지는 것은 가치 있다. 높은 수준의 정서지능을 교사가 가져야 할 가치 있는 기술로 보는 것에 대해서는 좋은 근거가 있다. 정서지능은 과거 사건과 심리적 상처(예를 들어, Nolen-Hoeksema, NcBride, & Larson, 1997; Pennebaker, 1997 참조), 미래의 바라는 목표를 예상하고(Taylor, Pham, Rivkin, & Armor, 1998), 현재의 사건과 만성적 우울(Folkman & Maskowitz, 2000)에 효과적으로 대처하도록 돕는다. 사회적·정서적 기술들은 교수, 학습, 수준 높은 인간관계, 학업성취를 포함하는 삶의 영역에서의 성공과 관련이 있다(Brackett et al., 2009; Browen, Jones, LaRusso, & Aber, 2010; Corcoran & Tormey, 2012b; Durlak et al., 2011; Jennings & Greenberg, 2009). 브레켓과 카투라크(Brackett & Katulak, 2007: 4)는 교사들을 위한 정서기술 훈련은 더 안정적이고 지지적이고 생산적인 정서 환경을 창출할 수 있다고 주장하였다. 이것은 학생과 교사의 관계에서 질의 중요성을 강조하는 존 헤티(John Hattie)의 『시각적 학습: 성취와 관련된 메타분석(*Visible Learning: A Synthesis of Over 800*

Meta-Analyses Relating to Achievement)』(2009)이라는 책에서의 결과에 의해서도 확증되었다.

그러나 이러한 것에도 불구하고 정서지능체제를 사용하는 교사와 초임교사에 대한 연구는 상대적으로 부족한 실정이다. 초보교사들을 대상으로 연구한 바이런(Byron, 2001)은 초보교사들을 규준과 비교했을 때 정서지능에서 유의미한 차이가 없었다고 보고하였다. 이것은 바이런이 MSCEIT의 초판을 활용했다는 것에 주목할 필요가 있다. 이것과 반대되는 관점은 정서관리 점수와 직업만족 및 피로감과의 관계를 연구한 브레켓 등(2010)이 연구한 최근 연구에서 찾을 수 있다. 이 연구에서 정서조절 능력 점수의 평균이 규준집단에서 보고한 점수보다 약간 낮았다(약 .5의 표준편차)는 것을 보여 준다.

연구 문제

정서는 교수-학습에서 그리고 예비교사 교육에서도 중요한 문제다. 정서지능 구성 체계는 교사의 기술 수준을 측정하고 개념화하는 모형을 제공한다. 그러나 (1) 교사가 가진 그와 같은 기술의 수준이 무엇인지 (2) 그와 같은 기술을 예비교사 교육 프로그램에서 학습할 수 있는지 (3) 그와 같은 기술을 학습하는 것이 교사들의 실제 교육 현장에 영향을 주는지는 명확하지 않다. 또한 질적 자료와 함께 MSCEIT 같은 양적 측정의 삼각검증법을 사용하였다. 구체적인 연구 문제는 다음과 같다.

(1) 예비교사들이 보유한 정서역량의 수준[MSCEIT의 EI(정서지능)로 측정하고, 질적 면담으로 타당화된]은 어떠한가?

(2) 예비교사들의 정서역량(양적인 EI 자료와 질적인 자료로 사정된)은 집중적인 워크숍을 통해 향상될 수 있는가?

(3) 이 경험이 예비교사들의 교육 실천에 미치는 전반적인 영향력은 어느 정도인가?

첫 번째 연구 문제는 예비교사의 정서역량의 수준이 어느 정도인가다. MSCEIT로 측정한 것으로 4가지 기술(지각, 활용, 이해, 관리)을 포함하는 평균 점수인 정서지능 전체 점수가 분석되었다. 또한 4가지 구성요소에 대한 점수가 각각 산출되었다. 이 자료는 첫 번째 연구 문제를 해결하기 위해 질적면담을 실시해 삼각검증을 하였다.

두 번째 연구 문제는 예비교사의 정서역량 향상에 중재가(정서역량 워크숍이) 효과가 있는가다. 문헌에서 높은 정서지능이 우리가 교사에게 기대하는 속성이라 할지라도 정서지능이 교사 교육과 교수-학습과정에서 정서지능이 어떤 역할을 한다는 명백한 증거는 거의 없다. 정서지능을 '지능'으로 개념화한 이래로 정서지능은 쉽게 배울 수 없고, 교육을 통해 개발할 수 없다는 가정을 하기도 하였다. 동시에 교사 교육의 핵심적인 가정 중의 하나는 교사들이 관계기술을 학습할 수 있다는 것이다. 이 연구 문제는 정서지능의 전체 점수에 대한 MSCEIT의 평균 점수를 정서지능 전체 점수와 비교함으로 검토하였고, 정서지능의 네 가지 요소들은 실험집단과 통제집단1의 사전 및 사후 비교를 통해 검토하였다. 또한 질적 분석 자료들을 함께 검토하였다.

세 번째 연구 문제는 질적 면담로부터 얻은 자료들을 분석함으로 워크숍의 전체적인 영향력을 분석하였다. 제2장에서 지적한 바와 같이, 예비교사 교육에서 학생들이 학습한 것이 실제 교육 장면에 미치는 영향은 미미하다. 이 연구는 정서지능에 대한 워크숍이 실제 교육 현장에 적용되는지를 알아보고자 한다.

연구 설계

이 연구는 무선적 실험설계에 의한 연구 방법을 사용하였다. 이 연구 방법은 매개변인의 효과를 최소화하고 상대적으로 적은 수의 연구대상으로부터 결과를 끌어내기 위해 선택되었다. MSCEIT로부터 얻은 자료와 반구조화된 면담 자료는 중재가 학생들의 정서지능 수준에 유의미한 영향을 주는지를 판단하기 위해 사용되었다. 이 연구의 설계는 [그림 4-2]와 같다.

아이리시(Irish) 사범대학 3학년을 대상으로 정서지능 개발을 위한 워크숍을 실시하였다(워크숍 활동은 부록에 제시되었다). 지원자 중 30명이 교사집단으로 무선표집되었다. 이 30명은 다시 무선적으로 실험집단과 통제집단으로 나누었다. 먼저 사전 중재로 두 집단에 MSCEIT를 실시하였다(검사1). 그 후 실험집단에는 정서역량 워크숍을 실시하였고, 통제집단은 기존의 수업을 계속 받았다. 실험과정의 마지막에 변화 정도를 알아보기 위해 사후 중재로 MSCEIT를 실

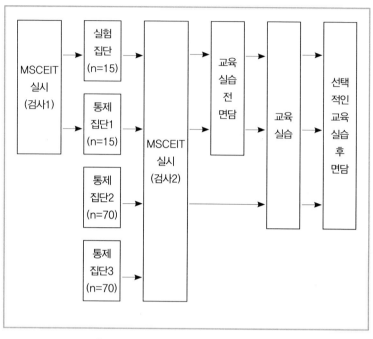

[그림 4-2] 연구 방법에 대한 개요도

주: 이것은 1차년도의 첫 번째 순환을 나타낸 것이다. 다음 연도에(2차년도의 순환2) 반복될 때 각 집단의 크기는 2배가 되고, 전체 참여자 수도 356명이 되는 완전한 과정이 된다.

시하였다(검사2). 또한 워크숍을 통한 학습, 정서기술과 정서에 대한 자신들의 인식을 알아보기 위해 질적 분석을 위한 면담을 실시하였다. 동시에 두 번째 집단인 대학생 70명(통제집단2)과 대학원 1학년 학생 78명(통제집단3)에게 MSCEIT를 실시하였다. 178명의 연구대상으로부터 MSCEIT의 전체 점수를 얻었고, 연구의 끝에 정서지능 프로그램의 참여가 학교 현장에 긍정적인 전이가 되었는지를 확인하기 위해 추후 면담도 실시하였다. 이 연구는 조심스러운 반성과 계획을 통해 다음 해에도 반복되었다. 두 번째 집단(순환2)은 같은 교육과정에 있는 학생들로 이전의 참여자들처럼 같은 지원자들에서 선택하였다. 따라서 남학생 150명, 여학생 206명, 즉 총 356명으로부터 MSCEIT의 전체 점수를 얻었다. 이들 연구대상의 학과는 체육교육과, 공학(금속)과, 건축(목공)학과, 과학과이고, 대학원은 경영학과, 체육교육과, 언어학과, 기술공학과, 음악학과 등이다. 연구과정에서 성비 불균형이 발생하면, 남학생 교사는 공학, 건축학 프로그램에서, 여학생 교사는 체육교육, 과학 프로그램에서 뽑아 충당하였다.

1, 2차 연구 각각에서 참여자들은 유층화된 무선 표집을 사용하여 선발되었고, 통제집단은 중재효과를 알아보기 위한 것이다. 질적 및 양적인 모든 자료를 로이진 코코란(Roisin Corcoran)이 수집하였고, 양적 자료는 SPSS로, 질적 자료는 NVivo로 분석하였다. 그녀는 연구의 시작부터 끝날 때까지 계속해서 연구자들과 이야기하고, 관찰하고, 면담하면서 자료를 수집하였다. 이것은 연구 설계에서 자료 수집이 몇 년간 진행되는 동안 단절되지 않았다는 것을 말한다. 1차년도 연구 설계를 다시 고찰하고 평가한 후, 이 자료들을 통합하면서 2차년도 연구 계획을 세웠다. 이와 같은 실행은 행위연구에서는 공통적이다. 행위연구에서의 연구 목적은 무엇이 문제인가에 대한 이해를 지속적으로 발전시키면서 경험을 증가시키는 것이다.

조사연구에서는 모두 87개의 면담 자료가 수집되었고, 이는 34시간 분량의 녹음 자료에 해당한다. 이것은 약 557쪽의 229,268개의 단어로 옮겨졌다. 그러나 앞에서 제시했던 연구 문제와 가장 관련이 있는 자료가 제시되었다.

요약하면, 이 연구는 실험집단, 통제집단1, 통제집단2, 통제집단

3의 네 집단으로 구성되어 있다. 실험집단은 30명의 사범대학 3학년 학생들로 2년 동안 중재 연구(정서역량 워크숍)에 참여하였다. 이 실험집단은 중재 전에(검사1) MSCEIT를 검사하였고, 정서역량 워크숍 참여, 중재(검사2) 후에 MSCEIT를 실시하였다. 그 후 이들 대부분의 학생들(n=27)에게 면담을 실시하였다. 질적 자료 수집을 위한 면담은 MSCEIT를 실시한 후, 교육실습을 가기 전에 실시하였다. 면담의 목적은 정서, 정서기술과 과정을 통한 학습에 대한 지각을 탐색하는 것이다. 그 후에 이들 학생들(n=17)에게는 교육실습 이후에 다시 면담을 실시하였다. 이것은 정서지능 기술에 대한 자각이 교육장면에 어떠한 영향을 주었는지를 확인하기 위해서다.

통제집단1은 사범대 3학년 예비교사 학생 30명을 대상으로 중재 전(검사1)에 MSCEIT를 실시하였고, 정서역량 워크숍에는 참여하지 않았다. 그리고 이 학생들은 중재 후(검사2)에 MSCEIT를 실시하였다. 이들 대부분의 학생들(n=23)에게 면담을 실시하였다. 면담은 MSCEIT를 실시한 후와 교육실습을 가기 전에 실시하였다. 이 면담의 목적은 정서지각, 정서기술의 지각 그리고 과정에서의 학습에 대한 그들 자신의 지각을 알아보고자 하는 것과 실험집단과 통제집단의 비교를 통해 정서역량 워크숍의 효과를 알아보기 위한 것이다. 마지막으로 두 차례의 MSCEIT를 통해 정서지능과 관련되는 기술을 자각했다면 이것이 교육 현장에 어떠한 영향을 주었는지를 알아보기 위해 교육실습 후에 면담을 실시하였다(n=10).

통제집단2는 140명의 3학년 사범대학 학생들로 정서역량 워크숍에 참여하지 않고 단지 사후에 한 번의 MSCEIT를 실시하였다. 이 학생 중 10명을 선택하여 정서지능의 기술에 대한 인식이 학생들을 지도하는 데 영향을 주었는지를 알아보기 위해 교육실습 후 면담을 실시하였다. 이 면담의 결과는 실험집단과 통제집단1의 면담자료와 비교하였다.

마지막으로 통제집단3은 156명의 사범대 대학원생으로 정서역량 워크숍에 참여하지 않았고, 단지 사후 중재로 MSCEIT를 실시하였다. 이 결과는 대학생들의 결과와 비교하였다.

결 론

초임교사와 예비교사의 정서경험의 본질, 그리고 자신과 타인의 정서를 다루는 능력을 개발하는 것의 중요성에 대한 문헌들이 점차 증가하고 있다. 그러나 기존의 많은 연구들은 대부분 질적 연구들이다. 교사의 삶에서 정서의 역할에 대한 연구에서 젬빌라스와 슈츠(Zembylas & Schutz, 2009: 367)는 연구자들이 다른 연구 방법을 개발하고, 다양한 관점의 '응답'을 제공할 필요가 있음을 제안하였다.

이 문헌에서 정서지능의 개념은 정서기술을 개념화하고 측정할 수 있도록 하는 데 중요한 역할을 하고, 초임교사 집단 간에 정서기술 수준을 비교 가능하게 한다. 이 정서지능의 개념은 또한 그와 같은 정서기술이 상황 맥락 안에서 어떻게 사용되는지, 즉 정서역량의 개념을 포함하는 것으로 확장될 필요가 있다. 제한된 증거 속에서 초임교사는 모집단에 비해 정서지능 영역에서 평균 수준보다 낮다는 것을 말해 준다. 이 영역에서 증거가 부족하다는 것은 교사의 정서지능과 정서역량에 대한 대규모의 연구가 필요하다는 것을 의미한다. 결과적으로 이 연구는 (1) 예비교사의 정서지능과 정서역량의 수준은 어느 정도인가 (2) 정서지능과 정서역량 수준이 워크숍을 통해 증진될 수 있는가 (3) 정서역량의 학습은 실제 학생지도에 영향을 주는가를 알아보는 것이다.

제5장은 이 연구의 양적 분석결과를 제시하였고, 제6장과 제7장은 정서역량의 개념을 더 폭넓게 이해할 수 있도록 질적 연구 결과를 제시하였다.

Developing Emotionally Competent Teachers

제5장

예비교사들의 정서지능 수준

서 론

앞 장에서 이 연구에 사용된 방법론에 대해 개략적으로 제시하였다. 이 장과 이후의 두 장은 연구 결과를 제시할 것이다. 특별히 제6장과 제7장은 질적 면담에서 얻은 결과들을 설명할 것이다. 이 장은 MSCEIT와 연구참여자들이 전체 정서지능지수(Total EIQ), 각각의 네 가지 기술(지각, 활용, 이해, 관리)과 관련한 결과에서 얻은 양적 자료를 보고할 것이다. 또한 양적인 EI 자료를 주요하게 사용하여 앞 장에서 제기된 두 연구 문제와 구체적으로 관련시킬 것이다.

(1) 예비교사들이 보유한 정서역량의 수준[MSCEIT에서 EI(정서지능)로 측정하고, 질적 면담으로 타당화된]은 어떠한가?

(2) 예비교사들의 정서역량(양적인 EI 자료와 질적인 자료로 사정된)은 집중적인 워크숍을 통해 향상될 수 있는가?

이 장은 두 부분으로 구성되어 있다. 첫 번째 부분은 연구 문제 (1)의 양적 부분에 대한 제시다. 이는 MSCEIT 내의 356명의 학부생(UG)과 대학원생(GD)의 점수에서 나온 결과를 제시한다. 첫째, 이 부분은 표집에 대한 인구학적인 분석처럼 보일 수 있고, 전체 정서지능지수(Total EIQ)는 모든 연구참여자들이 첫 번째 검사에서 얻은 것이고, 이전에 논의된 네 가지 기술(지각, 활용, 이해, 관리)은 각각 따로 분석되었다. 이는 주된 연구 결과 뒤에 논의하도록 하겠다.

두 번째 부분은 연구 문제 (2)의 양적 부분에 대해 제시할 것이다. 여기서는 정서역량 워크숍에 참여한 30명의 3학년 학부생들(실험집단)과 정서역량 워크숍에 참여하지 않은 다른 30명(통제집단)으로부터 얻은 주요한 양적 연구 결과를 제시할 것이다. 이 부분은 표집의 인구학적 분석으로 시작할 것이다. 그리고 나서 두 집단 모두 검사1(사전 중재)과 검사2(사후 중재) 결과를 네 가지 기술 및 정서지능으로 점수화할 것이다. 주요한 연구 결과 제시 후에 워크숍 시리즈가 학생들의 측정된 정서지능 수준을 향상시킬 수 있는지에 대한 논의가 이어질 것이다.

예비교사들의 정서지능 수준

356명의 예비교사로 구성된 표집은 아이리시(Irish) 대학교의 학부 3학년생(UG)과 교과과정의 대학원생(GD)으로 이루어져 있다. 교과과정은 학부생의 경우 체육교육, 공학(금속), 건축(목공), 과학

전공이고, 대학원생들은 경영, 체육교육, 언어, 기술공학, 음악 전공이다(〈표 5-1〉).

〈표 5-1〉 표집의 교과과정 분포

교과전공	인원 수	퍼센트(%)
학부생 체육교육	51	14.3
학부생 공학	47	13.2
학부생 건축	52	14.6
학부생 과학	50	14.0
대학원생 경영	49	13.8
대학원생 체육교육	30	8.4
대학원생 언어	21	5.9
대학원생 기술공학	18	5.1
대학원생 음악	38	10.7
전체	356	100

표집의 성별 분석은 〈표 5-2〉에서 제시하였다.

〈표 5-2〉 성별에 따른 표집의 분포

성별	인원 수	퍼센트(%)
여성	206	57.9
남성	150	42.1
전체	356	100

이 표집은 206명의 여학생과 150명의 남학생으로 구성되어 있고, 각각 57.9%와 42.1%를 차지하고 있다. 〈표 5-3〉은 성별에 따른 교과전공의 분포를 보여 준다.

〈표 5-3〉 성별과 교과전공의 표집 분포

교과전공	여성		남성	
	인원 수	퍼센트(%)	인원 수	퍼센트(%)
학부생 체육교육	40	19.4	11	7.3
학부생 공학	4	1.9	43	28.7
학부생 건축	7	3.4	45	30.0
학부생 과학	50	24.3	0	0
대학원생 경영	37	18.0	12	8.0
대학원생 체육교육	23	11.2	7	4.7
대학원생 언어	19	9.2	2	1.3
대학원생 기술공학	0	0	18	12.0
대학원생 음악	26	12.6	12	8.0
전체	206	100	150	100

전공 간 성별 불균형은 남자 예비교사들이 학부생 공학, 건축, 대학원생 기술공학 프로그램에 널리 분포되어 있고, 여학생들은 학부생 체육교육, 학부생 과학, 대학원생 경영 프로그램에 다수 분포하고 있다. 〈표 5-3〉에 의하면, 남학생들의 분포는 학부생 건축에서 30%, 학부생 공학에서 28.7%, 대학원생 기술공학에서 12%를 차지하고 있는 반면에, 여학생들은 각각의 전공과정에서 3.4%,

1.9%, 0%를 나타내고 있다. 이 표는 또한 여학생 연구참여자들이 체육교육에서 19.4%, 과학에서 24.3%, 경영에서 18%를 차지하는 반면, 남학생들은 각각의 전공과정에서 7.3%, 0%, 8%에 해당함을 보여 주고 있다.

[그림 5-1]은 표집들의 나이에 대한 분포도 보여 준다. 연구참여 자들은 검사 시점에 19세부터 49세까지 분포되어 있다. [그림 5-1] 이 보여 주고 있는 바와 같이 표집의 대다수(64.6%)는 19세에서 22세에 위치한다. 표집의 나머지(35.4%)는 23세에서 49세까지다.

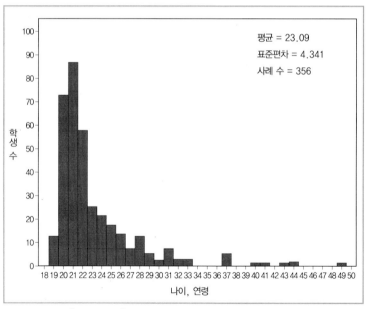

[그림 5-1] 표집의 연령에 따른 분포 히스토그램

첫 번째 연구 문제는 예비교사들이 지니고 있는 MSCEIT에서 EI 라고 측정된 정서역량의 수준에 대한 것이다. 분석에서 전체 정서지능지수(Total EIQ)를 먼저 볼 수 있다. 이는 네 가지 기술(지각, 활용, 이해, 관리) 모두를 포함한 평균 점수다. 각각의 기술들은 구별하여 분석되었다. 다른 지능 검사처럼, MSCEIT 점수는 모집단의 평균 점수가 100, 표준편차가 15가 되도록 구성되어 있다. 점수 범위는 (앞 장에서 제시한 바와 같이) 때로 연구 결과의 해석에 도움을 준다. 각 자료 세트와 각각의 검사가 적합하다는 것은 정상성 검사가 수행되었고, 자료가 정규분포를 보인다는 것을 의미함을 인지하는 것도 중요하다.

〈표 5-4〉는 모든 연구참여자들의 첫 번째 검사에서 정서지능의 전체 수준 검사 점수의 평균과 표준편차를 나타낸다(n=356).

〈표 5-4〉 모든 연구참여자들에게서 얻은 정서지능의 전체 수준의 평균과 표준편차의 비교

		전체 정서지능지수(Total EIQ)
전체	평균	91.99
	표준편차	12.99

주: n=356

MSCEIT에서의 학생 356명의 평균 점수는 91.99였다. 이는 적합한 범위 내에 위치하지만, 예측된 평균 점수는 100이었다.

〈표 5-5〉는 356명의 연구참여자들의 평균과 예측된 평균을 비교한 단일표본 t검증 결과를 보여 주고 있다. t검증은 종종 두 개의 평균을 비교하는 데 사용된다. 단일표본 t검증은 어떠한 조건 내에서 특정한 표본에게서 얻은 평균과 가설적인 모집단의 평균 간의 비

교에 사용된다(Robson, 1993: 438). 이러한 자료, 단일표본 t검증은
단일 변수(전체 정서지능지수의 표집평균)와 특정한 상수(모집단의 예측
된 평균 점수, 여기서는 100)가 서로 다른지를 검증하는 데 쓰인다.

〈표 5-5〉 평균 점수가 100인 모집단과 전체 정서지능 점수의 평균을 비교
한 단일표본 t검증(n=356)

집단 티 점수	t	자유도	양방검증 유의도	평균차이	95% 신뢰구간 차이	
					더 낮은	더 높은
전체 EIQ	-11.63	355	.000	-8.01	-9.36	-6.65

검사값=100

평균을 비교하는 검증은 이 차이(전체 정서지능지수의 평균과 예측
된 평균 간의)가 유의미하다는 것을 보여 준다(p < .001). 이는 EI의
전체 수준 평균 점수가 통계적으로 유의미하게 모집단의 평균 점수
보다 낮다는 것을 가리킨다. 이 표집의 더 낮은 평균 점수는 표집이
모집단에서 무선배치되었을 경우, 예비교사 교육과정에 속한 것과
같이 광범위한 예비교사 모집단의 평균 점수보다 낮다는 것을 반영
한다고 볼 수 있다.

그렇지만 이 사례에서 전체 정서지능지수의 평균 점수는 모든 네
가지 기술의 평균이기 때문에 기술 수준을 의미하는 가장 좋은 수치
는 아니다. 그러므로 다양한 기술들의 평균에 보다 더 관심을 가질 필
요가 있는 것이다. 앞 장에서 묘사한 네 가지 EI 기술은 다음과 같다.

• 자신과 다른 사람의 정서를 지각하기(줄여서 지각으로 부름)

- 정서를 산출하고 사고를 자극하기 위하여 이를 활용하기(활용으로 부름)
- 정서 정보를 분석하고, 정서적 변화와 과정을 이해하기(이해라고 부름)
- 자신과 다른 사람들의 감정을 조절하기(관리로 부름)

〈표 5-6〉은 모든 연구참여자에게서 얻은 네 가지 EI 기술 점수의 평균과 표준편차를 보여 준다.

〈표 5-6〉 모든 연구참여자에게서 얻은 네 가지 EI 기술의 평균과 표준편차 비교(n=356)

	지각	활용	이해	관리
평균	94.25	96.96	93.64	97.21
표준편차	13.55	16.11	12.10	14.41

각각의 영역의 평균 점수는 적합한 범위(90~109) 내에 위치하지만, 100이라는 예측된 평균보다는 낮다. 학생들이 관리와 활용 기술에서 비교적 잘 수행하며, 지각과 이해 기술에 있어서는 서툴다는 것에 주목할 만하다.

〈표 5-7〉은 각각의 4가지 EI 기술에 대한 평균 점수와 100이라는 모집단의 예측된 평균 간의 단일표본 t검증의 결과를 보여 준다.

〈표 5-7〉에서 유의미한 열(양방검증 유의도)을 살펴보면, 결과는 t검증이 지각($p=.000$), 활용($p=.0004$), 이해($p=.000$), 관리($p=.0003$)라는 각각의 기술 영역에서 신뢰도 $p<.001$ 수준에서 통계

〈표 5-7〉 모집단의 평균 점수 100과 모든 연구참여자들에게서 얻은 네 가지 EI 기술의 평균 점수를 비교한 단일표본 t검증(n=356)

					95% 신뢰구간 차이	
	t	자유도	양방검증 유의도	평균차이	더 낮은	더 높은
지각	-8.01	355	.00	-5.75	-7.17	-4.34
활용	-3.56	355	.00	-3.04	-4.72	-1.36
이해	-9.92	355	.00	-6.36	-7.62	-5.10
관리	-3.65	355	.00	-2.79	-4.29	-1.29

검사값=100

적으로 유의미하다는 점을 가리키고 있다. 이는 각각의 네 가지 EI 기술의 평균 점수가 모집단의 예측된 평균보다 통계적으로 유의미하게 낮다는 것을 의미한다.

짤막한 논의

이러한 아일랜드 자료를 기존의 자료와 비교한 연구가 별로 없는 반면에, 브레켓과 그의 동료들(Brackett et al., 2010)은 영국에서의 중등학교 교사들에 대한 연구를 수행하였다. 이 연구는 정서관리 점수(이들은 이를 정서조절 능력이라 불렀다)와 직업만족 및 피로감 간의 관계를 조사한 것이다. 이들은 연구참여자들의 정서조절 능력의 평균 점수가 규준 표집보다 약간 낮았다(표준오차 약 .5 정도)고 보고하고 있다(Mayer et al., 2002b 참조). 한편 바이런(Byron, 2001)은 미국의 초보교사들(이 연구의 표집처럼 이들은 예비교사 교육과정에 있는 사람들이다)을 대상으로 정서적 지식 교육의 효과를 조사하였고, 초보교사들의 정서지능 측정점수는 규준 표집의 점수와 별 차이가 없었다고 보고하였다. 이 경우, 바이런이 이전 검사 버전(MSCEIT version 1.1)을 사용했음을 알아야 한다. 크레메니저, 롭스, 그루월과 살로베이(Kremenitzer, Lopes, Grewal, & Salovey, 2004)에 따르면, 현직(실제)교사는 MSCEIT 점수(정서관리)에서 예비교사 후보들(우리 연구의 표집처럼 예비교사 교육 과정 중에 있는 사람들)보다 MSCEIT 점수가 유의미하게 더 높은 복잡한 모양새를 보여 주었다. 이런 점에서 분산적인 연구 결과를 요약하기란 불가능하다. 어떤 연구는 현직교사들의 비교적 낮은 점수가 발견되었다 하고, 다른 연구는 현직교사들의 EI 수준이 예비교사들보다 더 높은 수준이라는 결과가 나온 반면, 다른 세 번째 연구는 예비교사들은 보다 광범위한 모집단의 규준보다 별로 다르지 않은 수준이라고 보고하고 있다.

우리 연구에서 EI의 낮은 수준이 발견된 것은 우리가 현직교사보다는 예비교사 교육 내의 학생들에게 초점을 맞추었기 때문이라는 이유로 설명 가능하다. 휴버맨(Huberman, 1993)에 따르면, 교사의 전문성은 수월하거나 고통스러운 초임 시절에서 시작된다고 하였다(Hargreaves, 2005에서 재인용). 젊은 교사들은 가르치는 일이 정서적 노동(Hochschild, 1983)임을 습득하게 됨에 따라 요구되는 전문성에 대한 도전과 마주하기 위해서 자신들의 정서를 관리하는 것을 배우게 된다고 하였다. 이렇게 함으로써 종종 그들은 인간으로서 자신들을 규정하고 묘사하는 데 어려움을 겪기도 한다(Sikes, Measor,

& Woods, 1985). 이들은 유능한 전문가로서의 자신을 확립하는 일이 어려움을 알게 되고, 로티(Lortie, 1975)는 책상 너머의 세계로 통합되는 성공적인 경험을 하게 된다고 표현하였다. 사실 정서적 문제는 종종 초임교사들이 마주치는 문제와 관련하여 제기된다(Bullough et al., 1991). 이러한 경험들은 예비교사 교육 이후에 (이 과정을 겪고 난 뒤에도 여전히 가르치는 일에 남는 사람들에 한해) 정서지능의 수준을 올리는 일로 이어질 수 있다. 그렇지만 이미 주어진 중요한 정서적 어려움은 교사가 되어 감을 배우기 위한 과정일 수 있고, 이러한 기술을 직업 속에서 개발시킨다는 것은 이미 늦은 일이 되어 버릴 수 있다.

이 연구에서 아이리시 대학교의 예비교사 응답자들의 평균보다 낮은 점수는 검사에서의 문화적 오차에 의한 결과일 수 있음을 주지하는 것이 필요하다. 인지 능력 점수가 문화를 가로질러서 전이될 수 있다고 믿고, 보편적이며 일반적이고, 문화 교차적 수량화를 논하는 사람들이 있다(Sternberg & Grigorenko, 2001: 336). 포르틴가(Poortinga, 1998)에 따르면, 이러한 명제를 지지하는 연구자들은 문화 간 비교를 목적으로 산출된 기본 자료라고 하는 심리 측정적 특징과 함께 전형적인 서구식 검사를 절대적인 것으로 본다(Sternberg & Grigorenko, 2001: 336에서 재인용). 이러한 전통에서 연구란 "검사들이 '원주민' 피험자들에게 적합하게 번역되고 관리될 경우에 한하여" 한 문화에서 다른 문화로 옮겨 갈 수 있는 보편적인 능력검사의 세트라는 가정에 놓여 있다(Sternberg & Grigorenko, 2001: 336). 다른 한편으로 다른 이들은 검사는 이미 특정한 문화의 틀 내에서 사용되도록 미리 가정되어 있기 때문에 검사가 다른 문화를 넘어서서 사용될 수 없다고 주장하기도 한다.

MSCEIT는 미국에서 개발된 검사이기 때문에 영어로 되어 있고, 미국식 분류와 표현법이 전 검사지에 사용되어 있다. 이런 점은 아일랜드 독자들에게 문제가 될 수도 있다(비록 검사 시행 동안 이러한 문제점이 보고되지 않았다 하더라도). 사회적 맥락(제3장에서 논의함) 내에서의 정서적 경험의 확장이 주어질 경우, 특정한 응답의 '정확성'이란 특정한 문화 내에서만 그 자체로 기능하는 것이 될 수도 있다. 하지만 MSCEIT의 경우는 이 연구에서 사용되었고, 특정한 응답에서의 '정확성'이란 미국의 전형적인 표집에 기초하기보다는 실제로 각기 다른 나라의 남성과 여성으로 구성된 국제적인 패널에 의해 결정되었다. '문화적 오류'에 대한 가정을 너무 쉽게 무시하는 일은 실수이며, 다양한 나라에서 응답한 점수의 유의미하게 큰 자료라는 증거가 나오기까지는 아무튼 편견은 존재하게 되어 있다. 그렇다 하더라도 우리가 제5장과 제6장에서 보고하고 있는 질적 면담에서 연구참여자들은 MSCEIT 점수가 자신들에 대한 유효하고 가치 있는 무언가를 제시해 준다고 규정하는 경향이 있었음을 주목할 필요가 있다.

예비교사 교육에서의 정서지능 개발

연구 문제 (2)는 예비교사들의 정서역량이 예비교사 교육 프로그램 내의 집중적인 워크숍을 통해 향상될 수 있는지에 대한 질문이다. 이 절은 이 질문에 대해 MSCEIT를 사용하여 측정된 EI를 살펴봄으로써 부분적으로 서술하고 있다. 보다 질적인 자료에 대해서는 제6장과 제7장에서 설명할 것이다. 이 부분에서 우리는 먼저 실험집단과 통제집단의 인구학적 분석을 검토할 것이다. 분석은 실험집단과 통제집단의 검사1(사전 중재)과 검사2(사후 중재)의 전체 정서지능지수 점수를 비교하는 것이다. 두 집단 모두 각각의 4가지 기술(지각, 활용, 이해, 관리)이 검사1과 검사2로 분리하여 분석될 것이다.

실험집단과 통제집단은 세 대학의 교직과정 3학년 학부생 60명(30명씩 한 팀)으로 구성되었다. 세 대학의 교과과정은 체육교육, 공학(금속), 건축(목공) 전공을 포함하였다. 〈표 5-8〉은 실험집단과 통제집단의 대학 교과과정 분포를 요약하고 있다.

〈표 5-8〉 실험집단과 통제집단의 교과전공별 분석

교과전공	집단		전체 n(%)
	실험집단 n(%)	통제집단 n(%)	
체육교육	15(50)	22(73.3)	37(61.7)
공학	15(50)	0(0)	15(25)
건축	0(0)	8(26.7)	8(13.3)
전체	30(100)	30(100)	60(100)

〈표 5-8〉에서 보는 바와 같이 실험집단의 15명 학생들은 체육교육에서, 15명은 공학 전공에서 표집되었다. 한편 통제집단의 22명 학생들은 체육교육에서, 나머지 8명은 건축에서 표집되었다. 〈표

5-9〉는 실험집단과 통제집단의 성별 분석을 보여 준다.

〈표 5-9〉 실험집단과 통제집단의 성별 분석

교과전공	집단		전체 n(%)
	실험집단 n(%)	통제집단 n(%)	
여자	14(46.7)	17(56.7)	31(51.7)
남자	16(53.3)	13(43.3)	15(48.3)
전체	30(100)	30(100)	60(100)

실험집단은 14명의 여학생과 16명의 남학생으로 구성되었고, 실험집단에서 각각 46.7%와 53.3%를 차지하고 있다. 통제집단은 17명의 여학생과 13명의 남학생으로 구성되었고, 통제집단 내에서 각각 56.7%, 43.3%를 차지하고 있다. MSCEIT 점수는 여성의 평균 점수가 남성보다 약간 더 높아 전체적으로 성별과 관련되어 있음이 발견되었다(Mayer, Salvory, & Carouso, 2002b: 31). 이 표집에서도 역시 여학생의 평균 점수가 남학생보다 높은 경향을 보였다. 그러므로 통제집단에서 약간 더 많은 여학생의 수가 두 집단 간의 본래 검사 점수 차이에 영향을 미쳤다고 할 수 있다.

[그림 5-2]는 실험집단 학생들의 연령을 보여 주고 있다.

연구참여자들은 검사 시행 시점에서 19~33세 범위에 포진해 있다. [그림 5-2]의 히스토그램에서 보는 바와 같이, 실험집단의 다수(73.3%)는 19~21세에 놓여 있다. 실험집단의 나머지 연구참여자들(26.7%)은 22~33세다.

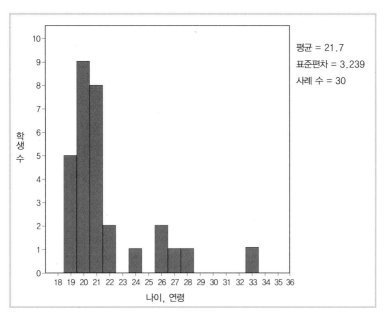

[그림 5-2] 실험집단의 연령별 분포 제시 히스토그램

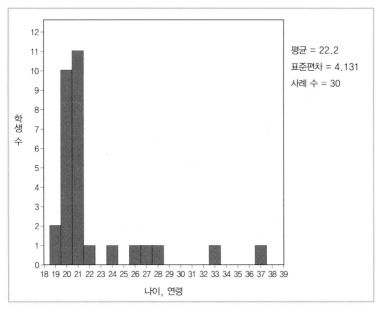

[그림 5-3] 통제집단의 연령별 분포 제시 히스토그램

[그림 5-3]은 통제집단의 학생들의 연령별 분포를 보여 주고 있다. 연구참여자들은 검사 시행 시점에서 19~37세까지 분포하였다. 통제집단의 다수(76.7%)는 19~21세 범위에 포함된다. 통제집단의 나머지 연구참여자(23.3%)는 22~37세다.

워크숍의 효과

실험집단과 통제집단의 검사1과 검사2 간의 전체 정서지능지수 점수 차이가 이제 검증될 것이다. [그림 5-4], [그림 5-5], [그림 5-6]에서 보이는 바와 같이, 분포를 나타내기 위해 박스플롯(box-plot)을 사용할 것이다. 박스(색칠된 부분)는 점수의 중간 50%, 즉 사분위수 범위를 보여 주고 있다. 박스의 중간 지점은 진한 수평선인데, 이는 중앙값을 나타낸다. 수치는 발견된 점수의 아래와 위를 반으로 가르는 값을 말한다(Loether & McTavish, 1993: 123). 박스의 위쪽과 아래쪽의 뾰족하게 튀어나온 두 지점은 각각 가장 높은 지점(점수의 상위 25%가 떨어지는 곳, 즉 상위 사분위수)과 가장 낮은 지점(점수의 하위 25%가 떨어지는 곳, 즉 하위 사분위수)까지 연장된다(Field, 2005). 그래서 박스플롯은 점수의 범위, 점수의 중간 50%가 떨어지는 지점부터 중앙치 사이의 범위를 보여 준다. 어떤 박스플롯은 원이나 점이 그 위나 아래에 표현되기도 한다. 원은 자료의 나머지 부분과 아주 다른 비정상치나 극단치를 의미한다. 이런 사례들은 제외될 필요가 있다. 제외된 수치는 평균값에 통계적 편중을 유발할 수 있다(Field, 2005). 이러한 이유로, 전체 분포를 검토할 때 평균 값과 중앙값을 고려하는 것은 매우 중요하다.

대응표본 t검증은 각각의 집단의 검사1과 검사2에서의 EI 점수 평균값의 관계를 탐구하는 데 사용된다. 대응표본 t검증은 같은 표 본집단(관련된 관찰)으로부터 수집된 두 개의 평균값이 유의미하게 차이가 나는지 아닌지를 살피는 것이다(Field, 2005: 728). 호위트와 크래머(Howitt & Cramer, 2001: 103)에 따르면, 이런 종류의 t검증 은 하나의 세트나 한 표집으로부터 나온 두 세트의 점수를 비교하거 나, 두 점수 세트 간의 상관계수가 높을 때 비교를 위해 쓰인다. [그 림 5-4]의 박스플롯은 실험집단과 통제집단의 검사1과 검사2로 얻 은 전체 정서지능지수 점수의 분포를 보여 주고 있다.

[그림 5-4]의 박스플롯은 실험집단의 검사1과 검사2 전체 정서 지능지수 점수는 대체로 일관성을 보이며, 통제집단은 검사1에서 검사2로 갈수록 감소하는 것을 보여 준다. 예로, 실험집단의 중앙값 은 검사1에서는 96.09, 검사2에서는 96.38인 반면, 통제집단의 중 앙값은 검사1에서는 94.21, 검사2에서는 88.97로 감소하였다. 실 험집단의 검사1에서의 최소값과 최대값은 각각 74.01, 115.14이 며 범위는 41.13이다. 실험집단의 검사2에서는 각각 최소값 72.89 와 최대값 109.92로 범위가 36.13으로 분산 정도가 낮음을 볼 수 있다. 통제집단은 검사1에서 최소값은 63.63, 최대값은 122.69, 범위는 59.06으로 분산된 정도가 큼을 보여 준 반면, 검사2에서는 통제집단의 최소값이 67.49, 최대값은 118.33, 범위는 50.84였다. 어느 분포에도 제외되어야 할 극단치는 없었다. 이러한 차이는 평

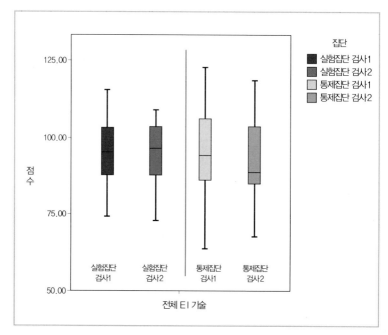

집단
■ 실험집단 검사1
■ 실험집단 검사2
□ 통제집단 검사1
■ 통제집단 검사2

점수

전체 EI 기술

[그림 5-4] 실험집단과 통제집단의 검사1과 검사2에서의
전체 정서지능지수 점수 분포를 비교한 박스플롯

균의 비교에서도 산출된다. 〈표 5-10〉은 두 집단의 검사1과 검사2
사이의 정서지능 수준 전체의 검사점수 평균과 표준편차를 요약하
고 있다.

　〈표 5-10〉은 각 집단의 학생들의 평균 점수가 95라서 광범위한
모집단의 평균보다 5점 낮음을 보여 준다. 〈표 5-10〉은 또한 누군
가는 희망했을, 실험집단의 예비교사들(정서역량 워크숍을 들은 사람
들)의 점수가 첫 번째 검사와 두 번째 검사 간에 거의 일관되게 남
아 있음을 보여 주는 반면에, 통제집단의 예비교사들에게서 얻은 점
수는 첫 번째 검사와 두 번째 검사 사이에 점수가 떨어져 있음을 나

〈표 5-10〉 실험집단과 통제집단의 검사1과 검사2에서의 전체 EI 수준의 평균 점수와 표준편차 비교

집단		검사1의 전체 정서지능지수	검사2의 전체 정서지능지수
실험집단(n=30)	평균	95.30	95.32
	표준편차	10.94	9.37
통제집단(n=30)	평균	95.10	93.21
	표준편차	14.32	13.53

타낸다. 실험집단의 평균 점수는 검사1에서 95.30, 검사2에서는 95.32였고, 통제집단은 검사1에서는 95.10이었던 반면, 검사2에서는 93.21로 점수가 떨어졌다.

〈표 5-11〉은 신뢰구간 95%에서 표준대응표본 t검증을 요약한 내용인 평균차이, t값(t), 자유도(df), 양방검증 유의도(Sig. 2-tailed)를 보여 주고 있다(Field, 2005).

〈표 5-11〉 실험집단과 통제집단의 검사1과 검사2에서의 전체 EI 수준 평균값을 비교한 대응표본 t검증

	대응표본 검증								
		사전 중재와 사후 중재의 차이					t	자 유 도	양방 검증 유의도
		평균	표준 편차	평균의 표준오차	95% 신뢰구간				
					더 낮은	더 높은			
실험 집단	정서지능지수 검사1- 정서지능지수 검사2	-.022	9.076	1.657	-3.411	3.366	-.01	29	.989
통제 집단	정서지능지수 검사1- 정서지능지수 검사2	1.881	10.778	1.968	-2.144	5.906	.956	29	.347

〈표 5-11〉에서 양방검증의 유의성을 보면, p> .05 수준에서 실험 집단(p=.989)과 통제집단(p=.347)의 관계가 명백하게 유의하지 않다.

이는 무엇을 의미하는가? 이러한 결과는 누군가의 희망과는 반대로 실험집단 예비교사들로부터 얻은 검사1(정서역량 워크숍 이전)과 검사2(정서역량 워크숍 이후)의 점수가 대체로 일관성이 있다는 것을 보여 준다. 이는 대응표본 t검증으로 확증되었는데, p> .05 수준에서 유의미한 관계성이 나타나지 않았다는 것이다. 이는 또한 전체 정서지능지수 수준은 워크숍이 연구참여자들의 EI 수준을 높이는 것으로 이끌지 못한다는 점을 제시하고 있는 것이다. 통제집단의 예비교사들로부터 얻은 점수는 검사1에서 검사2로 가면서 떨어졌다. 이는 검사의 유사성이나 지겨움과 같은 이유로 인한 것일 수 있다.

이 중요한 결과가 희망하는 대로 나오지 않았더라도, 이는 전체 네 가지 기술의 평균일 뿐이고, 각기 다른 기술 간의 차이의 분산 정도가 꽤 크기 때문에 이 사례에서 전체 정서지능지수가 기술 수준을 암시하는 가장 좋은 요인이 아니라는 점을 주목할 필요가 있다. 보다 심층적인 자료 분석(각각의 기술들을 분리하여 검증하기)은 이 분석에서 놓치고 있는 의미가 드러나게 해 줄 것이다.

네 가지 기술 영역에서의 워크숍 효과

실험집단과 통제집단의 검사1과 검사2 사이의 EI 기술 점수에 대한 분포를 이제 검증할 것이다. 박스플롯은 두 집단의 점수 분포를 살펴보는 데 사용된다. 대응표본 t검증은 실험집단과 통제집단의 검사1과 검사2에서의 EI 기술 점수 간의 관계를 탐색하는 데 사용된다. [그림 5-5]의 박스플롯은 실험집단의 검사1과 검사2에서의 EI 기술 점수에 대한 분포를 보여 준다.

[그림 5-5]의 박스플롯은 지각과 활용 기술 중앙치가 검사1에서 검사2로 가는 동안 감소하였음을 의미하는 반면, 이해와 관리 기술 중앙치는 검사1에서 검사2로 가면서 증가하였다. 지각 기술은 96.97에서 93.93으로 중앙치가 하락하였고, 활용 기술 중앙치는 101.38에서 99.29로 떨어졌다. 이해 기술 중앙치는 95.47에서

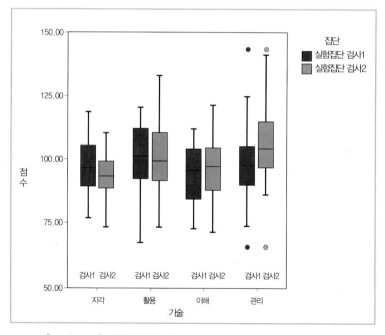

[그림 5-5] 실험집단의 검사1과 검사2에서의 EI 기술 점수의
분포를 비교하는 박스플롯

97.48로 증가하였고, 관리 기술 중앙치는 검사1의 98.22에서 검사
2의 104.04로 괄목할 만한 증가를 보여 주었다.

〈표 5-12〉는 검사점수의 평균(이전 문단에서 논의한 중앙값과 구별
되는)과 실험집단에 실시한 검사1과 검사2 사이의 각각의 네 가지
EI 기술의 표준편차를 요약한 것이다.

**〈표 5-12〉실험집단 검사1과 검사2의 네 가지 EI 기술 각각의 평균 점수와
표준편차 비교**

		지각	활용	이해	관리
실험집단 검사1	평균	97.45	100.53	93.98	100.19
	표준편차	10.67	13.41	11.11	15.29
실험집단 검사2	평균	93.75	100.08	96.20	105.63
	표준편차	9.16	13.9	12.26	15.7

〈표 5-12〉는 또한 관리 기술의 평균 점수가 검사1에서 검사2로
갈수록 크게 증가하였음을 가리키고 있다. 이해 기술의 평균 점수
또한 검사1에서 검사2로 가면서 증가하였던 반면, 지각 기술과 활
용 기술의 평균 점수는 검사1에서 검사2로 가면서 감소하였다. 〈표
5-13〉은 실험집단의 검사1과 검사2에서의 네 가지 기술 평균 점수
를 대응표본 t검증한 결과를 제시한 것이다. 결과는 관리 기술의 평
균 점수가 증가하였더라도 $p > .05$ 수준에서 통계적으로 유의미하
지 않았음(p= .064)을 의미하였다. 실험집단의 다른 기술 영역인 지
각(p= .069), 활용(p= .862), 이해(p= .224)에서도 유의미한 관계가
나타나지 않았다.

〈표 5-13〉 실험집단 검사1과 검사2에서의 네 가지 EI 기술 평균 점수를 비교한 대응표본 t검증

대응표본 검증

	사전 중재와 사후 중재의 차이					t	자유도	양방검증 유의도
	평균	표준 편차	평균의 표준 오차	95% 신뢰구간				
				더 높은	더 낮은			
지각	3.709	10.749	1.962	-.305	7.722	1.890	29	.069
활용	0.451	14.066	2.568	-4.802	5.703	0.176	29	.862
이해	-2.215	9.760	1.782	-5.859	1.430	-1.243	29	.224
관리	-5.432	15.433	2.818	-11.195	0.331	-1.928	29	.064

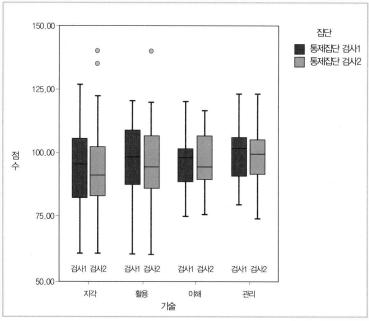

[그림 5-6] 통제집단의 검사1과 검사2에서의 기술의 분포를 비교한 박스플롯

[그림 5-6]의 박스플롯은 통제집단의 검사1과 검사2에서의 기술 점수 분포를 보여 준다. [그림 5-6]은 통제집단에서의 모든 네 가지 기술의 중앙치가 검사1에서 검사2로 갈수록 감소하였음을 나타낸다. 지각 기술의 중앙치는 95.90에서 91.54로 감소하였고, 활용 기술의 중앙치는 98.8에서 94.91로 감소하였다. 이해 기술의 중앙치는 98.57에서 94.62로 감소했으며, 관리 기술의 중앙치도 검사1에서는 102.14였다가 검사2에서는 100.19로 하락하였다.

〈표 5-14〉는 통제집단에서의 검사1과 검사2의 네 가지 EI 기술의 평균과 표준편차를 요약한 것이다. 〈표 5-14〉는 정서의 지각, 활용, 관리의 평균 점수가 검사1과 검사2 사이에 하락하였음을 보여 주고 있다. 정서의 이해 평균 점수만 검사1과 검사2 간의 일관성을 거의 유지하고 있다.

〈표 5-14〉 통제집단 검사1과 검사2의 네 가지 EI 기술 각각의 평균 점수와 표준편차 비교

교과전공		지각	활용	이해	관리
통제집단 검사1	평균	95.31	98.03	96.46	100.64
	표준편차	16.88	15.73	10.47	11.28
통제집단 검사2	평균	93.56	96.78	96.33	99.18
	표준편차	17.56	15.44	10.85	11.49

〈표 5-15〉는 통제집단에서 검사1과 검사2에서의 네 가지 EI 기술의 평균 점수를 대응표본 t검증한 결과를 보여 주고 있다. 〈표

5-15〉에서 양방검증의 유의도 열을 살펴보면, 유의수준 p> .05에서 네 가지 기술인 지각(p= .503), 활용(p= .588), 이해(p= .931), 관리(p= .556)의 평균 점수는 검사1과 검사2 사이에 유의미한 관계가 없다는 것을 가리키고 있다.

〈표 5-15〉 통제집단 검사1과 검사2에서의 네 가지 EI 기술 평균 점수를 비교한 대응표본 t검증

대응표본 검증								
	사전 중재와 사후 중재의 차이					t	자유도	양방검증 유의도
	평균	표준 편차	평균의 표준 오차	95% 신뢰구간				
				더 낮은	더 높은			
지각	1.752	14.159	2.585	-3.535	7.039	.678	29	.503
활용	1.251	12.498	2.282	-3.415	5.918	.548	29	.588
이해	0.137	8.601	1.570	-3.074	3.349	.087	29	.931
관리	1.457	13.412	2.449	-3.551	6.466	.595	29	.556

이는 무엇을 의미하는가? 우리가 앞서 살펴본 바와 같이, 워크숍을 한 집단의 전반적인 정서지능지수 점수는 미미한 차이가 있을 뿐이었지만, 이 결과는 우리가 EI 기술의 수준을 살펴볼 때 중요한 부분을 감추고 있을 가능성이 있다. 이는 사실 사례에서 판명된다. 워크숍을 했던 실험집단의 정서관리—이 기술 영역은 아마도 교사들의 직업선택과 가장 관련이 있을 것이다.—평균 점수는 검사1에서 검사2로 가는 동안 괄목할 만한(최대로 유의하지 않더라도) 증가를 보여 주었다. 워크숍을 하는 동안 의사소통, 의사결정, 선행 행동에 대

한 구조적 분석 등과 같은 기술의 개발이 눈에 띄었다. 관찰된 이러한 활동들이 점수를 상승시키는 데 기여했을 가능성이 있다. 또한 시리즈 워크숍이 12주 동안 2시간짜리의 6개 강좌로 아주 짧게 제공되었음도 인지해야 한다. 측정된 정서관리 기술의 수준에 큰 영향을 미치고 싶다면 좀 더 유의미한 간섭을 제공해야 할 것이다. 자료는 비록 결론과 멀어졌지만, 적어도 예비교사 교육에서의 정서역량 요소가 측정된 정서지능(EI) 기술 수준을 증가시킬 수 있을 것이라는 단서는 얻은 셈이다.

결 론

가르치는 일은 학습 맥락에서 정서적인 자극을 풍부하게 수반하는 정서적 실제로, 교사들 사이에서 중요한 역량으로 간주된다. 정서지능과 정서역량의 높은 수준으로 이를 연결하는 근거도 있다.

이 장의 연구 결과는 이 연구에서 예비교사 교육의 학생들의 정서지능은 측정된 MSCEIT보다 높지 않음을 보여 주었다. 대신에 그들의 정서지능 수준은 광범위한 모집단의 예측된 평균보다 .5 표준편차 이상으로 낮았다. 이러한 결과를 해석하게 된 여러 이유가 있겠지만, 가르치는 일이 엄청난 정서적 경험이라는 점을 강조하여 예비교사 교육의 학생들이 자신의 정서를 효과적으로 다루는 정서지능 기술을 가져야 한다는 점보다 중요한 명제는 없다. 비약이더라도 이 부분은 중요한 발견이다.

　교수법에 대한 학습처럼, 교수활동에서의 정서적 요구, 스트레스와 같은 서툰 정서관리가 교사들이 직업을 그만두는 데 이르게 하는 주된 원인으로 상위 순위에 지속적으로 올려지고 있으며(Darling-Hammond, 2001), 사회적 · 정서적 기술은 교수활동, 학생학습, 질적 관계, 학업성취를 포함한 수많은 삶의 영역에서의 성공에 관련되어 있고(Brackett & Salovey, 2004; Mayer et al., 2004; Sutton & Wheatley, 2003), 예비교사 교육에서의 정서역량 개발이 매우 강조되어야 한다는 주장들이 제기되어 왔다(Palomera, Fernandez-Berrocal, & Brackett, 2008; Weare & Gray, 2003). 그렇지만 우리가 앞서 살펴본 바와 같이, 이것이 어떻게 되어 왔는지는 명확하지 않다. 어떤 학자들은 코칭과 상담 유형의 모형을 제기하고, 다른 학자들은 교사 휴식의 가치를 논쟁하며, 또 다른 학자들은 이러한 능력을 개발시키기 위한 학교 기반의 실습의 역할을 강조하기도 한다. 대학 기반의 교직과정이 이러한 기술을 습득하는 데 의미 있게 기여하는지에 대해서는 아직 명확하지 않다. 이 장에서 제시된 자료는 정서역량 워크숍이 실험집단의 학생들에게 주어질 때 측정된 EI 기술이 증가할 것이라는 논의를 지지하기 위한 것이 아니다. 자료는 그들의 정서관리 기술에 있어서의 약간의 증가를 보여 주었으나, 증가폭은 미미하며 유의미하지도 않다. 이 워크숍 시리즈의 가능한 영향이라는 것이 이 자료의 최상의 단서일 뿐이다.

　앞서 요약한 바대로, 이런 양적 자료에 대한 일반적인 비판은 질적 연구가 정서적 과정과 정서역량에 대한 효과적이고 보다 나은 이해로 이끌 것이라는 것이다. 이는 부분적인 것으로, 정서는 의미체

계와 밀접하게 관련되어 있고 특정한 문화적 맥락에 놓였을 때 이해
할 수 있는 부분이 있기 때문에 때로는 질적 연구(Denzin, 1984 참
조)를 통해서 보다 더 잘 평가될 수 있기도 하다. 이러한 이유로 제
6장과 제7장에서는 이 연구의 주요한 질적 결과를 제시할 것이다.
제6장에서는 중재 사이의 차이가 있는지를 검토할 것이며, 통제집
단은 질적 면담에서 하나로 합쳐져 이 장에서 제시된 MSCEIT 자료
는 이렇게 마무리된다.

Developing Emotionally Competent Teachers

제6장

예비교사들은 자신의 정서역량 수준을 어떻게 경험하는가

서 론

앞서 제5장에서 논의된 두 가지 연구 문제 중의 하나는 예비교사의 정서역량(양적인 EI 자료와 질적인 자료로 사정된)이 집중적인 워크숍을 통해 향상될 수 있는가의 문제였다. 이 문제에 대해 제5장에서는 MSCEIT를 활용한 양적 자료와 용어로 논의하였으나, 이 장에서는 예비교사와의 면담을 통한 질적 자료에 기반을 두고 이 문제를 다시 논의하였다. 이 장에서 제시된 질적 자료는 예비교사와의 일차 면담 자료에서 추출한 것이다. 예비교사와의 면담은 정서역량 워크숍 후 제2차 MSCEIT를 실시한 다음에 이루어졌다([그림 6-1] 참조). 이 장의 주요 목적은 실험집단(정서역량 워크숍 참여집단)과 통제집단(정서역량 워크숍 비참여집단) 간에 차이가 있다면 그 차이가 무엇인지를 파악하는 것이다. 만약 두 집단 간에 어떤 차이가 존재한다면, 이는 MSCEIT로는 학생들이 정서역량 워크숍을 통해 어느 정도 도움을 받을 수 있었던 능력을 밝혀내지 못함을 시사할 뿐만 아니라 정서역량 워크숍의 영향에 대한 재평가를 가능케 함을 의미한다.

제5장에서는 (MSCEIT 결과로서) 정서지능에 초점을 두었지만, 제6장과 제7장에서는 보다 넓은 의미의 정서역량에 그 초점을 둔다. 그리고 정서역량 개념은 비록 메이어(Mayer)와 살로베이(Salovey)의 정서지능(EI)모형에 기반하고 있지만, 이 장은 수업 맥락에서 정서역량 기술의 이해와 활용에 그 초점을 둔다.

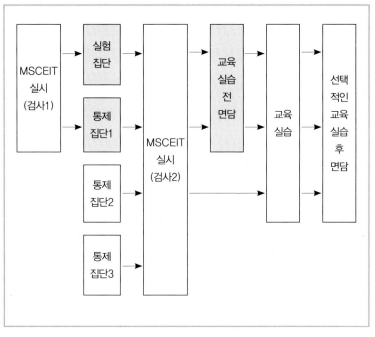

[그림 6-1] 연구방법에 대한 개요도

제6장은 크게 두 부분으로 구성된다. 첫 번째 부분은 27명의 예

비교사 실험집단에서 수집된 자료에 대한 주요 연구 결과 제시이며, 두 번째 부분은 23명의 예비교사 통제집단과의 면담 자료에 기초한 주요 연구 결과 제시다. 연구 절차는 [그림 6-1]에 제시된 바와 같이, 먼저 실험집단과 통제집단 모두에게 MSCEIT를 실시하였고(검사1), 두 집단 중 한 집단은 임의로 정서역량 워크숍 집단에, 다른 한 집단은 기존의 계획된 예비교사 교육 프로그램 수업 집단에 배치하였다(엄밀히 구분하면, 계획된 예비교사 프로그램은 통제집단 학생들을 언급할 때, 워크숍은 실험집단 학생들을 언급할 때 사용되었다). 실험을 마치고 실험 처치의 효과를 측정하기 위해 두 집단 모두에게 2차 MSCEIT(검사2)를 실시하였다(이에 대한 양적 연구 결과는 제5장에서 논의됨). 그리고 학생들이 느낀 정서, 정서기술, 수업에서 학습한 것에 대한 지각을 파악하기 위해 두 집단 모두에게 질적 면담을 실시하였다. 이 장에서는 이러한 질적 연구 결과들이 논의될 것이다. 요약하면, 제6장의 첫 부분은 실험집단 학생들이 정서역량 워크숍과 MSCEIT를 통해 습득한 정서 관련 학습을 탐구하는 것이며, 두 번째 부분은 통제집단 학생들이 일반 교사 교육 프로그램과 MSCEIT를 통해 정서에 대해 학습한 것이 무엇인가를 파악하는 것이다. 이러한 질적 자료들은 정서역량 워크숍이 예비교사들에게 미친 주목할 만한 영향이 무엇인가를 재평가하는 데 사용될 것이다.

　면담 자료에 대한 논의에 앞서 자료 관련 맥락 이해에 도움이 될 몇 가지 사항을 먼저 살펴보고자 한다. 첫째, 면담은 모두 로이진 코코란(Roisin Corcoran)에 의해 수행되었다. 로이진 또한 정서역량 워크숍 개발 및 지도에 참여한 한 사람으로 MSCEIT를 실시하고 이에 대한 피드백을 제공하였다. 이 점이 어쩌면 '면담효과'로 작용할 수도 있었을 것인데, 왜냐하면 면담자가 워크숍의 교사이기도 했으므로 학생들이 (무의식적으로) 정서역량 워크숍에 대해 보다 긍정적인 피드백을 할 수도 있었기 때문이다. 그러나 한편으로는 피면담자와 면담자 간의 친밀성으로 인해 오히려 워크숍에 대해 보다 진솔한 평가를 할 가능성도 높았다. 일반적으로, 분명한 것은 질적 면담은 항상 상호작용적이고 관계적인 과정이기 때문에 질적 면담에서 한 사람에 의해 수집된 자료는 다른 사람에 의해 수집된 자료와 다를 수 있다는 것이다. 바렌(Warren)이 지적한 바와 같이, 성별, 성격, 역사적 위치 등과는 별개로 한 사람으로서의 문화기술자는 다른 사람의 것과 동일한 결과를 객관적으로(적어도 상호주관적인) 산출해야 한다는 신화는 극적으로 변해 왔다(Warren, 1988: 7). 그러나 이 연구에서도 면담자 효과의 가능성을 인식하고 이를 최소화하기 위해 면담 과정에서 학생들이 균형 잡힌 피드백을 할 수 있도록 최대한 노력하였다.

　면담과 관련된 두 번째 이슈는 면담 과정에서 참여자와의 면담을 위한 구조화된 면담은 있었지만, 학생들의 새로운 생각이나 방향을 가능한 한 자연스럽게 명료화하도록 배려하였다. 따라서 면담은 처방된 면담 스케줄을 엄격하게 따르지 못하여 모든 학생에게 동일한 순서대로 동일한 질문을 하지 않았다. 이 결과 이 장에서 많은 학생이 특정한 형태의 반응을 보였는데, 이런 학생들의 수는 비율로 해석되기보다는 반응패턴으로 해석되어야 함을 의미한다. 예를 들면, 면담한 27명의 학생 중 18명은 정서가 얼굴 표정으로 어떻게 나타나는지에 대한 인식을 나타내었다. 그렇다고 해서 나머지 9명의 학생이 그런 인식이 없다는 의미로 받아들여서는 안 된다. 물론 이들 9명의 참여자들은 대화 과정에서 정서에 대한 각성이 일어나지 않았을 가능성도 있다.

제6장과 제7장에서는 자료 제시를 위해 메이어와 살로베이의 정서지능체계(⟨표 6-1⟩)를 활용하여 자료를 구조화하였다. 그러나 참여자들은 그들의 정서경험을 여러 가지 EI 기술이 함축된 방식으로 진술하는 경향이 있었다는 점에 주목할 필요가 있다. 예를 들면, 교실에서 예비교사들이 사용하는 목소리 톤은 (1) 자신과 타인에 대한 그들의 정서지각 능력 (2) 목소리 톤과 같은 자극이 어떻게 정서경험을 더 강하게 혹은 약하게 하는가에 대해 이해하는 능력 혹은 (3) 이와 같은 이해를 바탕으로 자신과 타인의 정서를 관리하는 능력 등과 관련하여 해석될 수 있다. 어떤 의미에서 EI모형은 정서역량의 의미를 탐색하는 유용한 분석체계를 제공하지만, 실제로는 여러 요소들이 각기 분리된 기능을 나타내기보다는 정서를 다루는 하나의 통합된 접근을 의미한다. 그리고 경우에 따라서는 서로 다른 분석 주제하에 동일한 면담 혹은 인용이 언급될 수 있음을 의미한다.

제6장과 제7장에 제시되는 면담 내용은 가능한 한 원래의 진술된 말을 그대로 전사하면서 동시에 인용을 최대한 포괄적으로 제시하고자 하였다. 면담 중에 학생들이 하는 '음(um, em)' '마치(like)' 등과 같은 추임새는 대체로 삭제하였다. 피면담자의 익명을 보장하면서 진술 내용을 최대로 전사하기 위해 각각의 인용문에 (1) 면담 실시집단 (2) 면담종료 연구단계 (3) 실험집단 혹은 통제집단의 면

담자 (4) 면담 번호 등과 같은 고유의 면담 코드를 부여하였다. 예를 들면, 첫 번째 군(1)의 학생들과의 면담이, 워크숍 프로그램 진행 후 일차로(1), 실험집단의 학생(E)과 이루어졌다면, 코드를 11E로 하고, 11E: 72와 같은 고유의 면담 코드를 부여하였다. 같은 방식으로 두 번째 군(2)의 학생들과의 면담이, 워크숍 후(1), 통제집단의 학생(C)과 이루어졌다면 코드는 21C로, 그리고 면담 번호를 기록하였다(예를 들면, 21C: 105). 면담 참여자 명단과 코드 목록의 원본은 로이진의 컴퓨터에 저장되어 암호화되었다.

〈표 6-1〉 정서지능체계

정서의 지각, 평가, 그리고 표현(지각)
- 개인의 신체적 · 심리적 상태에서 정서를 파악하는 능력
- 다른 사람이나 어떤 대상의 정서를 파악하는 능력
- 정서를 정확하게 표현하고 정서와 관련되어 있는 요구들을 표현하는 능력
- 명확한 감정표현과 명확하지 않은 감정표현, 혹은 정직한 감정표현과 정직하지 않은 감정표현을 구별하는 능력

사고의 정서적 촉진(활용)
- 대상, 사건, 그리고 다른 사람과 관련된 감정에 기초한 개인의 생각을 재조정하고, 그러한 생각에 우선순위를 매기는 능력
- 감정과 관련된 판단 및 기억을 촉진시키는 생생한 정서를 발생시키거나 모방하는 능력
- 다양한 관점을 갖기 위해 감정의 기복을 활용하는 능력, 즉 이러한 심리상태에 의해서 유발된 감정들을 통합하는 능력
- 문제해결 및 창의성 촉진을 위해 정서 상태를 활용하는 능력

정서 정보를 이해하고 분석하기, 정서 지식 활용(이해)
- 서로 다른 정서가 어떻게 관련되어 있는지에 대해 이해하는 능력
- 감정의 원인과 결과를 지각하는 능력
- 혼합된 정서 및 모순되는 감정과 같은 복잡한 감정을 해석하는 능력
- 정서 간의 이동을 이해하고 예측하는 능력

정서조절(관리)
- 유쾌한 감정과 불쾌한 감정 모두에 개방적인 능력
- 정서를 관찰하고 성찰할 수 있는 능력
- 판단된 유익함이나 유용성에 따라서 정서 상태를 수용하거나, 연장시키거나, 그로부터 분리되는 능력
- 자기 자신과 다른 사람의 감정을 관리하는 능력

출처: Salovey, Bedwell, Detweiler, & Mayer(2000)에 인용된 Mayer & Salovey (1997)를 재인용.

제6장과 제7장에 제시되는 학생들과의 면담 내용은 메이어와 살로베이의 정서지능의 네 가지 유형 모형(1997)에 따라 정리되었다. 이 모형에 의하면, 정서지능은 '정서를 지각하고 표현하는 능력, 이를 이해하고 활용하는 능력, 개인의 성장을 촉진할 수 있도록 정서를 관리하는 능력'(Salovey et al., 2000: 506)으로 정의된다. 〈표 6-1〉은 정서지능의 네 가지 유형과 각 유형에 관련된 하위기능 영역을 제시하고 있다.

실험집단의 정서역량

이 프로그램은 제가 충분히 잘할 수 있을 것이라고 느끼지만, 제가 정말 그럴지, 이런 이슈를 다루는 것이 매우 중요한 것인지 잘 모르겠습니다. 어떤 사람이 언제 슬프고 언제 행복한가를 알기 위해서는 정서와 관련된 어떤 것이든 해야 합니다. 실제로 정서가 주요한 부분으로 다루어져야 하는데, 수업을 계획하면

서 정서가 어떤 관련이 있을 것이라고는 결코 생각하지 않았습니다. 수업계획에서 저는 주로 수업목적, 학습목표, 학습자원에 대해서 생각합니다. 저는 사람들이 어떻게 느끼는가에 따라 교실 구성을 생각하지 않는데, 왜냐하면 그것은 하루의 특정한 시간에 해당되기 때문입니다. 하지만 이제부터는 이런 것들을 심각하게 고려할 것입니다. (11E: 72)

이 절에서는 정서역량 워크숍에 참여한 27명의 학부 예비교사(실험집단)와의 면담을 통해 확보한 질적 연구의 주요 결과를 제시하고자 한다. 면담은 일련의 워크숍 이후와 두 번째 MSCEIT를 실시한 후에 이루어졌으며, 또한 학생들이 10주간의 교육실습을 나가기 전에 시행되었다.

지각(Perceive)

> **정서의 지각, 평가, 그리고 표현(지각)**
> • 개인의 신체적 · 심리적 상태에서 정서를 파악하는 능력
> • 다른 사람이나 어떤 대상의 정서를 파악하는 능력
> • 정서를 정확하게 표현하고 정서와 관련되어 있는 요구들을 표현하는 능력
> • 명확한 감정표현과 명확하지 않은 감정표현, 혹은 정직한 감정표현과 정직하지 않은 감정표현을 구별하는 능력

정서역량의 첫 번째 요소는 자신과 타인의 정서를 지각하고 파악하는 능력이다. 학생들은 여러 정서를 일련의 워크숍을 통해 발달되

었다고 생각하는 기술로 인식하는 능력에 대해 자주 언급하였다. 살로베이 등(2000: 507)에 의하면, 정서지능체계의 첫째 유형은 개인의 신체적·심리적 상태에서 정서를 파악하는 능력을 언급하고 있다. 9명의 면담 학생들이 몸짓 언어를 인식하였다고 하였는데, 이 가운데 7명은 워크숍 활동을 마친 후에 이를 깨달았다고 하였다. 예를 들면, 한 학생은 자신의 몸짓 언어에 대한 인식을 시범으로 보여 주었으며, 그리고 이런 몸짓 언어가 다른 사람들로 하여금 어떻게 해석될 것인지를 평가하였다.

> 저는 사람들의 정서를 인식하고 있다고 생각해요. 심지어 당신과 함께 여기 이렇게 앉아 있는 것도, 당신과 보다 친밀한 대화를 허심탄회하게 하면서 저는 이렇게 할 수도 있어요(학생은 팔짱을 끼고 다리를 꼬고 앉는다). 네, 그래요. 저는 인식합니다……. (11E: 54)

5명의 면담 학생들은 목소리 톤의 인식을 강조하였으며, 이 가운데 3명은 워크숍 활동을 마친 후에 이를 깨달았다고 하였다. 목소리 톤의 인지 기술을 언급한 학생들은 대체로 자신의 목소리 톤 인식에 비추어 이를 설명하였다. 특정한 상황에서 자신의 목소리 톤이 어떻게 성공적으로 기여할 수 있는가를 보여 주었다. 한 학생은 "소리치거나 고함지르는 것은 별로 도움이 안 되고, 그럴 필요가 없습니다."(21E: 1)라고 하였다. 또 다른 학생은 "당신의 목소리 톤은 당신이 지금 참고 있음을 암시하기도 합니다."(21E: 125)라고 하였다. 쉐

어러(Scherer, 1986)에 따르면, 비록 문화나 사람에 따라 차이는 있지만, 목소리 톤에는 중요한 정서 정보가 내포되어 있어서 그 사람의 정서 상태 파악에 목소리 톤은 유용하게 활용될 수 있다.

정서지능체계는 또한 다른 사람이나 어떤 대상의 정서를 파악하는 능력을 언급하고 있다(Salovey et al., 2000: 507). 면담에서 18명의 학생들이 얼굴 표정에 대한 인식을 보고하였다. 이 가운데 15명은 워크숍 활동을 통해 더 잘 인식할 수 있었다고 하였다. 얼굴 표정의 기능을 강조한 학생들은 한 학생이 '얼굴 표정을 통해 어떻게 정서를 전달하는지 인식하는 것'(11E: 148)이라고 진술한 것처럼 주로 타인의 얼굴 표정 인식 측면에서 언급하였다. 대부분의 학생들은 자신의 이러한 정서기술의 발달이 단순히 하나의 인과관계로 설명되기보다는 워크숍에서의 토론, MSCEIT, 검사결과 점수에 대한 피드백, 워크숍을 통한 이 기술에 대한 인식 등 다양한 요인에 의해 영향을 받는다고 하였다. 한 면담 학생의 말을 예로 들면 다음과 같다.

> 얼굴 묘사와 (워크숍에서) 한 연습활동은 매우 좋았다고 생각합니다. 왜냐하면 얼굴 묘사에 대한 이름이 없어도 이를 인식하고 '아, 저 사람은 지금 좌절하고, 행복하다.'라고 인식하기 때문이죠……. 그런 다음 당신의 얼굴 표정을 보여 주지 않고 스케치하는 사람에게 얼굴 표정을 설명해 주어야 합니다. 그들의 실제 모습을 설명하기 위해 당신이 직접 눈썹과 얼굴 표정을 움직이게 됩니다. (11E: 54)

어떤 학생들은 워크숍을 마치고 나면 여러 유형의 정서를 판별하고 파악할 수 있다고 믿었다(11E: 166). 제3장에서 언급된 바와 같이, 예를 들면 얼굴 표정과 어떤 정서를 드러내는 자동적 패턴은 서로 다른 것으로 주로 논의된다(Keltner & Ekman, 2000; Smith et al., 2003). 이런 기능을 언급한 학생들은 자신보다는 타인의 정서 상태를 인식하는 측면에서 이를 설명하였다.

> 얼굴 표정, 몸짓 언어, 목소리 톤으로 사람들의 정서를 읽어
> 내기. 특정 시간에 당신이 느끼는 감정 표출하기. 이런 간단한
> 기능들을 저는 배웠다고 생각합니다. (11E: 191)

실험집단의 학생 5명은 눈 맞춤도 정서기술임을 인식하게 되었음을 강조하였다. 눈 맞춤과 시선집중은 여러 가지 이유에서 중요하다. 연구에 의하면, 에크먼과 프리젠(Ekman & Friesen, 1978)의 얼굴 움직임 코딩 시스템(Facial Action Coding System: FACS; 더 깊은 논의를 위해서는 Matsumoto, Keltner, Shiota, O'Sullivan, & Frank, 2008 참조)에서와 같이 얼굴 움직임과 함께 눈 움직임은 그 사람이 현재 무엇을 어떻게 느끼고 있다는 것에 대한 정보를 전달한다. 얼굴 표정, 더 일반적으로는 정서의 보편성(제3장에서 논의된 바와 같이)에 대한 강력한 증거들은 정서가 유발될 때 얼굴 움직임을 측정한 연구로부터 나온 것임을 주목해야 한다(Matsumoto et al., 2008). 예를 들면, 눈동자나 눈 움직임의 변화 및 시선의 변화는 특정 정서들과 관련되어 논의되었다. 눈 깜박임, 동공의 크기 변화, 눈물 흐름

등 또한 정서와 관련한 정보의 중요한 원천으로 보다 신뢰할 만하다고 한다(Ekman, 1992b). 둘째, 사람들은 자기가 싫어하는 사람과 혹은 동의하지 않을 경우 상대방과 눈 맞춤을 회피하는 경향이 있으며(Caruso & Salovey, 2004), 또한 어떤 사람들은 거짓말을 하거나 속임수를 쓸 때 시선을 회피한다(Ekman, 1992b). 눈 맞춤 기술을 강조한 학생들은 눈 맞춤의 중요성을 설명하는가 하면, 또 어떤 학생들은 자기 자신에 대해 보다 깊은 이해가 가능하였다고 하였다.

> 저는 경청과 눈 맞춤이 향상된 것 같습니다……. 워크숍 활동을 통해, 아마 활동을 하면서 제가 경청과 눈 맞춤에 약하다는 것을 깨달았고, 그래서 이에 대해 많은 생각을 하게 되고, 의식적으로 이런 기능을 시도하려고 노력해서(교육실습에서 학생을 보지 않으면 안 되므로) 조금은 향상된 것 같습니다. 당장에 그렇게 함으로써 학생들과의 눈 맞춤에 도움이 될 수 있고, 당황하지 않을 것이라고 생각합니다. 저는 그냥 바라보는 데도 당황하는 경향이 있고, 누군가를 응시하는 것도 불쾌합니다. 하지만 극복하면 이것도 편안하게 느끼게 될 것입니다. (21E: 95)

정서 유형에서 지각과 관련된 또 다른 요소는 '명확한 감정표현과 명확하지 않은 감정표현, 혹은 정직한 감정표현과 정직하지 않은 감정표현을 구별하는 능력'에 대한 것이다(Salovey et al., 2000: 507). 한 학생은 이러한 기능을 활용해야만 했었던 활동을 설명하였다. 이 학생에 의하면, 다른 사람이 그들과 관련된 진술문을 읽는 것을 보고 경청하면서 서로 다른 성격 특성을 파악할 수 있었다고 한다.

> (워크숍에서) 우리가 일어나서 저에게 정말 와 닿았던 '나는 나다.'를 실연해야 했을 때…… 자기 자신에 대해 말할 때 사람들의 반응을 보는 것은 재미있었습니다. 왜냐하면 자신에 대해 부끄러워하기도 하고, 개방적이기도 하는 등 다양한 성격을 엿볼 수 있었기 때문입니다. (11E: 122)

이 기능과 관련하여 양적 MSCEIT 도구를 활용하여 밝혀진 결과와는 반대로 학생들은 그들의 향상된 어떤 기능들을 파악할 수 있었다. 특히 타인의 정서 인지와 눈 맞춤과 얼굴 표정을 통해 타인의 정서를 인식하는 능력을 확인하였다. 학생들은 또한 이런 능력이 워크숍 참여 및 일련의 다른 맥락적 활동을 통해 향상되었음을 확인하였다.

활용(Use)

사고의 정서적 촉진(활용)

• 대상, 사건, 그리고 다른 사람과 관련된 감정에 기초한 개인의 생각을 재조정하고, 그러한 생각에 우선순위를 매기는 능력
• 감정과 관련된 판단 및 기억을 촉진시키는 생생한 정서를 발생시키거나 모방하는 능력
• 다양한 관점을 갖기 위해 감정의 기복을 활용하는 능력, 즉 이러한 심리상태에 의해서 유발된 감정들을 통합하는 능력
• 문제해결 및 창의성 촉진을 위해 정서 상태를 활용하는 능력

이 영역의 정서기술은 서로 다른 정서가 각기 다양한 사고 패턴과 연관되어 있음을 인식할 수 있는 능력, 그리고 해당되는 경우 특정한 방식으로 사고할 수 있도록 특정한 정서를 발현할 수 있는 능력과 관련되어 있다. 감정이입이 포괄적인 복합개념이긴 하지만, 정서적 사고 촉진 영역과 밀접하게 연관된 것으로 볼 수 있다. 왜냐하면 감정이입이란 타인의 정서적 상태에 맞춰 자신의 정서적 상태를 유발하는 것이며, 이는 다시 타인이 처한 상황을 이해하는 데 도움이 되기 때문이다.

6명의 학생들은 감정이입 기술의 중요성을 강조하면서 이 기능이 향상된 것으로 파악하였다. 중요하게 주목할 점은 학생들이 자신의 정서 및 다른 사람의 정서관리에 감정이입을 어떻게 활용하였는지를 주로 보고하는 경향이 있다는 점이다. 다시 말해, 이는 학생들이 감정이입을 정확히 이해하고 있는가를 판단하기 쉽지 않음을 의미한다. 예를 들면, 어떤 학생은 워크숍에 참여한 후 자기 조카와의 관계가 어떻게 달라졌는지를 설명하였다. 그 학생은 자신의 감정이입 능력이 조카의 입장에서 사물을 보고 이해하는 것뿐만 아니라 상호이해에도 도움이 되었다고 하였다. 그 학생은 자신이 반응할 필요가 있다고 느꼈던 어떤 상황을 설명하면서 다음과 같이 말했다.

그런 일이 다음에 일어났을 때, 저는 조카의 입장에서 그에 대해 대화했습니다. 마찬가지로 조카가 처한 상황을 이해하고 그녀가 한 일들이 옳았다는 것을 인정하면서 내 입장을 얘기하고 서로 타협했습니다. 이런 과정이 잘 이루어져서 서로 만족할

만한 결과를 얻었습니다. (11E: 160)

또 다른 학생도 이와 유사하게 다른 사람의 정서를 이해하는 데 워크숍이 도움이 되었다고 보고하였다. 이 학생은 사람들이 자신의 감정을 표현하는 것은 가치가 있으며, 다른 사람과 감정이입할 수 있어서 매우 유익하였다고 한다.

> 저는 확실히 내가 상대하는 사람들의 정서에 대해 좀 더 시간을 두고 깊이 생각하게 되었습니다. 그렇게 하는 것은 유용할 것이라고 생각합니다. 검사점수(MSCEIT 점수에 대한 피드백)를 받고선 단순히 '왜 이렇지?'라고 생각할 수 있습니다. 이 전에는 좀 주제넘게 보일 수도 있지만 당신이 매우 진지하고 중요하게 여기는 사람이 이에 대해 말한다면, 그들은 당신이 그 성적에 대해 좀 더 조사 분석하기를 원할 것입니다. 다시 말하면, 그들은 자신의 감정이나 자신이 받은 충격에 대해 직접적으로 드러내지 않는다는 것입니다. 당신이 그에 대해 먼저 얘기를 하고 이끌어 가는 것이 그들에게는 편할 수도 있습니다. 개발할 수만 있다면 감정이입은 확실히 아주 유익한 것입니다. 워크숍을 통해 제가 이런 능력을 개발할 수 있음을 보이는 것은 좋은 일입니다. (11E: 107)

특히 이 학생은 매우 공식적인 언어를 사용하였다는 점이 흥미로웠다. 이 학생은 집단에서 제일 연장자로 한 개인이 자신의 최고 수

준의 능력을 성취하는 데 많은 시간이 필요한 것처럼 정서역량 수준
을 높이는 데도 많은 시간이 필요하다고 믿었다. 또한 이 학생은 "제
가 만약 18살에 이 워크숍에 참가하였다면, 눈에 띄게 많은 발전이
있었겠지만, 그때만큼은 아니라도 사람들과 대화할 때 확실히 발전
된 느낌이 듭니다."(11E: 107)라고 말했다.

　학생들은 워크숍의 다양한 활동(워크숍 활동 부록 참조)이 자신들
의 감정이입 향상에 많은 도움이 되었음을 진지하게 얘기하였다.
그중에서 특히 바블라스(Bavelas, 1973)의 정사각형 맞추기 퍼즐
(Broken Squares) 게임과 유사한 지그소(jigsaw) 활동을 가장 대표
적으로 언급하였다. 이 활동은 5명이 한 모둠을 구성하고, 모둠의
각 학생들에게 2~3개의 퍼즐이 들어 있는 봉투를 제공하는 것으로,
이 활동의 주요 목적은 퍼즐 조각들을 이용하여 구성원 모두가 완성
된 정사각형을 만드는 것이다. 그러나 이 게임은 다른 사람들에게
어떤 지시나 신호를 주지 않고 조용한 가운데 수행되어야 한다. 각
학생들은 자기의 퍼즐 조각을 다른 학생에게 서로 한 장씩 주면서
각자 자신의 정사각형을 만들어야 한다. 각각의 정사각형에는 활동
후 보고나 토론에서 사용될 그림이 포함되어 있다. 이런 정사각형
퍼즐 활동과 기분 전환 기법은 많은 학생들로부터 높게 평가되었다.
학생들은 워크숍 참여 경험을 회상하면서, 그러한 활동과 훈련은 다
른 사람에게 감정이입하는 데 많은 도움이 되었다고 보고하였다.

　지그소 같은 워크숍 활동들은 참 흥미로웠습니다. 힘들기도
했고, 모둠 활동하는 학생들의 느낌이 어떠한지 이해할 수 있었

고, 이런 활동을 통해 학생들이 어떤 방식으로 받아들이는지 알
수 있습니다. (21E: 95)

특정한 정서 상태를 유발하는 것과는 별개로, 정서 활용 영역의
기술에는 그런 정서 상태를 활용하여 다른 유형의 사고를 촉진할
수 있는 능력도 포함된다. 예를 들면, 팔파이와 살로베이(Palfai &
Salovey)는 다양한 심리상태가 다양한 유형의 문제해결에 영향을 미
칠 수 있음을 시사하는 많은 문헌을 검토한 후 "무엇인가를 재구성
하거나, 사고의 틀을 깨거나, 사물들 간의 관련성을 탐색하는 문제
는 의기양양한 심리상태에서 해결할 때 더 유리하다. 반대로, 비용
부담이 따르거나 논리적이고 체계적인 사고를 요하는 문제는 차분
한 심리상태에서 더 유리하게 작용한다."(1993: 59)라고 결론을 내
렸다.

심리상태(moods)는 또한 추론과정에 영향을 미친다. 스턴버그
(Sternberg, 1986)는 이성적 판단 과제는 선택적 부호화, 선택적 비
교, 선택적 조합 등 세 가지 측면의 과정으로 이해될 수 있다고 주장
하였다. 그의 설명에 의하면, 선택적 부호화와 선택적 비교는 본질
적으로 귀납적 과정이고, 선택적 조합은 연역적 과정이다. 스턴버그
의 3단계 분석과정에 기초하여 팔파이와 살로베이(1993)는 서로 다
른 심리상태는 각기 다른 이성적 판단 과제에 효과적인 정보 처리
양상을 만들어 낸다고 주장하였다.

한 학생은 특정 인지과정을 지지하는 데 심리상태(moods)의 활
용을 강조하였다. 그는 만약 자신이 행복한 심리상태에 있다면 '다

른 사람을 매우 환대할 것이며' '그들과 활발히 대화를 나누고' '그들의 기분이 어떤지도 살피고 물어볼 것'이라고 말했다. 반면에 그 자신이 기분이 가라앉은 상태에 있다면 '어떤 상황이나 사람들로부터 거리를 두고 뒤로 물러서 있을 것'이라고 했다(11E: 54). 또 다른 4명의 학생들은 이에 대해 더욱 분명하게 표현하였다. 예를 들면, 그중 1명은 그 상황에서 특별한 감정을 가지게 된 이유를 명확히 이해하는 것, 그리고 이런 이유들이 자신의 의사결정에 영향을 준다는 점을 이해하는 것은 중요하다고 말하였다(11E: 122). 다른 한 학생은 정서 상태를 유발하고 인지과정을 지원하기 위해 그런 정서 상태를 활용하는 능력에 대해 포괄적으로 언급하였다. 그에 의하면, 수업을 할 때 그런 정서를 볼 수 있고, 이를 발전시킬 수 있으며, 즉 교과내용에 대해 학습자의 흥미와 자신감 등을 불러일으킬 수 있다고 한다(21E: 1). 나머지 학생들은 학생의 관심을 학습을 위한 특정한 심리상태나 에너지 상태로 유도하는 것은 중요하다고 간단히 언급하였다. 3명의 학생들은 그날의 특정 시간대와 학생들의 에너지 수준의 관련성을 강조하였다. 예를 들면, 이들 중 1명은 대부분의 사람들은 아침에 인지적 활동을 위한 에너지가 더 높다는 연구 결과를 제시하였다(11E: 107). '클럭 유전자(clock gene)' 또는 유전적 영향에 대한 연구에 의하면, 이는 최정점 경계시간(peak alert time)과 연관되어 있다(Archer et al., 2003). 그러나 그 관련성이 존재한다고 해도 그 관련성은 매우 복합적이다. 비거스(Biggers, 1980)에 의하면, 10개의 클럭 유전자(clock gene)가 서로 상호작용하여 영향을 미친다고 한다. 반면 코필드 등(Coffield et al., 2004)은 유전적 ·

환경적 영향의 가능성을 강조하고 있는데, 다른 학자들과 같이 그들은 문화적·사회적 요인의 복잡한 영향을 받고 있는 것으로 이해하고 있다(제3장 참조). 이처럼 심리상태의 원인을 생물학적 요인으로 설명하는 연구에 너무 의존하는 것도 실수를 초래할 가능성이 있지만, 앞에 인용한 내용은 적어도 학생들이 어떻게 심리상태와 활동을 조화할 것인가에 대해 생각하고 있다는 것을 보여 준다.

전반적으로 많은 학생들이 어떤 심리상태가 인지적 활동과 적합할 것인지를 인식하고 있었다. 또한 많은 참여 학생들이 감정이입(말하자면, 다른 사람의 관점을 보다 잘 이해하기 위해 자기 자신에게도 감정을 이끌어 내 보는 것)에 주목하고 있음을 보여 주었다. 이는 타인의 감정을 관리하는 그들 자신의 능력과 밀접한 연관이 있는 것으로 보인다.

이해(Understand)

정서 정보를 이해하고 분석하기, 정서 지식 활용(이해)
- 서로 다른 정서가 어떻게 관련되어 있는지에 대해 이해하는 능력
- 감정의 원인과 결과를 지각하는 능력
- 혼합된 정서 및 모순되는 감정과 같은 복잡한 감정을 해석하는 능력
- 정서 간의 이동을 이해하고 예측하는 능력

오토니 등(Ortony et al., 1988)에 의하면, 정서지능이 높은 사람들은 정서를 기술할 때 서로 유사한 정서를 나타내는 유사용어들을 범주화하는 능력이 있다. 제3장에서 논의된 바와 같이, 여러 학자들

이 정서를 분류하는 대안적 방법을 제안하거나 다양한 접근방법을 제시하고 있어서(예를 들어, Kemper, 1978; Plutchik, 1980; Hochschild, 1983; Ortony et al., 1988; Turner, 2002 참조: Thamm, 2006에서 재인용) 워크숍에서 학생들에게 정서 상태 간의 관계를 이해할 수 있도록 플루트칙의 원형모형(Circumplex Model)을 소개하였다.

워크숍 활동 이후 많은 학생들은 다양한 정서 간의 관계와 변화에 대해 더 잘 이해하게 되었다고 하였다. 두 명의 학생들은 면담에서 그들의 느낌을 말할 때, 특히 플루트칙의 원형모형을 구체적으로 언급하면서 매우 세련된 정서적 어휘를 사용하였다. 예를 들면, 한 학생은 자신이 이와 관련된 기능을 향상할 수 있었던 활동에 대해, 그리고 그 정보를 어떻게 활용할 수 있었는지에 대해 논의하였다. 이학생은 또한 감정이 어떻게 격렬해지는지를 간략하게 설명하고, 그에 대한 몇 가지 원인을 제시하였다.

감정의 문제, 원형모형. 저는 서로 다른 감정들이 어떻게 전개되는지를 정말 주의 깊게 보았습니다. 결국 이것은 우리로 하여금 감정의 문제를 더 잘 이해하게 하고, 저는 이것이 어떤 사람이 어떻게 특정 감정에 도달하게 되는가의 문제라고 생각합니다. 이것은 저의 관심을 확 끌었는데, 왜냐하면 보통 당신과 함께 있는 어떤 사람이 분노하거나 화가 나면 당신은 '왜?' 하며 궁금해하기 때문입니다. 하지만 적어도 지금은 바로 그렇기 때문에 격렬한 과정이 있게 된다는 것을 알게 되었습니다. 만약 누군가가 당신에게 다가와서 그렇게 행동한다면, 뭐가 잘못된 것인지를 알고 이를 어떻게 잘 해결할 것인지 대처할 수 있을 것입니다. 정말로 그 서로 다른 감정의 상태를 볼 수 있을 것입니다. 저는 이전에는 항상 '오, 분노. 당신은 지금 약간 화가 났군요.' 하고 생각했습니다. 그러나 지금은 그것이 단순히 화가 난 것이 아니라, 무엇인가에 대해 감정을 나타내는 중이라고 이해됩니다. 그래서 저는 플루트칙의 원형모형이 매우 좋다고 생각합니다. 우리가 한 것 중에 최고였습니다. (21E: 150)

또한 다른 3명의 학생들은 원형모형은 특정한 감정에 대한 의미 이해 및 격렬한 감정의 원인 및 그 변화를 이해하는 데 많은 도움이 되었다고 하였다. 이 가운데 1명은 감정의 변화가 처음에는 성가시게 느껴지다가 나중엔 분노로 바뀔 수 있는 것이라고 예를 들어 설명하였다(21E: 51). 다른 2명의 학생도 이와 유사하게 감정의 변화 과정과 복잡한 감정의 혼재에 대해 이해한 바와 어렴풋하나마 관련 지식을 설명하였다. 예를 들면, 한 학생은 행복과 같은 감정에는 정도의 차이가 있어서 하나의 극단에서부터 황홀감과 같은 다른 극단에 이르기까지 매우 다양하다고 하였다. 또한 슬픔도 비통함으로 이어지고 그 사이엔 다양한 슬픔의 감정이 혼재한다고 말하였다(21E: 78). 반면 다른 학생들은 워크숍 활동을 하고 난 후에 이와 관련된 기능을 터득하였으며, 또 어떤 학생들은 시험을 치르고 다양한 활동에 참여함으로써 이런 기능을 터득하게 되었다고 하였다.

전에는 이런 정서 검사(the MSCEIT)를 한 번도 경험해 본적이 없었습니다. 생각도 안 했던 일이고, (워크숍 활동과 같은) 동영상 클립을 보면서, 그리고 감정에 대한 다이어그램을 접하면서 감정이 얼마나 다양한가를 인지하게 되었습니다. 이전에는 하나의 감정이 또 다른 감정을 불러일으킨다는 것을 정말 생각도 못했습니다. (21E: 16)

정서 변화 과정의 의미를 이해하는 능력에는 정서가 어떻게 물리적·사회적 맥락에 의해 영향을 받는가를 이해하는 능력도 포함된다. 몇몇 학생들은 정서는 자신과 자신을 둘러싼 환경 혹은 타인과의 관계를 반영하는 것으로 이해하고 있었다. 예를 들면, 한 학생은 "당신이 어떤 것에 대해 느끼는 감정은 다른 사람과 환경에 당신이 어떻게 반응할지를 결정할 것입니다."라고 말했다(11E: 72). 다른 한 명은 정서 패턴의 의미와 사회적 맥락에서 그런 감정이 반영되는 방법을 인식하는 능력에 대해 언급하였다.

다시 말해 이는 환경에의 노출 문제로, 예를 들어, 만약 당신이 주기적으로 상습 마약 복용자를 만나게 된다면, 만약 그들이 정신이 몽롱한 상태에 쉽게 노출된다면 그들이 최초로 느꼈던 몽롱한 행복감은 점차 수없이 많은 마약 복용으로 인해 그 의미가 그리 중요하지 않게 될 것입니다. 저는 감정도 이와 마찬가지라고 생각합니다. 만약 당신이 반복적으로 어려운 상황에 노출된다면, 예를 들어 가정형편이 어려운 집의 아동들은 그런 어려운 상황에 노출된 적이 없는 사람들과는 달리 고양이 한 마리의 죽음이 그렇게 중요한 일이 아닐 것입니다. 즉, 그들에겐 애완 고양이의 죽음이 매우 큰 슬픔이지만 다른 큰 걱정거리가 많은 어려운 환경의 아동에겐 이는 슬픔이 아닐 수 있다는 것입니다. (11E: 107)

다른 한 학생은 정서가 어떻게 이전의 심리상태와 사회적·관계적 맥락과 연관되는지를 언급하였다. 이 학생은 이렇게 말했다.

우리가 느끼는 방식은 우리의 삶에서 계속 발생하는 어떤 것들과 직접적으로 관련됩니다. 그것은 단순히 당신이 물리적으로 어떻게 느끼는가 하는 것이 아니라, 예를 들면 만약 여러분의 사촌이 아프다는 소식을 들으면 바로 정서적으로 영향을 받게 되지만 머릿속으로 누군가가 아프기 때문에 피곤하다고 느끼지는 않는다는 것입니다. (11E: 54)

특정한 정서의 원인에 대해 토의하는 동안, 어떤 학생들은 이에 대해 모호하게 알고 있을 뿐 그 원인을 직접적으로 설명하는 사람은 아무도 없었다. 예를 들면, 한 학생은 "정서와 감정을 변화시키는 여러 가지 심리상태를 그냥 관련시켜 봅니다. 제가 이런 기능을 터득했을지는 모르겠지만 아무튼 그것에 대해 확실하게 잘 이해하게 되었습니다."(21E: 91)라고 말했다.

종합적으로 정리하면, 연구 자료들은 많은 학생들이 정서 정보와 정서 변화 과정을 이해하는 체계를 형성하게 되었음을 보여 준다.

다수의 학생들은 플루트칙 체계를 활용한 활동을 포함한 워크숍 활동을 통해 이를 학습한 것으로 인식하였다. 다시 말하면, 이는 워크숍은 양적 MSCEIT 자료만 가지고는 확인할 수 없는 어떤 효과성이 있음을 시사하는 것이다.

관리(Manage)

> **정서조절(관리)**
> • 유쾌한 감정과 불쾌한 감정 모두에 개방적인 능력
> • 정서를 관찰하고 성찰할 수 있는 능력
> • 판단된 유익함이나 유용성에 따라서 정서 상태를 수용하거나, 연장시키거나, 그로부터 분리되는 능력
> • 자기 자신과 다른 사람의 감정을 관리하는 능력

제4장에서 언급한 바와 같이, 그로스(Gross, 1998a: 275)에 의하면 정서조절은 개인이 무의식적으로 혹은 의식적으로 '그들에게 어떤 정서가 발생하는지, 언제 그 정서가 일어나는지, 그리고 어떻게 그 정서를 경험하고 표현하는지' 등에 영향을 미치는 과정이다. 그로스(1998b)는 정서조절은 **선행사건 집중**(antecedent-focused)과 **반응 집중**(response-focused) 등 두 가지 측면에서 고려되어야 할 것이라 주장하고 있다. 선행사건 집중 정서조절에는 **상황 선택하기, 상황 수정하기, 주의 집중 배치, 그리고 인지적 변화**가 포함된다. 반응 집중 정서조절에는 현재의 **정서 경험, 표현, 생리적 반응을 강화하기, 약화하기, 지연하기 혹은 억제하기**와 같은 전략이 포함된다(Gross,

1998b: 225; 고딕체 부분은 원문에 이탤릭체로 강조됨).

　15명의 학생들은 중요한 조절 전략으로서 상황 조절과 관련된 선행사건 집중 전략을 강조하였다. 예를 들면, 이들은 수업지도안 수정하기, 수업방법 수정하기, 그리고 수업을 교사 자신 및 학생들의 정서에 맞추어 재조정하기 등의 전략을 강조하였다. 한 학생은 "날씨……. 날씨의 변화를 보세요. 그리고 날씨가 교실 수업에 어떻게 영향을 미치는지를 보세요. 그럼 그날의 날씨에 따라 수업계획을 완전히 바꿔야 할 때도 있을 것입니다. 저는 (제가 가르친 이전 수업에서) 이를 진지하게 고려하지 않았습니다."(21E: 47)라고 말했다. 어떤 학생들은 정서에 따라 상황을 수정하는 것이 중요하다고 하였다. 예를 들면, 학생들에게 수업 후에 말하라고 한다거나, 교사의 목소리 톤을 조절해야 한다거나, 느닷없이 화를 내지 않는다거나 하는 것과 같이 수정할 사항이 있으면 알려 달라고 하는 것과 같은 전략들에 대해 언급하였다. 한 학생은 자기 학생의 감정이 어떤 상태인가를 알게 되면 무슨 일이 일어났는지를 모를 때보다 어떤 일을 훨씬 신속하게 대처할 수 있게 된다고 하였다(11E: 95). 또 다른 학생은 워크숍이 어떻게 학습에 유익한 도움이 되었는지를 설명하였다. 그는 워크숍 활동에서 수업의 도입단계에서 학습사를 수업에 몰입시키는 방법에 대해 토의하였는데, 이런 활동들을 통해 습득한 정보와 기능을 직접 수행하는 데 매우 도움이 되었다고 믿었다.

　수업 도입단계의 다양한 전략으로, 교실에 들어오는 방식, 수업을 시작하는 방식, 학생들의 시선을 사로잡는 방식 등과 같은 전략이 있죠. 만약 학생들이 집중을 하지 않는다면, 당신이 활용할 수 있는 어떤 전략이든. 워크숍에서 우리가 토론을 할 때, 흔히 우리가 인식하지 못했던 것이지만 이미 수업에 명백히 내포되었던 수없이 많은 다양한 기술들이 있습니다. (21E: 1)

워크숍에서의 활동을 성찰하면서 2명의 학생이 교사와 학생의 태도 및 감정교류의 중요성에 대해 언급하였다. 이 중 1명은 어떤 상황에 대한 교사의 반응이 어떻게 학생들에게 거울처럼 비추어지는지를 "만약 교사가 소리치고 화를 낸다면 학생들 반응 또한 그렇게 되돌아오게 됩니다."(21E: 47)라고 설명하였다. 이 학생은 상황을 수정하는 것이 혼란을 효과적으로 조절하는 데 도움이 될 수 있음을 지적하였다.

24명의 학생들이 인지적 변화 전략을 중요한 정서조절 전략으로 인식하고 있었다. 예를 들면, 학생들은 인지적 전략으로 이완(relaxation) 기술 활용하기, 관점 전환하기, 독백, 사물을 긍정적으로 바라보기, 사물을 어떤 관점에서 보기 등을 강조하였다. 살로베이 등(2000: 507)에 의하면, 이와 같은 EI 요소는 '판단된 유익함이나 유용성에 따라서 정서 상태를 수용하거나, 연장시키거나, 그로부터 분리되는 능력'에 해당된다. 몇몇 학생들은 워크숍 활동을 통해 이런 기능을 터득했다고 하였다. 학생들은 워크숍 과정에 참여함으로써 한 학생이 말한 것처럼 '어떤 의사결정을 내려야 하는 선택의 순간에'(11E: 3) 합리적으로 사고하는 데 도움이 되었다고 믿고 있었다. 또 다른 학생은 "어떤 학생에게 소리를 지르고 그 수업에 대

해 '이건 아니야! 의도적으로 그렇게 하려고 한 뜻은 아니었는데, 그
들의 떠드는 소리에 맞추려고 한 것뿐인데, 그들에게 잘하려는 의도
였는데.' 하고 반성하고 있는 교실 안의 자신을 발견할 수도 있습니
다."(21E: 71)라고 기술하고 있다. 이 인용은 정서지능(EI)모형의 한
특징을 잘 드러내 주고 있다. 다른 모형들은 정서조절이나 억제를
위해 합리성이 필요하다고 보는 반면, EI모형은 정서를 합리성과 협
력하여 정보를 제공하는 것으로 보고 있다. 이처럼 사례들은 정서조
절의 과제는 정서를 단지 억누르는 것이 아니라 교사 자신에게, 그리
고 학생들에게 일어나고 있는 정서를 정서적 정보로 그려 보고 생각
하면서 의미를 부여하는 것임을 보여 준다[즉, 일종의 정서적 메타인지
(Briñol, Petty, & Rucker, 2006; Flavell, 1979)]. 또 다른 학생도 마
찬가지로 워크숍은 정서에 대해 생각할 시간과 장소를 제공해 주었
고, 그 결과 사람들과 상호작용하는 자신에게 변화가 있었다고 하였
다. 이 학생은 사람들이 어떻게 느끼는가에 대해 생각하기 시작한 것
이다. 이와 같은 정보가 특정 상황에 대한 자신의 생각과 그에 대처
하는 방식에 미친 영향을 생각하면서 그는 다음과 같이 말하였다.

일주일에 2시간의 워크숍에서 아마 그중 1시간을 정서에 대
해 다루었던 것은 일주일의 나머지 시간 동안 제 머릿속에서 항
상 정서를 생각하게 되었다는 점에서 확실히 의미가 있었고, 제
가 사람들을 대할 때 잠시 멈추어 생각하게 되었습니다. 잠깐
동안의 멈춤이 물리적인 멈춤인지 아니면 그 사람의 기분이 어
떤지를 생각하느라 멈춘 것인지는 모르겠습니다. 즉, '이 사람

이 슬프든, 행복하든, 혹은 그 어떤 기분이든 이 상황에 가장 적절한 접근방법은 무엇인가?' 말입니다. 아무튼 일상에서 사람들을 대할 때 보다 의식적으로 이를 고려하게 된 것은 확실합니다. 하지만 일주일에 1시간씩 정서에 대한 토론활동을 한다는 것은 이전까지는 제가 경험하지 못한 어떤 것임에는 분명하다고 생각합니다. (11E: 107)

점차 경험이 쌓이면서 정서적 경험에 대한 사고력이 향상될 뿐만 아니라, 이와 더불어 3명의 학생들은 정서적 경험에 대한 성찰과 모니터하는 능력 향상을 언급하였는데, 이러한 능력은 살로베이 등(2000)이 정서와 관련하여 매우 중요한 능력으로 강조하였던 능력이다. 예를 들면, 한 학생은 (워크숍에 참여한 학생들이 자신의 교실 수업에서 수행한 활동들에 대한 성찰보고서에) 성찰과정에서 학생들의 정서를 어떻게 활용할 수 있었는가를 설명하였다(11E: 160). 이처럼 정서활용이 그로 하여금 학생들의 관점에서 상황이나 사물을 바라보고 수업을 계획하는 데 도움이 되었을 것이다.

8명의 학생들은 워크숍에서 배운 이완 기술의 형태로 물리적·인지적 반응 전략 모두를 활용하는 점에 주목하였다. 이완 기술의 활용을 언급한 학생들은 참신한 의견들이 풍부했던 토론 경험을 통해 자신의 정서 및 다른 사람의 정서를 관리하는 데 도움이 되었다고 하면서 토론 경험의 가치를 강조하였다.

이완 기술은 바로 나 자신을 위한 것이었어요. 심호흡, 10까

지 숫자 세기 같은 기법은 제가 활용하고 싶은 것이었죠. 당황
하지 않고 침착하기, 제가 종종 당황하기 때문에 이는 제게 필
요한 것이었죠. 항상 그렇지는 않지만 가끔 특정 상황에서, 바
로 내가 할 수 있었던 이완 기술이라고 봅니다. (11E: 160)

한 학생은 이완 기술이 자신의 긴장감을 떨쳐버리는 데 어떻게 도
움이 되었는지 설명하였다. 이 학생은 "이완 기술을 사용하면 더 편
안하게 느낄 것입니다. 시험을 치를 때 긴장감이 반 이상 줄어들 것
입니다. 이 기술은 어디서 긴장을 하게 되는지를 알게 하고, 그 긴장
감을 제거할 수 있도록 도와줍니다."(21E: 51)라고 말하였다. 5명의
학생들은 인지적 반응 전략을 깨달았다고 하였다. 2명의 학생은 예
를 들어, 방과 후나 자신들이 이미 스트레스를 많이 받았을 경우에
어떻게 이완 기술을 적용하였는지를 강조하였다.

조절기능의 또 다른 요소는 유쾌한 감정과 불쾌한 감정 모두에 개
방적인 능력이다(Salovey et al., 2000). 워크숍에 참여한 많은 학생
들은 개방적으로 감정을 수용할 수 있게 되었다고 믿었다. 그러나
학생들은 그렇게 할 수 있게 된 이유가 어떤 특정한 하나의 활동 때
문이 아니라 정서에 대한 다양한 논의와 토론활동 때문이라고 생각
하였다.

정서에 보다 개방적으로 된다는 것은…… 심지어 그것에 대
해 말하면, 대부분의 사람들은 정서에 대해 별로 얘기하지 않습
니다. 정서에 대해 그냥 말하고 점차 전체 상황, 즉 사람들이 서

로 다르게 느끼고 또한 그들의 성격에 대해 성찰하는 전체 상황을 수용하게 됩니다. (21E:141)

종합하면, 정서조절에 대한 학생들과의 면담에서 실질적인 효과를 발견할 수 있었다. 학생들은 정서와 정서 정보를 보다 개방적으로 받아들이게 된 점에 대해 언급하였다. 그들은 경험을 통해서 정서에 대해 사고하고 성찰하는 능력을 확인하였으며, 결과적으로 학습이 이루어졌음을 확인하였다. 그들은 정서관리를 위한 물리적 및 인지적 차원 모두를 중요하게 인식하고 있었으며, 또한 선행사건 집중 정서조절의 필요성을 확인하였다.

양적 자료에서는—아마도 유의미하지 않을 수 있지만—정서조절 부분에서 학생들의 점수 향상이 눈에 띄었다. 이러한 결과는 아마도 정서조절에 대한 토론에서 학생들이 다루었던 주제의 범위나 복잡성이 어느 정도 반영되었을 것이다.

MSCEIT

24명의 학생이(3명의 학생은 MSCEIT 혹은 피드백을 직접적으로 언급하지는 않았다) MSCEIT와 그에 대한 피드백을 받는 것은 긍정적인 경험이라고 보고하였다. 학생들은 피드백을 통해 정확하게 자신의 강점 기술과 약점 기술에 대해 알게 되었다고 한다. 또한 면담을 통해 파악된 점은 워크숍에 참여한 학생들이 피드백의 기능을 잘 이해하게 되었으며, 이를 교육실습에 어떻게 적용할 것인가에 대한 예시에 대해서도 논의하였다는 것이다. 많은 학생에게 시험 결과와 피드백의 가치는 그들의 교육실습을 계획하는 데 매우 중요하게 작용되었다. 몇몇 학생은 피드백을 받고 나서 교육실습에서 수업계획안을 작성하는 데 훨씬 자신감을 얻게 되었다고 하였다. 예를 들면, 한 학생은 "피드백을 통해 제가 어떤 것을 할 수 있다는 약간의 자신감을 얻은 것 같아요. 그리고 앞서 언급했듯이, 사람들에 대해 좀 더 잘 이해할 수 있고 감정에 대해 보다 심사숙고할 수 있기 때문에 9월 학기 교육실습에 유용하게 적용할 수 있을 것 같아요."(11E: 3)라고 말하였다. 또 다른 학생은 워크숍 전과 후에 실시한 두 번의 MSCEIT에서 얻은 자신의 시험 결과를 생각하면서 "모듈학습 활동을 통해 기술이 향상되었습니다. 이는 모듈에서 다룬 정서지능이 훈련을 통해 향상될 수 있다는 데 무게를 실어 주었습니다."(11E: 107)라고 하였다.

제5장에서 실험집단은 일련의 워크숍 과정에서 관리 영역을 제외하고는(통계적으로 유의미한 차이는 아니지만) 양적 자료에 별 차이가 없었음을 확인하였다. 그러나 질적 자료를 통해 워크숍 활동이 예비교사들에게 매우 유익하게 작용했다는 것을 확인하였고, 정서 과정에 대한 이해도 심화되었으며, 또 이해하려는 노력을 보여 주었다.

그들의 경험이 워크숍에 참여하지 않은 학생들의 경험과 어떤 차이가 있는지를 파악하기 위해 첫째 통제집단의 학생들의 경험을 살펴볼 필요가 있다.

첫째 통제집단의 정서역량

이 절에서는 정서역량 워크숍에 참여하지 않은 23명의 통제집단 학생들과의 면담 결과를 바탕으로 주요 질적 연구 결과를 제시하고 자 한다. 이들과의 면담은 두 번째 MSCEIT를 치른 후, 그리고 교육 실습을 나가기 전에 이루어졌다.

통제집단의 학생들은 워크숍 활동 경험이 없었기 때문에 면담에 서 그들의 반응을 특정한 기술 영역으로 분류하기가 쉽지 않았지만, 대신 보다 일반적인 정서인식을 반영하고 있었다는 점은 놀랄 일이 아닐지도 모른다. 이와 같은 정서인식은 교사 교육 이외의 그들의 삶에서 또는 교사 교육 프로그램을 통해서 형성될 수 있었다.

먼저, 첫 번째 영향을 받은 자원은 교사 교육 프로그램 이외의 그 들의 삶으로부터 얻은 것이다. 앞서 워크숍 활동에 참여한 한 학생 이 주장한 바와 같이, 특별히 정서적으로 변화를 가져온 삶의 경험 을 통해 누군가에게 정서기술을 가르칠 수 있었다. 첫째 통제집단의 한 학생도 이와 유사한 주장을 하였는데, 그에 의하면 이전에 힘들 었던 경험을 재고하여 정서를 판단하였다.

> 내가 위협받았던 과거의 경험으로 항상 판단할 수 있었던 어 떤 것이라고 생각합니다. 그런 노력과 함께 새로운 친구들을 사 귀려고 하였으며, 그들의 반응이 어떠하였는가를 생각하면서, 이를 통해 판단했을 것입니다. (21E: 105)

이 학생은 정서 문제에 대한 인식을 예비교사 교육을 통해 배운 그 어떤 것으로 느끼지 않았다. 많은 수의 학생들도 이와 같은 견해를 표명했다. 그러나 몇몇 학생들은 교사 교육 프로그램을 통해 정서에 대한 인식을 하게 되었다고 확신했다. 특히 수업 후 성찰일지에 나타난 그들의 수업경험에 대한 사고 과정에서 보면 정서를 주요 이슈로 제기하고 있음을 알 수 있었다. 한 학생의 의견에 의하면, 교사 교육 프로그램의 다른 모듈에서 정서를 언급하면서 '이런 종류의 주제를' 배웠다고 하였다(11C: 152). 구체적인 예를 들어 보라고 했을 때, 이 학생은 블룸(Bloom)의 정의적 영역을 언급하였다. 이 학생은 정의적 영역과 수업에서의 정의적 영역의 적용에 대한 모듈을 통해 정서에 대해 알 수 있었다고 하였다.

지각

> **정서의 지각, 평가, 그리고 표현(지각)**
> • 개인의 신체적·심리적 상태에서 정서를 파악하는 능력
> • 다른 사람이나 어떤 대상의 정서를 파악하는 능력
> • 정서를 정확하게 표현하고 정서와 관련되어 있는 요구들을 표현하는 능력
> • 명확한 감정표현과 명확하지 않은 감정표현, 혹은 정직한 감정표현과 정직하지 않은 감정표현을 구별하는 능력

면담 과정에서 통제집단의 학생들은 자신 혹은 다른 사람들에 대한 정서지각 능력을 거의 직접적으로 드러내지는 않았다. 두 가지 맥락에서 그들의 능력을 살펴볼 수 있었다. 즉, 교육실습에 대한 성찰

과 MSCEIT 및 그 점수에 대한 피드백을 받을 때다. 한 학생에 의하면, "성찰 및 그런 작업을 통해 정서에 대해, 그리고 그때 어떤 느낌이었는지에 대해 더 사고하게 되었다."(21C: 53)라고 하였다.

면담을 하는 과정에서 8명의 학생은 MSCEIT와 그에 대한 피드백을 받고 자신들의 정서에 대해 더 지각하게 되었다고 하였다. 한 학생은 자기가 수업한 학생들과의 상호작용을 보다 명확하게 이해하는 데 도움이 되었다고 느꼈다. 이런 응답은 이 학생 역시 몸소 정서를 경험하는 방법을 지각하였음을 보여 주었다. 이 학생은 2학년 교육실습에서의 경험을 "사실 저는 다리를 떨고 있었고, 머릿속으로는 '내가 지금 뭘 하고 있는 거지?'라는 생각이 들었어요."(11C: 30)라고 회상하였다. 이 학생은 또한 MSCEIT와 그에 대한 피드백을 받기 전에는 정서에 대해 진정하게 생각해 본 적이 없었다고 하였다. 또 다른 1명의 학생 역시 이와 유사한 견해를 언급하였는데, 그는 MSCEIT와 그에 대한 피드백을 받고 정서지능을 더 인식하게 되었다고 하였다. 이 학생은 또한 예비교사 교육 프로그램에 대해 전반적으로 "시험 볼 때 말고는 정서지능을 집중적으로 다루지 않았습니다."(11C: 194)라고 언급하였다.

학생들은 자신 및 타인의 정서지각 능력에 대해 토의할 때, 이를 더 주목해야 할 필요조건 혹은 학습 목적으로 인식하는 상황이었다. 예를 들면, 한 학생은 다음과 같이 반응하였다.

제가 다른 사람의 정서를 판단하는 것은 2학년 실습에서 다루어야 했습니다. 좀 더 빠르게 대처했어야 했지만, 제 생각에는 이를 받아들이고 다룰 수 있다는 의지만 있다면, 그리고 피하지 않고 부정적으로 생각하지 않는다면 학생들의 정서 상황을 수월하게 받아들이고 잘 대처할 수 있다고 생각합니다. (21C: 162)

종합하면, 첫째 통제집단 학생들은 정서지각 능력을 직접적으로 제기하지는 않았다. 이들의 정서지각 능력에 대한 이해는 MSCEIT 경험과 그에 대한 피드백과 일차적으로 관련된 것이었다. 그러나 통제집단의 일부 학생들은 교육실습에 대한 성찰을 통해 정서지각 능력을 이해하게 되었다고 한다. 따라서 일반적으로 이 학생들에게 정서지각 능력은 이미 습득된 기술이기보다는 앞으로 강조될 필요가 있는 것으로 보인다.

활용

사고의 정서적 촉진(활용)
- 대상, 사건, 그리고 다른 사람과 관련된 감정에 기초한 개인의 생각을 재조정하고, 그러한 생각에 우선순위를 매기는 능력
- 감정과 관련된 판단 및 기억을 촉진시키는 생생한 정서를 발생시키거나 모방하는 능력
- 다양한 관점을 갖기 위해 감정의 기복을 활용하는 능력, 즉 이러한 심리상태에 의해서 유발된 감정들을 통합하는 능력
- 문제해결 및 창의성 촉진을 위해 정서 상태를 활용하는 능력

카루소와 살로베이(Caruso & Salovey, 2004: 51)에 의하면, 사람들은 특정 상황에서 도움이 되는 심리상태와 그렇지 않은 심리상태

가 어떤 것인지를 알고 있다. 학생들의 반응에서 볼 때, 일부 학생들은 긍정적 심리상태의 이점을 인지하는 경향이 있었다. 예를 들면, 한 학생은 '좋은 심리상태 유지'의 중요성을 강조하면서, 그렇게 하면 피곤하게 혹은 불편하게 느낄 때보다 훨씬 효과적일 수 있다(21C: 120)고 하였다. 2명의 학생은 MSCEIT 결과에 대한 피드백을 받고 심리상태가 어떻게 사고를 촉진하는가에 대해 생각하는 계기가 되었다고 하였다. 한 학생은 '어떻게 긍정적인 분위기를 조성할 것인가 또는 이를 위한 에너지 충전이 필요한가'에 대해 전에는 결코 생각해 보지 않았다고 하였다. 또한 자신이 경험했던 2학년 교육실습에서 예상과는 달리 학생들이 별 흥미와 관심 없이 실험에 참여하는 것을 보고 놀랐던 경험에 대해 "그때 분위기를 알고는 과제를 더 확실하게 인식시켜서 학생들로 하여금 과제를 수행하는 심리상태로 이끌어 가야 했습니다."(11C: 176)라고 말하였다. 다른 몇몇 학생들은 이러한 이슈를 동기와 관련하여 언급하였는데, 2명의 학생은 동기가 정서와 밀접한 관련성이 있다는 것을 어느 정도 인식했었다고 보고하였다. 한 학생은 "어떤 학생들이 아일랜드어 수업을 좋아하지 않는다면, 교사는 그들이 보다 흥미를 가지도록 노력해야 합니다. 하지만 그들의 정서를 알기까지 많은 시간이 필요하다고 생각합니다."라고 하였다(21C: 140). 또 다른 학생은 정서, 동기, 인지 간의 상호작용을 인식하고 있었으며, 정보에 기초하여 그 상호작용의 이유를 다음과 같이 설명하였다.

저는 식물 생물학에 전혀 관심이 없습니다. 그런 식물 생물학

같은 것은 저에게 전혀 흥미를 주지 못하고, 그래서 그에 대한 저의 정서는 완전히 부정적이고, 제가 교육실습에서 그것을 가르쳐야 할 때 정말 싫었고, 제가 그것을 이해해야 한다거나 이해하고 있다고 생각하지도 않았습니다. 그래서 저는 식물 생물학에 대한 제 정서와 인지과정이 서로 연결되었다고 생각합니다. (11C: 81)

카루소와 살로베이(2004: 46)에 의하면, 심리상태가 변하면 우리 생각도 변한다. 기분을 감지하고 바꿀 줄 아는 사람은 보다 창의적인 사고를 하고, 세상을 보는 방법도 곧 다르게 바꿀 수 있게 된다. 앞의 학생들도―교육실습과 자신의 학습경험을 통해―학습활동 계획에서 정서를 고려할 필요성을 깨닫게 되었다고 본다. 이들 중 한 학생은 심리상태와 분위기를 반영하면 학생들의 입장을 이해하는 상황으로 다르게 생각하게 된다고 하였다. 또한 이 학생은 앞에서 언급한 바와 같이 단순한 이해보다 정서 상태 유발로서의 감정이입의 역할의 중요성을 강조하였다.

이 학생은 감정이입을 인식하고 있음을 보여 주면서, 예비교사 교육 프로그램에서는 이와 관련한 기능 습득의 기회가 충분히 제공되지 않기 때문에 보완의 필요성을 명확히 언급하였다. 이 학생은 불만이 많은 학생들을 지도해야 하는 다른 학생들이 있다면 이들에게 다르게 생각할 수 있도록 도와줄 수 있는 가능성을 언급하였다.

그들은 불만에 가득 찬 (학생들을) 어떻게 다루어야 하는지에 대해 당신에게 말하지 않습니다. 이에 대해 책을 통해 찾아볼 수 있지만…… 이론과 실제는 다릅니다. 제가 발견한 것은 (교육실습을) 나갔을 때…… 이런 상황에 잘 대처하기 위한 가이드라인을 그들이 주기를 그냥 기대하는 것입니다……. 불만이 많은 (학생들은) 어떤 생각을 하고 있으며, 그들의 정서와 마음은 어떤지와 관련하여 다룰 것이 매우 많습니다. 만약 이들의 정서, 정신적 태도를 바꿀 수 있다면, 그들의 불만을 해소할 수 있을 것입니다. 이런 학생들이 머릿속으로 무슨 생각을 하고 있는가를 알았다면 이 문제를 적절하게 해결할 수 있었을 것입니다. 따라서 (정서지능 기술은) 도움이 될 것입니다. (11C: 176)

이러한 학생의 반응에 비추어 보면, 특정 과제가 특정한 심리상태 및 분위기와 서로 어떻게 연관되는가를 생각하는 데 있어서 MSCEIT에 대한 피드백이 매우 유용하게 작용하였음을 알 수 있다. "분명히 도움이 될 것입니다. 나는 특정한 과제를 위해 어떻게 분위기를 조성할 것인가를 생각할 때 이것(MSCEIT에 대한 피드백)을 고려할 것입니다."(11C: 176) 또 한 학생은 다양한 학생의 능력에 적절하게 과제를 맞추는 것의 어려움에 대해 언급하였다. 카루소와 살로베이(2004)에 따르면, 정서지능의 기본 원리 중 하나는 정서가 사고에 영향을 준다는 것이다. 학생들이 어떻게 느낄 것인가를 생각하며 그들에게 적절한 과제를 선택하기 전에 정서와 인지과정, 기억, 생각, 추론, 문제해결 간의 다양한 관련성을 이해하는 것은 매우 중요하다(Caruso & Salovey, 2004: 51). 다양한 능력의 학생들로 구성된 학급에서 그들에게 적합한 과제를 선택한다는 것은 교사에게 최대의 교수적 도전의 하나로 나타났다. 이는 바로 앞에서 면담했던 학생이 앞으로 개발해야 할 기능이라 생각했던 것이다.

> 그렇습니다. 학생의 능력의 다양성을 고려하는 것, 학급의 모든 학생이 좋아하고, 노력하고, 참여하게 하는 것, 그러나 실제로는 생각보다 너무 힘듭니다……. 저는 다양한 능력 혹은 그에 적절한 과제를 선정하는 것이 가장 힘들었다고 생각합니다. 모든 학생이 성공적으로 수행할 수 있는 과제를 설정하라는 말은 매우 훌륭하지만, 어떻게 하죠? (21C: 110)

종합하면, 일부 학생들은 정서가 어떻게 다양한 사고 촉진을 위해 사용될 수 있는가를 지각하고 있음을 보여 주었다. 여기에는 학생들의 과제 활동과 심리상태를 조화시키기, 교실관리 전략으로서 심리상태를 활용하기, 학습자의 관점을 이해하는 수단으로서 감정이입을 활용하기 등의 능력이 포함된다. 그러나 면담한 많은 학생은 이와 같은 점들을 언급하지 않았다. 즉, 학생들은 터득한 기능으로서 정서활용의 이점을 성찰하기보다는 주목해야 할 힘들었던 일로 가끔 언급하였다.

이해

정서 정보를 이해하고 분석하기, 정서 지식 활용(이해)
• 서로 다른 정서가 어떻게 관련되어 있는지에 대해 이해하는 능력
• 감정의 원인과 결과를 지각하는 능력
• 혼합된 정서 및 모순되는 감정과 같은 복잡한 감정을 해석하는 능력
• 정서 간의 이동을 이해하고 예측하는 능력

정서 정보를 분석하는 능력과 정서 변화 과정을 이해하기 위해 그 정보를 활용하는 능력은 소수의 통제집단 학생들에게서 인지되었다. 예를 들면, 한 학생은 MSCEIT는 복잡한 정서에 대해 생각하게 된 계기가 되었다고 한다. 흥미롭게도 이 학생은 '다차원(multidimensional)'과 '다양한 정도(different degrees)'와 같은 용어를 사용하여 설명하였다.

학생: ······ 확실히 이 연구에 부분적으로 참여하면서 다양한 정서와 다양한 정서의 정도에 대해 생각하게 되었어요······.

면담자: 다양한 정서의 정도란 무슨 뜻인가요?

학생: 말하자면 검사지에 제시된 여러 문항들과 같은 것이지요. '이 사람의 감정에 대해 어떻게 생각하는가?'와 같은 질문이요. 그것을 보면 '아, 모르겠다.' 하는 질문들. 그럴 수 있겠다는 질문이 매우 많았어요. (질문에 대한 답은) '그들은 그렇게 말할 수도 있겠다.' '그들은 지쳤을 수도 있겠다.'와 같은 것 중에서 선택해야만 합니다.

> 그래서 이는 확실히 다차원적이거나 평가하기 어려운
> 것들이에요. (11C: 127)

카루소와 살로베이는 "어떤 정서들은 보다 단순한 감정들의 조합
으로 구성된다. …… 상황들 역시 복잡하고 다중적인 정서를 야기
할 수 있다. …… 플루트칙을 포함한 몇몇 정서 이론가들은 혼합된
정서 및 다양한 정서들 간의 유사성의 존재를 확실히 인식하고 있
다."(Caruso & Salovey, 2004: 58)라고 주장했다.

이와 같은 정서의 복잡성 인식과 정서경험 표상에서 정서적 용어
를 어떻게 사용하는가에 대한 개인차를 **정서단위**(emotional granu-
larity)라고 한다(Barrett, 1995, 1998). 또 다른 학생은 MSCEIT와
피드백을 통해 자신의 정서 관련 어휘, 즉 '정서에 대해 정교하게 추
론하기 위해 필요한 정서어휘'(Caruso & Salovey, 2004: 56)의 한계
를 깨닫게 되었다고 하였다. 또한 이 학생은 자신의 정서어휘를 향
상시켜야 할 부분으로 언급하면서 정서어휘의 중요성을 인식하고
있음을 보여 주었다.

> 저는 제가 이해하지 못했던 정서 관련 어휘가 있음을 압니다.
> 글쎄, 제가 이해하지 못했다기보다 이제 알게 되었지만, 그 용
> 어들을 정말 어떻게 정의해야 하는지를 몰랐습니다. 하지만 저
> 의 어휘력을 향상할 필요가 있다는 점을 다시 한 번 보게 되어
> 서 좋았습니다. (11C: 176)

또 다른 학생은 시험 결과 피드백에 대해 논의한 다음 수업에 즐겁게 참여하지 못하는 학생들과 그 문제의 원인을 파악하는 것이 앞으로 자신이 더 향상시켜야 할 기술들 중의 하나라고 하였다. 카루소와 살로베이(2004: 57)에 의하면, 정서는 우리의 환경과 관련된 우리 자신에 대한 정보 혹은 자료들을 포함한다. 감정에 대한 정보로 그 감정을 불러일으킨 사건에 대해 알 수 있다.

> 교실에서 문제가 있는 학생들을(저는 이해하려고 하고), 그 원인이 무엇인지, 그리고 교실 밖에서 무슨 일이 일어나고 있는지를 이해하고 싶습니다. 이 과정을 반드시 제가 통제 관리할 필요는 없지만, 제가 지도하는 학생들을 도와줄 수 있도록, 그들을 경청할 수 있도록 이해하려 합니다. (21C: 162)

여기서 이 학생은 교사의 정서, 더 일반적으로 정서역량을 다루는 측면에 있어서 현재 워크숍 프로그램과 교사 교육 프로그램 간의 차이점을 볼 수 있다고 강조하였다.

종합하면, 첫째 통제집단 학생들과의 면담에서는 다른 기술 영역과 마찬가지로, 정서 정보 이해, 특정 정서에 대한 원인 이해, 정서 변화 및 연속 이해 등과 같은 기술에 대해 거의 특별하게 주목하지 않았다. 이와 같은 이슈들은 면담을 통해서, 때로는 MSCEIT와 그에 대한 피드백을 통해서 파악된 것으로 학습자들이 배운 맥락에서, 그리고 때로는 아직 충족되지 않은 학습요구로 파악되는 맥락에서 많이 제기되었다.

관리

> **정서조절(관리)**
> • 유쾌한 감정과 불쾌한 감정 모두에 개방적인 능력
> • 정서를 관찰하고 성찰할 수 있는 능력
> • 판단된 유익함이나 유용성에 따라서 정서 상태를 수용하거나, 연장시키거나, 그로부터 분리되는 능력
> • 자기 자신과 다른 사람의 감정을 관리하는 능력

앞에서 언급한 바와 같이, 정서관리 전략은 정서개발을 위하여 상황을 수정하는 것과 같이 선행사건 집중 전략과 정서경험 후의 반응과 관련된 반응 집중 전략을 포함한다(Gross, 1998a, 1998b). 정서는 신체적 자원(숨쉬기 혹은 근육이완 기술과 같은), 인지적 자원(상황에 대한 사고의 전환, 다른 사람의 관점에서 다시 바라보기 등), 혹은 사회적 자원(사회적 환경의 변화)을 활용하여 조절될 수 있다.

9명의 학생들이 수업에서 정서조절을 위한 중요한 전략으로 상황을 미리 개선하는 것과 관련된 전략을 보고하였다. 예를 들면, 학생들은 자신의 수업을 위해 준비를 철저히 하는 것이 중요하다고 하였다. 즉, 그들은 흥미로운 학습활동, 시범, 다양한 능력을 배려한 과제, 모둠 구성(모둠 구성을 사전에 고려하는 것), 그리고 학습 자원 등을 미리 계획하는 것이 중요하다고 하였다. 반응 집중 상황 수정의 중요성을 강조한 학생들은 내성적이고 부끄럼 많은 학생들, 부정적이거나 혹은 자신처럼 긍정적이지 않거나 열정적이지 않은 학생들에 맞춰 질문을 수정하는 것의 중요성을 강조하였다.

15명의 예비교사들은 정서조절에서 인지변화 전략이 중요한 것으로 보고하였다. 그들은 학생들의 정서 상태를 변화시키기 위해 인지변화 전략이 어떻게 활용될 수 있는가를 자신들이 지도한 학생들로부터 확인하였다. 사고 촉진을 위해 정서를 활용하고, 감정이입을 적용했던 앞서 언급한 사례에서 한 학생은 불만이 가득한 학생들을 도와줘야 할 필요성을 느끼고는 그들의 상황을 인지적으로 재평가하려고 하며 "만약 당신이 그들의 정서를 바꾸고 그들의 정신적 태도를 바꿀 수 있다면, 그 학생들은 그렇게 불만을 표출하지 않을 것입니다."(11C: 176)라고 하였다. 인지적으로 상황을 재평가하기와 더불어 예비교사들은 정서를 다루는 행동적 전략 또한 지각하고 있음을 보여 주었다. 한 학생은 만약 어떤 학생이 떠든다면, 그들을 쳐다보면서 옆으로 다가간다고 하였다. 이 학생은 이런 전략은 매우 유용함에도, "(교사 교육 프로그램에서) 이를 충분하게 다루었다고 생각하지 않습니다."(21C: 162)라고 보고하였다.

학생들의 정서관리와 더불어, 예비교사들은 자신들의 정서관리의 필요성 인식을 강조하였다. 그들은 정서관리가 필요한 교사 되기에 있어서 많은 스트레스의 원인과 도전을 강조하였다. 그중 하나는 그들이 희망하는 유형의 교사가 되도록 노력하는 것이었다. 예를 들면, 한 여학생은 자신의 개인적 목적과 갈등하고 있는 스스로를 발견하게 되었다는 이유로 (이미 경험한 2학년 교육실습 기간 동안) 자신의 수업이 수정되어야 함을 논의하였다. 그녀는 "교실에 들어가서 그들을 도와주고 싶었지만, 시험을 위해 가르쳐야만 하는 전체 시스템으로…… 그러고 싶지 않습니다."(21C: 179)라고 하였다. 또 다른 학생은 보고하기를, "2학년 교육실습에서 수업지도안 작성, 최신 자료 확보, 상호작용 수업하기 등의 학문적 목적에 초점을 맞추었습니다."라고 하였다. 또한 그녀는 "이러한 것들을 수행하기보다는 통과하는 데 급급했지만, 학생들 수준 이상으로 가르치고 있었음을 곧 깨달았습니다."라고 하였다. 그녀는 관계 예술로서의 수업의 중요성을 강조하였고, 이를 (학생들과) 더욱 관련시킬 필요가 있다고 하였다(11C: 30). 또 다른 학생은 "몇몇 최고의 교사들은 우리들을 보다 나은 수준으로 이끌었습니다. ······ 나도 그런 교사가 되고 싶습니다. 즉, 교실에서 교과 수업과 학습결과인 성적에만 관심을 두는 것과는 반대로 교실에서 학생들을 배려하는 그런 교사가 되고 싶습니다."(11C: 81)라고 말하였다. 이와 관련하여 앞서 제2장에서는 다음과 같은 것들이 논의되었는데, 즉 특정한 방식으로 느끼고 행동하고자 하는 교사의 의도에 수반되는 정서적 노동력(Hargreaves, 1998; Sutton, 2004), 교사들로 하여금 사랑, 공감, 관심의 표현에 대한 기대감의 증대(Oplatka, 2007), 그리고 학생들과 보다 개인적인 방식으로 관계 맺기(Klaassen, 2002) 등이 그것이다. 이러한 정서를 조절하고 관리하는 능력은 가끔 교사들에게 스트레스로 작용한다 (Boyle et al., 1995; Kyriacou, 1987, 1998; van Dick & Wagner, 2001). 이는 특히 어떻게 교사 역할을 수행해야 하는지 불확실한 예비교사들에게는 더욱 큰 스트레스로 작용할 수도 있다(Helsing, 2007: 1318).

스트레스의 두 번째 원인은 '부적응 학생들'과 관련되어 있다. 한 학생은 면담에서 "만약 학급에 부적응 학생이 있어 힘들게 하면, 좌절과 분노의 감정을 느낄 수 있습니다."(11C: 194)라고 하였다. 또 다른 학생은 학급에서 이런 학생들의 행동과 코멘트를 어떻게 하면 보다 덜 개인적으로 받아들일 수 있는지를 알고 싶다고 하였다 (21C: 105).

이와 같이 정서를 관리하는 데 있어서 학생들은 자신의 관점을 바꾸기, 그리고 학생 및 동료들과의 라포르 형성하기의 이점에 대해 논의하였다. 많은 수의 학생은 그들이 상황에 대한 평가를 바꾸는 데 이러한 전략이 어떻게 도움이 되었는지를 나타내었다. 한 학생은 "저는 수업할 때 학생들의 정서를 이해하기 위해 그들에 대해 잘 알고 있어야만 한다고 생각합니다."(21C: 140)라고 말하였다. 3명의 학생은 매 교육실습 후에 작성한 성찰일지를 언급하면서, 정서조절을 위한 인지적 전략에 대한 인식을 논의하였다. 한 명의 학생은 "성찰을 통해 당신은 자신의 정서와 당시에 느낀 감정에 대해 더 많은 것을 생각하게 됩니다. 잘한 것인지, 그렇다면 그 이유는 무엇인지, 그리고 무엇을 바꾸어야 하는지 등과 같은 것이요."(21C: 53)라고 말하였다.

면담하는 과정에서 3명의 통제집단 학생은 자신들은 교실에서 긍정적 정서를 표출하는 학생들에게 주로 초점을 두는 경향이 있음을 인식하였다. 카루소와 살로베이(2004: 67)에 의하면, 우리 스스로 감정을 **느끼도록** 해야 하며, 심지어 예측불허의 정서 혹은 불편할 수도 있는 정서도 기꺼이 받아들여야 한다. 3명의 학생 모두 긍정적인 정서를 표출하는 학생들에게 주로 질문을 할 가능성이 높았거나, 혹은 한 학생의 말처럼, 이 학생들 쪽으로 더 다가가는 가능성이 높았음을 인정하였다(21C: 18).

  학생들에게 앞으로 더 개발이 필요하다고 느끼는 기술이 있는지 질문을 했을 때, 6명의 학생이 학급관리 기술이라고 대답하였다. 효과적인 정서관리는 우리 자신의 감정을 통제하려고 분투노력해야 하는 문제가 아니라, 이런 감정에 우리가 어떻게 지혜롭게 관여하고 또 풀어 나가느냐의 문제다(Caruso & Salovey, 2004: 68). 4명의 학생은 특히 교실에서 훈육의 문제와 관련하여 구체적으로 언급하였다. 예를 들면, 한 학생은 부적응 학생을 대하는 다른 대안을 찾기가 어렵다고 보고하였다. 이 학생은 말하기를 "바로 그 순간 그곳에서 매우 난처해집니다. 다른 방법들을 궁리하면서, 우리를 힘들게 하는 학생들을 대처할 수 있는 어떤 방법에 대해서 들은 바가 없었습니다."(11C: 192)라고 하였다. 카루소와 살로베이는 정서를 '하나의 신호체계로서' 파악하였는데, "만약 우리가 항상 이런 정서 신호에 의해 행동한다면, 우리는 충동적으로 행동할 수 있어서 정서와 사고의 조화가 이루어지지 않을 것이라고 하였다."(Caruso & Salovey, 2004: 68) 이들 중 2명의 학생은 전체 강좌를 수강하는 동안 학급관리 문제, 특히 부적응 학생들을 다루는 데 전념할 시간이 없었다는 데 의견을 같이하며 "주변에서 보면 학급관리의 어려움을 겪고 있는 학생들이 매우 많다고 생각하는데, 지난 2년 동안 이와 관련하여 여기서 충분한 도움을 받은 적이 없는 것 같습니다."(21C: 27)라고 하였다. 이는 초임교사나 예비교사들의 수업전수를 위한 '성패(sink-or-swim)'(Lortie, 1975)를 강조한다는 점에서 매우 중요한 문제다. 4명의 학생은 앞으로 더 배워야 할 기술로서 교사와 학생 및 학부모

의 적절한 관계 형성에 대해 언급하였다. 예를 들면, 한 학생은 교사
와 학부모의 발전적인 관계는 '전문가로서의' 중요한 능력으로 보고
있었다.

　　아마도 우리는 전문적 기술을 좀 더 강조할 필요가 있습니다.
　　전문가가 된다는 것은, 있잖아요. 특정한 상황에서 어떻게 대처
　　하는지를 아는 것이죠. 혹은 만약 교사와 학부모 회의가 몇 주
　　안에 개최된다고 할 때, 저는 그들을 어떻게 대해야 할지 또 그
　　상황에 대한 최선의 방법이 무엇인지 잘 모릅니다. (21C: 18)

　　또 다른 학생은 정서지능과 관련된 기술을 습득하고 싶다고 표명
하였다. 이 학생은 교사뿐만 아니라 학생들에게도 정서지능의 개발
은 매우 중요하며, 이를 위해서는 충분한 시간과 이런 기술을 수업
에 적용하는 '구체적인' 사례가 요구된다고 믿고 있었다. 또한 이 학
생은 "이것(정서지능)을 통합할 수 있는 구체적이고 명확한 방법……
교사 자신과 학생들에게 어떻게 이를 개발하도록 하는가에 대한 사
례가 필요하다."라고 설명하였다(11C: 152).

　　전반적으로, 첫째 통제집단의 예비교사들은 정서 관련 여러 기술
중 정서조절 기술에 대해 보다 풍부한 반응을 하였다. 어떤 의미에
서 이 예비교사들은 정서조절의 실습이라는 렌즈를 통해 모든 정서
기술 영역을 이해하고 있었다. 이는 또한 첫째 통제집단이 MSCEIT
에서 다른 영역에 비해 관리 영역의 점수가 더 높게 나온 이유를 부
분적으로 설명한다고 볼 수 있다.

이들에게는 정서관리에 대해 명확한 필요성이 있었던 것이다. 교사 되기를 배우는 것에 따른 스트레스, 교사 역할을 제대로 수행하려고 노력하는 데 따른 스트레스, 아동의 문제행동과 씨름하는 데서 오는 스트레스 등은 예비교사 스스로 자신들의 정서를 관리하는 것이 필요하다는 충분한 증거가 된다. 이들 중에는 인지적 전략보다 행동적 전략을 더 지지하는 학생들이 많지만, 대체로 예비교사들은 인지적 전략과 행동적 전략을 사용하여 정서관리가 가능하다고 보고 있었다. 다른 정서기술 영역과 관련하여 학생들은 이미 습득한 영역보다는 앞으로 교육이 더 필요하다고 느끼는 영역에 대해 성찰하는 경향이 있었다.

MSCEIT

MSCEIT에 대한 피드백을 언급한 첫째 통제집단의 학생 15명 모두는 이 시험을 치른 것은 매우 좋은 경험이었으며, 그 결과 또한 매우 정확하다는 의견이었다. 이들 중 여러 명의 학생들은 특히 피드백에 대한 논의의 중요성을 "피드백은 필요합니다. 만약 시험 결과 점수만 받았다면 더 이상 그 시험에 대해 생각하지 않겠지만, 그 결과에 대한 의미나 설명을 듣게 된다면 달라집니다. 내게 부족한 영역을 생각하고 고려하게 될 것입니다."(21C: 1)라고 강조하였다. 또다른 한 학생은 "저는 제가 항상 상황에 대해 비교적 공정한 판단을 할 수 있는 것으로 알고 있었고, 다른 사람들도 모두 그렇다고 생각했었는데, 모두가 그렇지는 않다는 것을 알았습니다."(21C: 105)라고 하였다.

다른 한 학생은 MSCEIT와 그에 대한 피드백은 긍정적인 학습 경험을 하게 되는 기회가 되었다고 믿었다.

> 내게 필요한 변화가 무엇인지 등을 발견함으로써 어떻게 하면 보다 좋은 교사가 될 수 있는가를 알게 됩니다. 내가 보완해야 할 점은 무엇이며, 또 나의 장점은 무엇인지. (21C: 120)

한 학생은 처음에 시험을 치를 때 어떤 문제들은 문제로서 적절성이 없다고 생각했기 때문에 그 결과 받게 될 피드백에 대해서도 회의적인 태도를 가졌다고 한다. 그러나 정확한 시험 결과를 받고 매우 놀랐다고 하였다. 이 학생이 말하기를 "저는 문제가 색상, 그림 등과 같은 것뿐이라서 시험이 적절하지 않다고 생각했는데, 제 생각이 틀렸습니다."(21C: 162)라고 하였다. 다른 학생은 피드백이 어떻게 개선할 것인가에 주로 초점을 두었다고 하였다. 이 학생은 MSCEIT 결과는 정확했다고 믿었고, 자신도 그것을 확인할 수 있었다고 하였다 (21C: 169). 또 다른 학생은 시험을 치르고 난 후 그에 대한 피드백을 받는 것을 매우 개인적인 경험으로 보았다. 이 학생은 피드백이 자기의 개별적 기술에 대해 언급하여 좋았으며, 반면 지금까지 받은 예비교사 교육 프로그램은 매우 일반적인 것이었다고 느꼈다. 이 학생은 자기가 받은 피드백을 자신의 수업과 관련시킬 수 있다고 느꼈으며, 또한 이것이 앞으로 더 발전할 수 있는 동기를 제공해 주었다고 생각하였다. 이 학생은 말하기를 "'좋아, 이게 바로 내게 필요한 거야. 내가 힘들게 씨름해 온 것이 바로 이거야. 더 좋은 교사가 되기 위해 할 수 있는 것이 바로 이거야.'라고 말할 수 있어요."(21C: 18)라고 하였다. 다른 학생은 시험 결과에 대한 피드백은 가치 있는 경험이라고 말하면서, 학생들과 공감하고 관계 맺는 능력은 앞으로 더 발전시키고 싶다고 하였다.

워크숍 개별지도를 받고 정서의 중요성을 깨달았는가에 대해 질문을 받고, 한 학생은 '(MSCEIT) 검사는 정서 인식에 조금 도움이 되었지만, 충분한 이해를 위해서는' 더 많은 관련 정보가 필요하다고 말하였다. 이 학생은 다른 사람의 정서를 파악하는 능력은 수업에서 중요한 기술로서, 앞의 학생과는 달리 이러한 기술이 프로그램을 통해 계발되지 않았다고 하였다.

결 론

앞의 제5장에서 다룬 두 가지 연구 문제 중 하나는 전문 워크숍을 통해 예비교사의 정서역량(양적 정서지능 자료와 질적 자료를 활용하여 평가된)이 향상될 수 있는가 혹은 없는가 하는 것이었다. 제5장의 결론에서 언급된 바와 같이, 양적 자료에 의해서는 정서역량 워크숍이 학습자들의 정서지능(MSCEIT 점수) 향상에 기여한다는 아이디어를 뒷받침하지 못하였다. 관리 영역의 점수에서 약간의 향상이 있었지만, 유의미한 결과는 아니었다. MSCEIT에 대한 몇 가지 의구심(질적 탐구가 더 바람직하다고 생각되는 영역을 양적으로 측정한다는 점, 정서기술을 실제 상황에 어떻게 활용하는가를 측정하기보다는 추상적으로 측정한다는 점, 그리고 미국에서 개발된 검사도구로 미국의 문화적 맥락 밖에 있는 곳에서 사용되고 있다는 점)으로 인해 질적 자료로 양적 자료를 보완할 필요성이 주목되었다.

이 장은 정서역량 워크숍에 참여한 학생 및 워크숍에 자발적으로 지원한 학생들과의 질적 면담을 통해 도출되었다. 수집된 자료들은 워크숍에 참여한 예비교사들의 정서역량이 워크숍 과정을 통해 함양되었음을 시사하고 있다.

한편 통제집단의 학생들의 정서지각 능력이 향상되었다는 직접적인 증거는 거의 없지만, 워크숍에 참여한 학생들은 얼굴 표정과 눈맞춤이 다른 사람에 대한 가치 있는 정서적 정보를 제공할 수 있는 방법이라고 말할 수 있었다. 다른 유형의 사고 촉진을 위한 정서활용에서도 이와 유사한 패턴이 발견되었다. 소수의 통제집단 참여자만이 감정과 활동 간의 조화의 필요성 및 학생 입장 이해를 위한 감정이입의 활용에 대해 언급하였다. 워크숍에 참여한 학생들은 감정이입과 감정 및 활동의 조화를 모두 중요하게 강조하였다. 워크숍 참여 학생들은 플루트칙(1994, 2001) 원형모형(circumplex) 관련 지식과 정서 변화와 진전을 이해하기 위해 그 지식을 어떻게 활용할 수 있는가를 말할 수 있었지만, 면담에서 통제집단 학생들은 정서정보 이해 기술이나 특정한 정서의 원인 이해, 혹은 정서 변화나 진전에 대한 이해에 거의 주목하지 않았다.

통제집단에서 정서 문제가 언급될 때, 그들은 주로 일반적인 용어나 정서관리와 관련하여 말하는 경향이 있었다. 통제집단의 몇몇 학생들은 인지변화 전략 및 그들 자신의 생리적 반응(예를 들면, 심호흡 연습) 관리를 인식하고 있음을 보여 주었다. 통제집단과의 면담에서 얻은 실마리는, 그들은 정서조절 전략에 대한 요구에 주목하고 있다는 것이다. 그들은 교사로서의 역할 협상의 어려움 및 학생의 문제행동으로 야기되는 스트레스를 토로하였다. 간혹 이 학생들은 일상의 경험을 통해서, 예비교사 교육 프로그램을 통해서, 혹은 이전의 교육실습에서 수업 후 성찰의 과정을 통해서 정서역량이 계발되었다고 인식하고 있었지만, 정서역량에 대해 말할 때 이들은 예비교사 교육에서 특히 이 부분이 더욱 필요한 것으로 인식하고 있었다.

통제집단과의 면담에서처럼, 워크숍 참여자들과의 면담에서도 실제로 정서조절에 대한 강조가 있었다. 이들이 인식하고 있는 중요한 역량에는 정서, 즉 상황을 적절히 드러낼 정서에 대한 개방성뿐만 아니라, 자신의 경험에 비추어 정서를 모니터하고 숙고할 수 있는 능력 혹은 추후에 그런 정서에 대해 성찰할 수 있는 능력이 포함되었다. 이들은 인지적으로 그리고 생리적으로 정서를 관리할 수 있는 능력을 강조하였다.

MSCEIT가 정서역량 워크숍을 통해 학생들이 습득한 최소한의 이점도 거의 파악해 내지 못한다는 점에서 통제집단과 실험집단 사이에 유의한 차이가 있었다. 질적 자료 검토 결과, 예비교사 교육에 포함된 정서역량 요소는 학생들의 정서역량에 대한 인식 제고와 그 결과 역량 개발 능력을 향상하는 데 기여하는 것 같다.

질적 자료는 또한 면담에 참여한 예비교사들이 수업에서 정서역량의 필요성을 인식하고 있음을 보여 주었다. 통제집단 학생들은

(전부는 아니지만, MSCEIT 및 그 결과에 대한 개별적인 피드백을 받는 과정을 통해서) 어느 정도 향상된 그들의 정서역량을 인식하고 있었지만, 그들 역시 교사 교육 프로그램에서 이런 정서역량에 대한 보다 많은 보완의 필요성을 강조하였다.

대학에서 강좌수업을 통해 정서역량을 개발하는 것은 수업활동에서 정서역량을 발휘하는 것과는 별개의 일이다. 제4장에서 논의된 바와 같이, 예비교사 교육 프로그램에서 가르치는 정도의 정서역량으로는 실제로 학교에서의 실천에 미치는 영향은 제한적일 수밖에 없다. 다음 장에서는 이 문제에 대하여 논의하고자 한다.

교실에서의 적용

서 론

지금까지 정서역량 워크숍이 워크숍에 참여한 학생들의 정서역량에 의미 있는 변화를 가져왔다는 점을 논의하였다. 양적인 자료에서는 명확한 차이가 보이지 않았지만, 질적인 자료에서는 워크숍에 참여한 사람들과 참여하지 않은 사람들의 자신감과 정서적 지식에 명백한 차이가 있음을 볼 수 있었다. 그러나 앞서 제4장에서 언급한 바와 같이, 대학 교육과정의 예비교사 교육 프로그램에서 배운 것들이 실제 교실상황에 얼마나 도움을 줄 수 있을 것인가에 대한 의문은 여전히 남아 있다(Levine, 2006; Darling-Hammond, 2006). 실제로 교사의 정서역량 개발에 대한 이전의 작업들은 학교 장면에서의 암시적 기술들을 주로 다루거나(Elliott et al., 2011: 87), 거의 뒤로 미루어져 있었다(Hoekstra & Korthagen, 2011). 이 장의 목적은 학생들이 워크숍 과정을 통해 배운 것들을 실행으로 옮기는가 그렇지 않는가를 탐색하는 것이다. 워크숍에 참가한 학생들이 교육실습 현장에서 워크숍에서 개발된 정서역량을 사용할 것인가? 또한 이러한 점에서 통제집단과 차이를 보일 것인가?

제6장에서는 워크숍 과정을 마친 후 실행한 면담을 통해 발견한 점들, 즉 정서와 정서기술, 개인교습(tutorials)을 통해 학습한 것에 대한 학생들의 인식을 살펴보고 기록하였다. 그러나 이러한 자료들은 그들의 수업이 얼마나 효과적이었는지를 보여 주는 것은 아니다. 면담이 끝난 후 학생들은 마지막 10주의 교육실습을 수행했다. 교육실습 동안 담당한 학급에 대해 책임을 지고, 전체 수업의 2/3 정

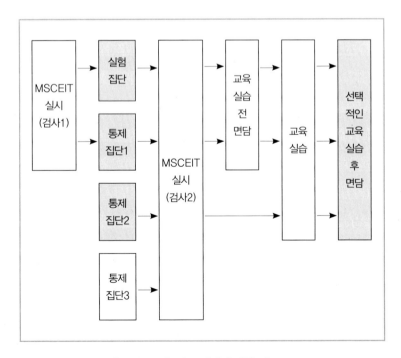

[그림 7-1] 연구 방법에 대한 개요도

도를 감당하면서 교사의 역할을 수행하였다. 이러한 실습 이후에 학생들과의 면담이 다시 이루어졌다. 이 장에서는 교육실습 후의 면담을 통해 발견한 점들을 알아볼 것이다([그림 7-1] 참조).

이 장은 세 영역으로 구성된다. 첫 번째 영역에서는 정서역량 워크숍에 참석한 17명의 예비교사와 면담을 통해 얻은 주요한 사항들을 소개할 것이다. [그림 7-1]에서와 같이, 이들은 MSCEIT 사전 중재(검사1)를 받고 정서역량 워크숍에 참가한 후, 다시 MSCEIT 사후 중재(검사2)를 받았다. 이들은 MSCEIT의 점수에 따라 로이진(Roisin)으로부터 개별적인 피드백을 받았으며, 교육실습에 들어가기 전에 질적인 면담에 참석하였다. 교육실습 후의 두 번째 면담의 목적은 이들의 정서지능 기술에 대한 인식의 향상이 수업에 어떠한 영향을 주었는지를 알아보는 것이었다.

두 번째 영역에서는 첫째 통제집단의 10명의 예비교사와의 면담에서 얻은 주요한 사항들에 대해 소개할 것이다. [그림 7-1]에서 알 수 있듯이, 이들은 정서역량 워크숍에 참석하지 않은 것을 제외하고는 실험집단과 동일한 경험을 하였다. 교육실습 후 이 집단의 학생들과의 면담 목적은 MSCEIT와 피드백이 어떠한 영향을 주었는가를 알아보는 것이었다.

세 번째 영역에서는 둘째 통제집단의 10명의 예비교사와의 면담에서 얻은 주요한 사항들을 소개할 것이다. [그림 7-1]과 같이 둘째 통제집단은 정서역량 워크숍에 참가하지 않았고, 사후 중재(검사2)로 단 한 번 MSCEIT를 받았다. 이 집단의 학생들은 자신의 MSCEIT 점수에 따라 개별적으로 지필로 된 피드백을 받았으며, 자

신의 점수에 대한 해석을 돕기 위해 로이진 코코란(Roisin Corcoran)
의 일반 수업에 참석하였다. 이 학생들은 교육실습 전에는 면담에
참석하지 않았으며, 교육실습 후에 처음으로 면담을 하였다. 이 집
단의 학생들과의 면담의 목적은 다른 두 집단과 비교해 보기 위해서
였다.

실험집단의 교육실습에서의 정서역량

> 교육실습에 정말 효과적이었습니다. 많이 배웠다고 확신합니
> 다. 처음에는 상당히 회의적이었죠. '이걸로 뭘 어떻게 하겠다
> 는 말이지? 무슨 변화가 있을까?'라는 생각 끝에 '그래, 하나라
> 도 얻으면 도움이 되겠지.'라고 생각했죠. 하지만 저는 많은 것
> 을 배웠고, 2학년 때의 교육실습과 비교해 볼 때, 이것은 정말
> 로 효과적이었습니다. (12E: 108)

이 절에서는 실험집단에 속한 17명의 교육실습 학생들로부터 얻
은 질적인 발견점들을 소개할 것이다. 앞 장에서 이야기한 바와 같
이, 학생들의 정서역량의 자료를 보여 주기 위한 체계로 정서지능의
4요소모형이 사용되었다.

지각(Perceive)

> **정서의 지각, 평가, 그리고 표현(지각)**
> • 개인의 신체적 · 심리적 상태에서 정서를 파악하는 능력
> • 다른 사람이나 어떤 대상의 정서를 파악하는 능력
> • 정서를 정확하게 표현하고 정서와 관련되어 있는 요구들을 표현하는 능력
> • 명확한 감정표현과 명확하지 않은 감정표현, 혹은 정직한 감정표현과 정직하지 않은 감정표현을 구별하는 능력

　　이것은 교사들이 꼭 해야 된다고 생각합니다. 왜냐하면 수업, 특히 교육실습에서 매우 중요한 부분이기 때문이죠. 수업을 계획하고, 평가하고, 공개수업을 위해 준비하고, 수업도구들을 챙기는 것으로 인해 너무 지치고, 학급에서 사소한 것이 잘못되어도 우울해지는데, 모든 것이 상당 부분 감정과 관련되는 것 같아요. 해야 할 것은 너무 많고, 어떤 일은 잘못되기가 쉽죠. 이때 내가 어떤 감정을 느끼고, 다른 사람이 어떻게 느끼는가를 깨닫는 것은 중요합니다. 그런 능력을 갖는 것은 큰 보너스죠. 특히 학교생활이 아직 확립되지 않은 처음 몇 년 동안, 수업과 관련되어 감정들을 다루는 방법을 안다면 큰 도움이 될 것입니다.

　　몇몇 학생들은 워크숍 참가 경험으로 인해 아동들의 정서를 지각할 수 있는 능력이 향상되었다는 점을 높이 샀다. 실험집단에 소속된 학생들 중 11명의 학생들은 다른 사람들의 얼굴 표정에 대한 지각이 향상되었다는 점을 강조하였다. 한 학생은 워크숍 활동(부록 참

고) 중 얼굴 표정과 관련된 부분이 포함되어 있어서 교육실습에서 아동들의 얼굴 표정을 지각하는 데 도움이 되었다고 보고하였다. 또한 그는 아동들의 얼굴 표정을 더욱 잘 인식하게 되었으며, 거짓과 관련된 표정에 대한 지각이 생김으로써 아동들이 거짓말을 하는지를 판단하는 데 도움이 되었다고 보고하였다(12E: 108). 또 다른 학생은 감정을 변별하는 방법을 설명하였는데, 얼굴 표정과 비언어적인 단서(아동의 눈짓, 미소, 얼굴색의 변화)가 아동의 감정을 파악하는 데 도움이 되었다고 말하였다(12E: 160). 또한 워크숍에서 수행한 활동들로 인해 이러한 기술을 더 잘 인식하게 되었으며, 이러한 기술들을 교육실습에 적용할 수 있게 되었다고 말하였다.

> 실제로 아이들을 단지 바라보기만 하여도 알 수 있지요. 아이들의 얼굴 표정, 특히 눈, 눈의 움직임을 통해 알죠. 이 아이가 지금 혼란스러운지, 불만족스러운지. 혹은 아이들이 주어진 과제를 너무 어렵게 느끼는지, 그렇지 않은지. 만약 아이들에게 부끄러운 감정을 일으킬 만한 것을 주었다면, 아이들은 화를 내는 것이 아니라 부끄러워할 것이고, 그것은 표정에 나타날 거예요. 얼굴색이 변하는 것을 볼 수 있겠죠. 화내는 것과는 다르죠(12E: 160).

이것은 워크숍에서 개발된 기술들을 교육실습에서 사용할 수 있는 이 학생의 능력을 보여 주는 것이다. 또 다른 학생은 "나는 새로운 주제를 가르치려고 할 때 아이들의 표정을 항상 주시해요."라고 말하였다. 이 학생은 만약 아이가 '가라앉아 있거나 침울하다면' 얼굴 표정을 통해 어떻게 지각하는지 설명하고 있는데, "단지 아이의 얼굴만으로도 알 수 있죠. 고개를 떨어뜨리고 있거나 눈물이 고인 것처럼 보이기도 하고."(22E: 150)라고 하였다. 이러한 정보는 그녀로 하여금 그 상황을 알아차리고 반응하게 한다. 카루소와 살로베이(Caruso & Salovey, 2004: 37)에 따르면, '목소리의 높낮이, 몸짓, 얼굴 표정들은 정보의 창구'라고 한다. 한 학생은 워크숍에서 배운 다양한 얼굴 표정에 대한 인식을 통해 상황을 어떻게 다루어야 할지에 대해 좀 더 많은 아이디어를 갖게 되었다고 말하였다(22E: 121).

얼굴 표정에 대한 인식과 더불어 학생들은 또한 몸짓 언어(body language)에 대한 인식의 증가를 높이 샀다. 7명의 학생이 교육실습에서 다른 사람의 몸짓 언어에 대한 인식이 높아졌다고 말하였다. 예를 들어, 아동들이 '머리를 숙이고 있거나, 웅크리고 있거나, 의자에 똑바로 앉아 선생님을 응시하고 있는 것' 등에 주의를 기울일 수 있었다(22E: 97)고 기술하였다.

또한 7명의 학생은 교육실습에서 아동들의 목소리와 목소리 톤에 대한 인식이 높아졌음을 강조하였다. 목소리 톤은 정서 정보를 전달하는 중요한 수단으로, 사용하는 말의 의미를 보완하거나 반감시킬 수도 있다(Caruso & Salovey, 2004: 40). 이 학생들 중 한 명은 나쁜 말을 쓰는 한 아동에 대해 이야기하였는데, 교육실습에서 어떻게 상황을 정리했는지를 보고하였다. 이 예에서는 목소리 톤, 얼굴 표정과 같은 비언어적인 정보의 인식이 특히 흥미로웠으며, 이러한 요인과 관련된 기술들이 잘 드러나 있다.

적개심을 가지고 그런 말을 했을까요? 하지만 그렇지는 않은 것 같아 보였습니다. 목소리의 높이로 보건대, 그것은 그냥 장난인 것처럼 보였죠. 하지만 그냥 지나치기에는 너무 시끄러웠고, 너무 무례했어요. 어떤 상황인지 아시겠죠? 저는 그것을 설명하기 위해 많은 말을 했습니다. 하지만, 그래요. 목소리로 이면의 정서를 인식할 수 있습니다. 얼마나 화가 나 있는지, 얼마나 격앙된 상태인지. 목소리의 높이, 힘, 얼굴 표정 등이 지난 학기에 우리가 다루었던 것이었어요. (22E: 160)

몇몇 학생은 목소리 톤과 같은 미묘한 단서들에 주의를 기울이는 것이 감정을 명확히 인식하는 데 도움을 주었다고 했다. 한 학생은 아동의 목소리 톤에 대한 인식이 아동의 감정을 지각하는 데 도움을 주었다고 강조하였다.

정말로 아이들의 목소리 톤은 그 어떤 것보다 많은 것을 알려주는 것 같아요. 만약 어떤 것이 이해가 잘 안 된다면 아이들은 뭔가 욕구가 채워지지 않은 것 같은 목소리로 말합니다. 아이들은 목소리가 다르고, 심지어 숨소리도 다르죠. 아이들이 기쁘고 행복할 때는 또 다른 목소리가 들립니다. (12E: 108)

사람들의 목소리 크기와 높낮이에 따라(Bachorowski & Owren, 2008: 199), 호흡 및 심장 박동 수와 같은 신체적 감각(Caruso & Salovey, 2004)에 따라 정서를 어떻게 인식하는가에 대한 좀 더 많은 정보를 주는 문헌들이 있다. '정서의 특별한 패턴에 대한 누적된 증거는 아직까지 미완성'(Larsen et al., 2008: 189)이기 때문에 신체적인 감각과 특정 정서 상태를 직접적으로 연결 짓기는 어렵다. 하지만 인체는 정서이해에 기여할 수 있는 여러 가지 정보들을 제공한다. 워크숍에 참가한 몇몇 학생들은 이러한 정보로부터 판단에 이르는 것이 가능함을 보여 주었다. 예를 들어, 한 학생은 아동이 보여 주는 반응에서 '약간의 머뭇거림'을 주목하였는데, 이것은 무엇을 하지 않았거나 무엇이 잘못되었을 때 나타나는 신호라고 기록하였다(12E: 191). 에크먼(Ekman, 1992b)에 따르면, 멈칫거리는 것은 가장 일반적으로 나타나는 속임과 관련된 언어적 단서다.

몇몇 학생들은 워크숍에서 배운 것들로 인해 실제 교실에서 아동의 훈육문제를 다루는 데 보다 유능해졌다고 말하였는데, 어떻게 행동해야 하는지를 결정하는 데 있어서 좋은 정보들을 배웠기 때문이라고 했다(Caruso & Salovey, 2004: 39). 한 학생은 아동의 목소리 톤과 같은 '경고 신호(warning signs)'를 조기에 감지할 수 있게 되어서 문제를 예상하고 더 악화되는 것을 피할 수 있게 되었다고 보고하였다(22E: 97).

또한 학생들은 워크숍에 대한 개선점들을 이야기하면서, 학습한 것을 실제로 적용할 수 있도록 워크숍이 이루어져야 한다는 것을 강조하였다. 예를 들어, 한 학생은 워크숍에 대한 조언으로, 학습 과정이 활동적인 작업들로 이루어져야 하며, 워크숍에서 이러한 기술들을 '연습할 수 있는 기회'를 제공하는 것이 중요하다고 강조하였다. 또한 활동적인 학습 방법, 즉 '수행하면서 발견하는' 접근을 통해 교

육실습에서 얼굴 표정에 관한 인식과 아동의 감정에 관해 생각해 볼
수 있게 되었다고 말하였다(22E: 71).

아동들의 목소리 톤, 몸짓 언어, 얼굴 표정뿐 아니라, 예비교사들
은 또한 자신의 몸짓 언어, 목소리 톤, 얼굴 표정에 대해서도 좀 더
잘 인식할 수 있었다고 기록하였다. 전체적으로 실험집단에 속한 예
비교사 중 8명의 학생이 교육실습에서 자신의 몸짓 언어에 대한 인
식이 증가하였음을 강조하였다. 한 학생은 '고개를 숙인 채 다른 사
람을 보지 않고 터벅터벅' 걷곤 하는 자신의 몸짓 언어를 돌아보게
되었다고 말하였다(22E: 97). 또 다른 학생은 아이들과의 상호작용
과 관련된다고 생각하는 자신의 몸짓 언어에 대한 각성을 기록하였
다. 그녀는 자신이 아이들을 알고 있을 때 비로소 그녀의 몸짓 언어
가 좀 더 편안하고 부드러워졌다고 말했다(22E: 121). 카루소와 살
로베이는 "비언어적인 정보는 종종 성공적인 사회적 상호작용의 기
초가 된다. 이러한 정보는 몸짓, 목소리 톤, 얼굴 표정 등으로 구성
된다."라고 주장하였다(Caruso & Salovey, 2004: 40). 몇몇 학생들
은 이에 대한 각성과 자신이 의도하는 정서적 메시지를 수반하는 몸
짓에 대해 기록하였다.

예비교사들은 또한 워크숍의 특정 활동이 그들의 몸짓 언어에 대해
확실히 인식하도록 하는 데 도움을 주었다고 말하였다. 예를 들면, 학
급 일을 하는 선생님의 모습을 촬영한 비디오에 대해 분석과 토론을
하는 활동이었다. 학생들은 교사가 정서적으로 긴장된 상황을 다루는
비디오 장면을 보았다. 비디오의 한 장면에서는 교사의 행동이 정서
적인 긴장을 증가시키고, 또 다른 장면에서는 교사의 행동이 그 상황

의 정서적인 긴장을 감소시켰다. 이어서 비디오에 대한 분석과 토론이 이루어졌고, 학생들은 적절한 학급 경영 전략을 세워 보았다. 학생들은 이러한 활동으로 인해 교육실습에서 아동들에게 이야기할 때 자신의 몸짓 언어에 대해 좀 더 각성하게 되었다고 말하였다.

> 만약 누군가가 다른 사람과 처음 이야기할 때, 거만한 태도로 이야기하거나 지적을 잘 한다면 저는 그것을 반드시 생각해 봐야 한다고 말하고 싶어요. 학급을 찍은 비디오를 보면, '나는 저 상황을 더 악화시킬까 아니면 개선시킬까?'를 저 자신에게 물어보게 됩니다. 종종 자연스럽게 '아이쿠' 하는 생각이 들고, 좀 더 신중하게 됩니다. 정말 좀 더 신중하게 되어서 아이들에게 강압적으로 이야기하지 않게 되고, 공격적인 말도 하지 않게 됩니다. 왜냐하면 그것으로는 아무것도 해결되지 않기 때문이죠. 지금도 가끔 그것에 대해 생각하곤 합니다. (22E: 16)

다른 학생들은 워크숍에서의 스토리텔링 활동을 높이 샀다. 이 활동에서 학생들은 3명이 한 팀을 이루었다. 팀원 중 1명이 스토리텔러가 되고, 스토리텔러는 정서와 관련된 단어가 적힌 카드를 뽑은 뒤 그 단어를 사용하지 않고 그 정서와 관련된 그들의 2학년 때의 교육실습 경험을 말한다. 스토리텔러는 또 다른 팀원인 듣는 사람으로 하여금 그 정서가 생길 수 있도록 해야 한다. 듣는 사람은 귀를 기울여 듣고, 스토리텔러의 정서를 숙고하여 질문을 하고 공감하는 말을 해야 한다. 집단의 세 번째 구성원은 카루소 등(2005)의 '관찰기록표(people watching chart)'를 사용하여 듣는 사람을 관찰하고 평가한다. 한 학생은 이 활동으로 인해 아동들과의 의사소통 방법에 대해 각성할 수 있게 되었고, 교육실습에서 아동들과의 상호작용 및 수업의 개선에 도움이 되었다고 말하였다.

실험집단의 9명의 학생은 교육실습에서 그들의 목소리 톤에 대한 각성의 향상을 높이 샀다. 카루소와 살로베이(2004: 40)에 의하면, "실제 주고받은 말은 두 사람 간에 교환된 정보의 10% 정도에 불과하고, 나머지는 목소리 톤, 몸짓, 그리고 표정으로 읽을 수 있다."고 한다. 학생들은 워크숍의 결과로 이러한 기술에 대한 각성이 높아졌음을 보고하였다.

> 첫날, 저는 불안한 목소리로 말하고 싶지 않았어요. 아이들이 '진심이구나.' 하고 생각하기를 바랐죠. …… 네, 저는 해냈어요. 저는 그 부분에 대해 인식하고 있었는데, 아마 워크숍 이후로 더 그랬던 것 같아요. 저 자신의 위치에 대해 좀 더 생각하고, 아동들로부터 존경을 받고, 교사로서 권위를 가지는 것 등을 생각했죠. 이번에는 좀 더 주의를 기울였어요. 목소리 톤…… 절대 소리치지 않기로 굳게 결심했어요. 아이들이 시끄럽게 떠들어도 소리치기보다는 어느 정도까지 기다려 주는 게 나은 것 같아요. 자꾸 소리치게 되면 그것에 익숙해지게 되기 때문이에요. 더 이상 효과적이지 못하고, 의미가 없어지죠. (22E: 121)

또 다른 학생은 자신의 목소리에 대한 인지와 수업 중 자신의 목소리가 높아지는 것에 대한 주의가 자신을 좀 더 '가까이하기 쉬운' 사람으로 만들어 주었다고 강조하였다. 이전의 자신에 대해서 "저는 아이들 속으로 들어가려고 하지 않았고, 완전히 아이들 위에 군림하려고 했습니다."(22E: 150)라고 말하였으며, 목소리 톤이 아동들과 상호작용에 영향을 준다는 것을 강조하였다.

무엇보다도, 학생들은 이전과 비교하여 볼 때 아동과 자신의 정서에 대한 각성이 높아졌다고 말했다. 그들은 다른 사람의 정서를 판단하기 위해 얼굴 표정, 몸짓, 목소리 톤 등을 통한 정보를 사용하게 되었으며, 자신의 정서 상태에 대해서도 정보를 찾게 되었다는 점을 높이 샀다. 그들은 워크숍의 활동들이 이러한 인식을 발달시키는 데 도움을 주었다고 하였다.

활용(Use)

사고의 정서적 촉진(활용)

- 대상, 사건, 그리고 다른 사람과 관련된 감정에 기초한 개인의 생각을 재조정하고, 그러한 생각에 우선순위를 매기는 능력
- 감정과 관련된 판단 및 기억을 촉진시키는 생생한 정서를 발생시키거나 모방하는 능력
- 다양한 관점을 갖기 위해 감정의 기복을 활용하는 능력, 즉 이러한 심리상태에 의해서 유발된 감정들을 통합하는 능력
- 문제해결 및 창의성 촉진을 위해 정서 상태를 활용하는 능력

마지막 장에서는 사고를 촉진하는 정서활용의 예로서 감정이입에 대해 다루었는데, 감정이입은 다른 사람에게 맞추어 자신의 정서

를 생성하는 것을 의미하며, 이를 통해 다른 사람을 더 잘 이해하게 된다(Caruso & Salovey, 2004: 45). 13명의 학생은 면담에서 자신들이 아동의 관점에서 사물을 보고 이해하려고 노력했음을 말하였다. 한 학생은 8년 전인 1학년 때를 회상하려고 노력하면서 그 감정을 일으키려 했다고 말하였다. 이 학생은 아동들에게 감정이입을 하고, 또한 자신의 경험들을 인식하고 표현함으로써 아동의 관점에 대한 이해가 촉진되었다고 하였다. 그녀는 타인의 감정을 다루었던 자신의 경험을 통해 의견을 내놓았다.

> 한 여자아이를 불러서 그 아이에게 내가 1학년 때 느꼈던 감정을 그대로 이야기해 주고, 그 아이의 감정을 이해한다고 말했습니다. 그리고 걱정하는 것을 이해하지만 괜찮아질 것이라고 말했죠. 제 생각에 아이들은 그들의 감정을 내가 알고, 나의 느낌을 그들이 알도록 할 때 가장 잘 반응하는 것 같습니다. 아이들이 스트레스를 받거나 어떤 것에 대해 불안해할 때, 그냥 아이들의 편에 서서 안정이 될 때까지 기다려 줍니다. (12E: 72)

다른 많은 사례들과 마찬가지로 이 사례 역시 정서지능의 요소가 서로 관련되어 있고, 융합되어 있다는 것을 보여 준다. 많은 사례들에서 학생들은 정서관리나 정서조절을 위하여 하나의 기술(정서활용 또는 정서이해와 같은)을 사용하고 있다고 보고하였다.

실험집단의 16명의 학생은 다른 사람의 감정에 대한 인식이 사고를 촉진할 수 있다고 말하였다. 긍정적인 심리상태는 새로운 아이디어가 나오는 것을 도와주고 창의적인 사고와 생산적인 문제해결을 촉진한다. 반면에 부정적인 심리상태는 좀 더 세세한 것에 주의를 기울이게 하고 연역적인 추론 문제를 해결하는 데 도움을 준다(Isen, Daubman, & Nowicki, 1987; Palfai & Salovey, 1993). 면담을 하는 동안 한 학생은 아이들의 분위기에 대한 파악이 수업에 어떤 영향을 주었는지를 말하였다. 그녀는 "아이들의 분위기를 먼저 살펴보아야만 했습니다. 그리고 그다음에 어떻게 가르칠지 방향을 정했습니다."라고 말하였다. 그녀는 수업이 시작될 때 계획한 활동에 따라 아동의 자리를 배정하는 시간을 어떻게 가지는지에 대해 "만약에 아이들이 좀 들떠 있으면 잠시 분위기를 가라앉히고 조용히 하는 시간을 가지려고 했습니다. …… 수업의 시작에 몇 분이라도 이러한 시간을 가지려고 노력했어요."라고 설명하였다. 그녀는 2학년과 4학년 때의 교육실습 경험을 비교했는데, 2학년 때는 '임무의 완수'를 좀 더 중요하게 생각한 반면, 4학년 때는 '좀 더 안정된 분위기가 되도록 하기 위해 아이들의 감정이나 심리상태를 읽도록 노력하게' 되었다고 말하였다. 어떤 경우에는 아동들의 감정에 따라 수업 활동의 순서를 바꾸기도 하였다. 그녀는 워크숍에서의 활동들로 인해 수업 활동이나 과제를 아동의 심리상태에 맞추어 진행해야겠다는 생각이 높아졌다는 점을 지적하였다.

> 아이들의 감정이 어떤가에 따라 '수업을 어떻게 맞출까' 하는 생각을 좀 더 많이 하게 된 것 같습니다……. 수업에서 하려고 하는 활동의 순서를 생각하고, 좀 더 많은 활동을 계획하고, 수

업 시작을 어떻게 할까를 생각하고, 어떻게 진행하고 끝내야 할
까를 생각하게 되었습니다……. 어떤 날은 수업의 앞부분에 좀
더 실제적인 활동을 하고, 가르쳐야 할 내용과 관련된 수업을
뒤에 하려고 계획을 했고, 아이들이 차분하고 안정되어 보인다
면 그 순서를 바꾸어서 합니다. 가르치는 수업을 먼저 하고, 그
다음에 활동을 하는 방법으로 말이죠. 하지만 아이들이 들떠 있
는 경우에는 좀 더 재미있는 활동을 먼저 합니다. 왜냐하면 아
이들의 심리상태가 그렇기 때문이죠. 그래서 저는 계획했던 수
업보다는 그러한 분위기에 맞는 수업을 하는 것이 더 효과적이
라고 판단하고, 아이들의 욕구에 맞추어 계획을 바꿉니다. 제
생각에는 아이들의 감정을 고려하고 그에 맞추어 수업이 될 때
보다 효과적인 수업이 된다고 생각합니다. (12E: 72)

고흠과 글로어(Gohm & Glore, 2002)는 개인의 느낌이 주의 집
중, 기억, 사고, 의사결정에 미치는 영향에 대해 지목하고 있다. 실
험집단의 한 학생은 면담에서, 수업 중에 아동들의 심리상태를 바꾸
어 과제에 집중할 수 있게 하는 특별한 종류의 음악에 대해 이야기
하였다. 이 학생은 음악이 아동들의 반응을 이끌어 내었고, 학급 경
영에도 효과적인 수단이 되었다고 보고하였다.

저는 아이들에게 도움을 줄 수 있는 활기찬 음악이 녹음된
CD를 만들었어요. 음악으로 인해 아이들이 활기를 띠고, 노래
를 따라 부르면서 작업을 하며, 심지어 작업을 하고 있는지를

잊기도 해요. 학급을 통제하는 데도 음악이 도움이 되는데, 만
약 어떤 것을 말하려고 할 때 음악을 멈추면 갑자기 음악이 중
단되었기 때문에 아이들은 모두 주목을 하고 무슨 말을 할지 귀
를 기울이게 됩니다. 그러면 저는 하고자 하는 말을 하고, 아이
들은 다시 작업으로 곧장 돌아가게 되지요. (22E: 97)

실험집단의 11명의 학생은 사고 촉진에 미치는 정서의 영향에 대
한 인식이 향상되었음을 지목하였다. 예를 들어, 면담 중 한 학생은
정서가 의사결정에 있어 빠뜨릴 수 없는 부분임을 지적하였다. 다마
지오(Damasio, 1996)에 의하면, 적절한 정서는 의사결정의 속도를
높인다고 한다. 이 학생은 자신의 경험을 토대로 하여 자신의 긍정
적인 정서가 효과적인 학급경영에 도움을 주었고, 빠른 의사결정에
도움을 주어서 향후 처벌과 같은 훈육문제를 미연에 예방할 수 있게
하였다고 보고하였다.

면담 중 13명의 학생은 수업의 계획 단계에서 감정이 사고에 어
떤 영향을 주는지를 생각하게 되었다고 말하였다. 이들 중 다수
의 학생들은 워크숍으로 인해 이러한 인식이 촉진되었다고 말하였
고, 한 학생은 아동들에 대해 좀 더 많이 생각하게 되었다고 적었다
(22E: 97). 예를 들어, 한 학생은 '어떤 심리상태일까'를 예상하려고
노력하였다고 다음과 같이 말하였다.

제 생각에는 정말로 많은 도움이 된 것 같습니다. 무엇을 준
비하려고 할 때, 단지 '어떤 자료들을 사용할까?'가 아니라, 실

제로 '아이들이 어떤 말을 할까? 아이들이 어떤 태도를 보일까? 어떤 시간에 또는 어떤 심리상태일 때 잘할까?'에 대해 좀 더 생각해야 합니다. 아이들의 에너지 수준이 낮을 때는 새로운 것을 하지 않는 것이 낫습니다. 좋은 결과를 보기가 어렵기 때문이죠. 다른 날을 찾아 좀 더 활동적인 자료를 사용하여 시도하는 게 낫습니다. 학급 안에서 아이들이 어떠한 느낌을 갖는지는 내가 어떤 느낌을 갖는지와 정말로 연결되어 있는 것 같습니다. 그리고 그것은 많은 것에 영향을 미칩니다. (22E: 97)

일반적으로 학생들은 정서가 어떻게 사고에 영향을 미치는지에 대해 어느 정도 이해하고 있었으며, 이것을 수업에 어떻게 적용할 수 있는지를 보여 주었다. 이것은 공감하려는 시도들에서 보이는데, 학급의 분위기를 관리하고, 학급의 분위기에 맞는 학습활동을 계획하고, 무엇을 시도할 때 학급의 정서적인 기류를 고려하여 실행하게 된다는 것이다.

이해(Understand)

정서 정보를 이해하고 분석하기, 정서 지식 활용(이해)
- 서로 다른 정서가 어떻게 관련되어 있는지에 대해 이해하는 능력
- 감정의 원인과 결과를 지각하는 능력
- 혼합된 정서 및 모순되는 감정과 같은 복잡한 감정을 해석하는 능력
- 정서 간의 이동을 이해하고 예측하는 능력

교육실습에 들어가기에 앞서 워크숍에 참여한 학생들은 정서 분류와 정서 과정의 이해를 위한 플루트칙(Plutchik, 1994, 2001) 모형에 대한 인식 정도를 보고하였다. 두 번째 면담은 정서역량 워크숍이 끝나고 난 후 최소 6개월 이후에 이루어졌다. 중재 기간 동안 학생들은 여름방학을 보냈고, 그다음에 중요한 수업 배치를 받았다. 그러나 그들의 정서 변화에 대한 이해와 향상은 이 기간 동안 줄어들지 않았다. 17명의 학생 중 16명이 교육실습 이후에 이루어진 면담에서 다른 사람과의 관계에서 다양한 정서의 변화와 상호작용을 인식하였음을 보고하였다. 이러한 요인들에 대한 토의에서 많은 학생이 정서적인 향상을 다시 한 번 언급하였다(Caruso & Salovey, 2004: 58).

예를 들어, 어떤 학생은 면담에서 아동들의 감정 진행을 인식하게 된 것에 대해 말하였다. 흥미롭게도 이 학생은 '증폭(intensify)'이나 '스펙트럼(spectrum)'과 같은 복합적인 말을 사용하여 표현하였다. 또한 이 학생은 감정의 약한 표현으로 '화 또는 짜증'과 같은 단어를 사용하였다.

제가 학생들에게 어떻게 하는가에 따라, 학생들의 다음 장면이 진행된다는 것을 알고 있어요. 만약 그들이 침울하다면, 제가 해야 할 일은 그들을 화나게 하기보다는 분위기를 전환할 수 있도록 해야겠지요. 제 행동에 따라 그들이 좀 더 활기차게 될 수도 있고, 감정이 더 증폭될 수도, 약간 더 침울해질 수도 있다는 것을 알고 있어요. 그래서 좀 더 유심히 살펴보고, 그 감정을 증폭시켜 상황이 더 나쁘게 되지 않도록 하는 것이 중요하다는 것을 깨달았어요. 정말로 실전을 통해 배울 수 있었죠. (12E: 72)

이 학생은 플루트칙 모형의 체계에 입각하여 이러한 말을 하고 있지만, 실제로 '실행함으로써(by doing)' 이러한 지식을 적용하는 방법을 배웠다는 것에 주목해야 한다. 학생들은 학습한 지식을 실제에 적용하고, 실습 장면을 통해 기술을 숙달하게 되는 것이다. 또 다른 학생도 플루트칙 원형모형에 대한 지식을 수업에 어떻게 적용시켰는지를 설명하였다. 이 학생은 아동의 반응에 대한 이해가 사태 악화를 피하도록 의사결정하는 데 도움이 되었다고 말하였다.

어떤 정서일 때 어떻게 해야 할지 도움이 많이 되었습니다. 그 알록달록한 차트(플루트칙 원형모형)도 도움이 되었어요. 실제 학급에서 몇 가지 예를 들 수 있죠. 만약 누구에게 기분대로 한다면, 분위기가 변하는 것을 볼 수 있을 거예요. 조용하다가, 누가 반응하고, 이것이 공격적이게 되고, 화를 내게 되고…… 또 누군가가 방어하고, 다른 사람들이 동의하고, 다시 안정을 찾고…… 만약 학급에서 누군가가 화를 내려고 하거나 부정적인 반응이 시작되는 것처럼 보이면, 그 상황을 피할 수 있도록 초기에 약간의 중재를 하는 것이 좋아요. 이러한 일이 일어나는 것을 한두 번 보았어요. 이럴 때는 잠시 뒤로 물러나 아이들이 가라앉도록 놓아두는 것도 좋아요. 하지만 무엇보다도 학급에서 이러한 일이 일어나는 것을 미리 방지하는 것이 더 중요하니다. 잘못하면 학급 전체에 혼란이 올 수도 있기 때문이죠. 아까 이야기했듯이 한두 번 이런 일이 일어났는데, 그때 속으로 '잠시 아이들이 가라앉게 시간을 주자. 그리고 조용한 말로 이야기하도록 하자.'라고 말했습니다. 작년에 보았던 비디오가 생각났어요. 그 상황과 비슷해서 정말 도움이 되었습니다. (22E: 47)

카루소와 살로베이(2004: 58)는 이러한 종류의 '정서 변화와 규칙에 대한 지식을 정서 체계의 복잡한 이해'라고 표현하였다. 학생들은 자신의 경험에 근거하여 분노, 행복, 슬픔과 같은 기본적인 감정에 대해 토론하였다. 학생들은 수업 중 가장 빈번하게 경험되는 이러한 정서들에 초점을 두고 토론하였는데, 예를 들어 분노는 훈육과정과 관련되어 빈번히 발생하는 문제 중 하나였다. 하지만 학생들에 따라 정서와 관련된 어휘력의 부족 때문에 정서에 관한 추론과 토론에 지장을 주었을 가능성도 있다.

실험집단의 13명의 학생들은 아동들의 정서의 원인과 변화에 대한 인식과 더불어, 그들 자신의 다양한 정서 간의 관계와 추이에 대한 인식이 생겼음을 보고하였다. 이 학생들은 자신의 반응을 표현하기 위하여 '단계에 따른 흐름' '추이(transitions)' '증폭(intensify)'과 같은 용어를 사용하였다. 이러한 과정에서 그들은 풍부한 정서 관련 용어를 다양하게 사용하고 있지 않다는 것을 보여 주었다. 예를 들어, 한 학생은 특별한 상황에서 감정이 증폭되거나 감소되는 것을 인식하지만 그 정서를 정확히 무엇이라 칭해야 할지는 모르겠다고 말하였다.

제 이야기를 하자면, 만약 지금 어떤 아이가 괴롭히고 있다면, 점점 감정이 상하고, 점점 더 스트레스를 받을 겁니다. 이러한 정서를 뭐라 이름 붙여야 할지 잘 모르겠지만, 기쁘거나 슬퍼지는 것을 느끼겠지요. 그 순간 정서에 이름을 붙이지 못하지만, 저 자신이 점점 악화되고 있음을 인식할 수 있다는 것은 다행스러운 점입니다. (12E: 108)

실험집단의 4명의 학생은 정서의 원인을 보다 잘 이해하기 위한 후속 워크숍을 제안하였다. 감정은 그 감정을 일으킨 사건에 대해 알려 주는 정보를 포함하고 있다(Scherer et al., 2001). 한 학생은 워크숍에 참가함으로써 자신의 감정이 어떠한지와 무엇이 그러한 감정을 일으켰는지, 감정의 원인에 대해 보다 잘 이해하게 되었다고 말하였다. 그는 처음으로 감정을 확인하고 자신이 욕구불만이 되어 있음을 인식하였다. 그는 왜 불쾌함과 욕구불만을 느끼는지를 이해하였다. 그는 즉각적인 위협이 존재하지는 않았지만 문제를 효과적으로 해결하지 않으면 그 상황은 더 악화될 것을 알았다. 르메리즈와 다지(Lemerise & Dodge)에 따르면, "분노는 환경(종종 사회적 환경)과 개인 간의 관계에 대한 중요한 표시이며, 단기 또는 장기적으로 상황에 대한 개인의 적응, 또는 부적응적인 반응에 영향을 준다."(2000: 594)라고 한다. 여기에 기록된 사례를 보면, 그 학생은 아동의 시각을 통해 상황을 보려고 노력하였다. 그는 과제에 대해 아동들이 긍정적인 흥미를 가지고 있었다는 것과 문제는 자신이 활동을 효과적으로 조직하지 못해서 발생하였다는 것을 깨달았다. 그리고 만약 그 상황을 잘 다루지 않으면 감정이 더 증폭될 것임을 깨달 았다. 그는 자신이 어떤 감정인지를 학급에서 같이 나누면서 이 상황 을 조정하려고 결심하였다. 이러한 방법은 시간이 걸리지만 결국 상 황을 좋게 할 것이라고 확신했다. 이 학생은 워크숍의 다양한 요인 중 특히 학급관리 비디오 활동과 자신의 MSCEIT 결과에 대한 설명 이 자신의 정서를 이해하고 관리하는 데 도움을 주었다고 했다.

이 학생의 반응은 높은 수준의 정서 이해를 보여 주는 것으로 보 기는 어렵다. 일반적으로 공격적인 행동은 카타르시스 효과가 있고 분노의 감정을 가라앉힐 수 있다고 생각하지만, 부시먼(Bushman, 2002)과 같은 연구들에 의하면 감정을 분출하는 것은 감정의 관리 에 도움이 되지 않는다고 한다. 분노의 감정을 분출하는 것은 실제 로 더 부정적인 정서를 자극할 수 있는데, 부시먼(2002: 725)은 "부 정적인 정서는 자동적으로 폭력 및 회피와 관련된 사고, 기억, 운동 반응과 신경생리학적인 반응에 자극을 준다."라고 하였다. 행동과 정서에 대한 이해는 이 예비교사로 하여금 좀 더 생산적인 반응을 선택할 수 있게 하였다.

감정에 대한 이해를 좀 더 잘하게 되었고, 그것의 원인에 대 해 좀 더 숙고하게 되었습니다. 반응을 하기 전에 가끔 생각을 하죠. 배운 것을 실행하는데, 화를 내는 대신 먼저 생각을 합니 다. 저 자신에게 이것저것 질문을 하기 위해 생각하는 시간을 갖게 되었습니다. '그래, 나는 지금 불쾌하고, 화가 나 있어.' 하 고요. 그러나 동시에 잠시 뒤로 물러나 생각하지요. '왜 불쾌하

고 화가 나지? 아이들이 무례해서 그런가? 바람직하지 않은 행
동을 해서 그런가? 그래. 이것은 아이들의 잘못이 아니야. 쓸데
없이 너무 많은 질문을 허락하고, 바르게 질문하는 방법을 알려
주지 않은 나의 잘못이야.' 하고 생각합니다. 제 생각에는 이렇
게 하는 것이 좋다고 봅니다. (22E: 97)

이것은 구별되는 기능 영역들이 실제로 서로 관련되어 있음을 다
시 한 번 보여 준다. 이 경우, 정서 변화의 원인에 대한 이해는 상황
에 대한 인지적인 재검토를 유도하는 초인지적인 행동을 유발하였
고, 결국 예비교사의 정서 상태에 변화를 가져왔다.

또 다른 학생은 정서의 원인에 대한 인식을 지적하였다. 자신의
정서적인 과정에 대한 인식의 중요성과 자신의 반응에 대한 아이들
의 행동을 언급하였다. 그는 정서적 경험을 유발하는 데 작용하는
상호작용의 범위를 표현하였다. 이는 교사뿐만 아니라 다른 아동,
과제와의 상호작용까지를 포함한다. 그는 또한 관련된 변화와 과정
을 강조하였다.

제 생각에 이것을 인식한다는 것은 아이들을 위해서뿐 아니
라 예비교사들을 위해서도 중요한 것 같습니다. 왜냐하면, 만약
한 아이가 화가 나 있다면 누군가에게 화를 낼 것이고, 만약 누
군가에게 화를 낸다면 또 다른 사람이 화를 낼 가능성이 높아질
것이기 때문이죠. 점점 화는 증폭될 겁니다. 이것이 분노의 속
성이죠. 이때 필요한 것은 이러한 화가 더 커지도록 놔둘 것인

가, 아니면 시간을 가질 것인가 하는 것인데, 교사의 할 일은 끊어 주는 것이죠. 아이들이 이것을 깨닫는 것만큼 자신도 이것을 깨닫는 것이 중요하다고 생각합니다. (12E: 160)

잠재적인 감정의 변화 과정을 볼 수 있는 능력이 있다면, 카루소와 살로베이(2004)가 언급한 '정서 예측 분석(emotional what-if analysis)'이 가능하다. 이러한 형태의 분석은 특정한 정서의 예측을 가능하게 한다. 예를 들어, 워크숍에 참여한 한 학생은 시간에 따른 정서 변화에 대한 지식으로 인해 아이들이 어떻게 반응할지에 관해 성공적으로 예상할 수 있게 되었다고 말하였다. 이러한 지식으로 인해 특별한 상황에 대해 준비하고 계획할 수 있게 되었으며, 어떻게 행동해야 할지 선택할 수 있었다고 했다. 섬세하고 예민한 몇몇 아이들에 대해 인식하고, 이 아이들에게 미칠 정서적인 영향을 인식하여, 우발적인 상황들을 준비하고 있다고 하였다. 이를 바탕으로 아이들은 지속적으로 동기를 유지하고, 과제에 몰두할 수 있게 되었다고 하였다.

전체적으로 정서이해의 측면에서 워크숍에 참여한 집단의 학생들은 정서 변화와 정서 과정에 대한 이해를 보여 주었고, 이러한 지식이 그들의 교육 활동에 도움을 주었다. 그들은 정서의 원인과 결과에 대한 각성으로 인해 '내가 왜 화가 났을까?'와 같은 자기 질문을 사용하여 정서로부터 정보를 모을 수 있게 되었다고 기술하였다. 정서의 '예측(What-if) 분석'의 사용을 통해 그들은 아동의 선행사건 집중 정서조절 전략을 사용할 수 있었다. 그들은 또한 MSCEIT 검사에서의 상대적으로 저조한 점수에도 불구하고, 정서역량 워크숍이 전반적인 정서이해와 관련하여 이전과는 다른 변화를 가져왔다는 것을 강조하였다.

관리(Manage)

정서조절(관리)
- 유쾌한 감정과 불쾌한 감정 모두에 개방적인 능력
- 정서를 관찰하고 성찰할 수 있는 능력
- 판단된 유익함이나 유용성에 따라서 정서 상태를 수용하거나, 연장시키거나, 그로부터 분리되는 능력
- 자기 자신과 다른 사람의 감정을 관리하는 능력

학급관리 문제를 다루는 여러 가지 방법이 있을 것이고, 아마도 2학년 때 나가는 6주의 교육실습 이전에 정서역량 워크숍과 비슷한 것을 받았다면 다르게 생각해 볼 여지가 있을 수도 있겠죠. 하지만 유용했고, 저에게는 큰 도움이 되었습니다. 감정에 너무 치우치기보다는 좀 더 논리적으로 그것을 바라볼 수 있게 되었습니다. 정말 도움이 많이 되었습니다. (22E: 47)

앞 장에서 언급한 것처럼, 교사들은 특정 정서와 관련될 환경 조성을 계획하는 것과 같은 선행사건 집중 전략(antecedent-focused strategies)을 사용하여 정서를 조절할 수 있다. 13명의 학생은 정서를 조절하기 위해 상황 수정과 관련된 전략들을 보고하였으며, 특히

수업 계획의 수정을 강조하였다. 여기에는 집단 활동과 같은 수업 관련 활동, 수업 전에 칠판에 목표 적어 놓기, 1학년 아동들을 위한 적절한 언어사용 같은 것이 포함되어 있었다. 그들은 매우 신중하게 준비를 했고, 이러한 준비 작업이 차후에 일어날 문제들을 예상하는 데 도움을 주었다고 말하였다.

정서조절을 위한 학생들의 전략은 인지에 초점을 두는 것과 신경 생리적인 것에 초점을 둔 것으로 나눌 수 있다(비록 실제에서는 이 두 가지가 종종 결합되어 나타나지만). 15명의 학생은 정서조절의 상황에서 인지적 전략을 사용했음을 보고하였다. 사이어(Thayer, 2001)에 따르면, 성인들은 기분이 나쁘거나 부정적인 느낌에 직면하면 '긍정 적으로 생각하거나, 그 밖의 다른 어떤 것에 집중하거나, 더 이상 그 생각이 자신을 괴롭히지 않도록 하는' 등의 방법을 사용하여 그들의 생각을 바꾸려고 노력한다고 한다. 또한 활기찬 말을 하려고 노력하는 경향이 있다고 한다. 이러한 인지적 방법들은 심리상태를 바꾸는 데 매우 성공적인 방법이다(Thayer, 2001: 125).

반복해서 말하는 것도 심리상태를 바꾸는 데 효과적인 것으로 알려져 있다. 예를 들어 벌튼(Velten, 1968)에 의하면, 자기참조적인 언어는 심리상태를 활기차게 할 수 있다고 한다. 인지 조질 전략이 만약 정서 발생주기의 앞부분에서 발생한다면, 선행사건 집중 전략으로 간주된다(Gross & Thompson, 2007). 13명의 학생은 자신의 정서조절을 위해 인지 반응 전략을 사용함을 보고하였다. 학생들은 혼잣말, 아동의 관점에서 바라보기, 친구 또는 동료와의 대화, 타인에 대한 관찰과 분석, 좀 더 '논리적'으로 바라보기, 다른 견해의 수용, 수준 조절을 위한 노력 등을 강조하였다. 학생들은 더 나아가 "저는 다른 견해를 수용했다고 말할 수 있습니다. …… 만약 한 아이가 까다롭게 군다면, 일단 그것에 대해 생각할 겁니다."(22E: 121)라고 하며 상황에 대한 인식을 보고하였다. 학생들은 또한 수업 후 자기 평가를 하면서 자신들의 이전 경험을 성찰하여 보고하였다. 수업 후 평가는 교수 상황과 관련된 특별한 정서조절 전략의 한 예다. 수업 후 자기 평가는 교사가 아닌 사람들이 사용하는 일기와 비슷한 것이지만, 이것은 좀 더 교수에 대한 평가와 분석에 초점이 맞추어져 있다. 한 학생은 수업에서의 느낌에 관해 기록한 것에 대해 이야기하였다. 이 학생은 다른 사람과 이러한 작업을 논하는 것을 다소 주저했지만, 비밀 유지나 이해 부족과 같은 문제들을 감수하기로 했다. 그녀는 감정을 글로 쓰는 과정이 인상적이었다고 말하면서 이를 통해 감정의 과정을 알 수 있었고, 상황의 관리에 반영할 수 있었다고 하였다. 제임스 펜베이커(James Pennebaker)에 의하면, 사람들은 자신의 감정을 기록하면 혈압과 맥박이 낮아질 수 있다고 한다(Caruso & Salovey, 2004에서 재인용). 스미스(Smyth, 1998)는 이 분야의 연구와 관련된 발견점을 메타분석을 통해 알아보았다. 그의 연구에 따르면, 정서에 대해 기록하는 것은 육체적 건강, 심리적 건강, 생리적 기능 향상과 같은 면에서 건강에 긍정적인 영향을 준다고 한다.

처음에 저는 꽤 감정적이었습니다……. 머릿속에는 항상 이야기하고 싶은 것들이 꽉 들어차 있었죠……. 우리 학급에 몇 가지 일들이 있었고, 저는 그것을 그냥 기록했습니다……. 그리고 한번은 기록하고 나서 '음, 마치 누군가에게 이야기한 것 같은 느낌이 드네.' 하고 생각했습니다. 그러고 난 후 그 일로부터 벗어날 수 있었어요. 저는 매일 저녁 집으로 가기 전에 기록을 합니다. 왜냐하면 어떤 것들은 학교 바깥에서 이야기하기 어렵기 때문이죠. 다른 사람들은 대부분 "잘 지내고 있군요."라고 말합니다. 잘되고 있지 않다고 생각할 때는 더 힘들고, 실제로 걱정도 많죠. (22E: 150)

이 예는 예비교사가 직면하는 문제 중 어떤 것은 기밀성과 관련된 부분이며, 특히 학교 상황과 관련된 기밀은 정서적으로 부담이 된다는 것을 보여 준다. 이 경우에서는 어쩌면 외로움이나 고립감과 같은 감정의 확대로 이어질 수 있는 정서를 처리하는 하나의 방법으로 글쓰기가 사용되었음을 알 수 있다.

인지적 전략과 더불어, 14명의 학생들은 그들의 정서를 조절하기 위해 자신의 생리적 측면의 관리와 관련된 여러 가지 전략들을 기록하였다. 이것은 종종 인지적 변화와 관련되며, 조용히 앉아 있기(학급에서 소란이 가라앉기를 기다리는 것), 조용한 장소에 머무르기, 해야 할 것에 대해 목록 작성하기 등이 포함된다. 한 학생은 어떻게 관리했는가에 대해 언급하였는데, 사이어(2001)의 주장처럼 심리상태의 관리가 가장 중요한 요인이라고 했다. 그녀는 교육실습 동안 일과 휴식의 균형의 중요성을 강조하였다.

저는 주말에는 푹 쉬었고, 일주일에 두 번 트레이닝을 하러 갔
습니다. 무엇인가를 해야만 합니다. 휴식 없이 온전히 일만 해서
도 안 됩니다. 둘 사이에 건강한 균형이 중요합니다. (22E: 16)

신체훈련(exercise)은 정서조절 전략의 하나의 예로, 교사가 아닌
사람들도 사용할 수 있다. 학생들 중 한 명은 면담에서 호흡법이 이
완에 어떠한 도움을 주는지를 언급하였다.

어떤 기술은 아주 유용했어요. 워크숍에서 했던 호흡 기술 같
은 것은 편안함을 가져다주었어요. ······ 어떨 때는 잠시 깊은 숨
을 쉬는 것만으로도 편안해졌죠. ······ 나 자신에게 '편안하게~'
라고 말하면서 기운을 얻었어요. 그 코스에서 배운 것과 경험한
것을 통해, 긴장을 풀고 이완을 잘하는 법을 생각하게 되었어
요. (12E: 3)

다른 두 학생은 워크숍에서 배운 이완 기술을 교육실습 동안 많이
사용하지 못한 것을 후회한다고 했다. 한 학생은 "돌이켜 생각해 보
니 몇 번밖에 사용하지 못한 것 같습니다."(22E: 97)라고 하였다.

예비교사의 정서조절 활동은 자신의 정서조절뿐 아니라 아동의
정서조절에도 바로 적용되었다. 흥미롭게도, 두 학생은 아동들을 수
업 계획에 적극적으로 참여하게 함으로써 아동들의 정서를 관리하
는 방법을 찾았다고 말하였다. 이 학생들은 아동들을 수업에 참여시
켜 그들의 '의견'을 활용하거나, 주제 선정을 '조정'할 수 있게 하는

것이 중요하다고 말하였다. 다른 학생들도 "아이들에게 서로의 의견을 경청하고 의사소통하는 것이 중요하다고 가르쳤고, 활동을 통해 이것을 알게 되어서 좋았습니다."(12E: 191)라고 하면서, 이러한 활동이 아동의 의사소통 기술과 조망 수용 능력의 개발에 있어서 효과적임을 언급하였다. 다른 학생들도 유사하게 아동들이 다른 관점으로 사물을 볼 수 있게 되어서 도움이 되었고, 아동 자신의 의견을 표현할 수 있는 용기를 가질 수 있게 되었다고 보고하였다. 예비교사들은 사회정서학습을 자신의 교육실습에 통합하여 이러한 능력을 아동들에게 전수할 수 있었다.

4명의 학생은 정서관리를 위한 다른 형태의 전략을 기술하였다. 이 학생들은 간단히 '그것에 대해 잊어버리려고' 노력한다고 말하였다. 한 학생은 교육실습 동안의 경험에 대해 회상하면서 교육실습에서 학급을 관리하면서 어려움에 직면했을 때, 정서적 반응을 자제하기 위해 어떻게 노력하였는지를 언급하였다. 그녀는 "제 방에 와서 저 자신을 조용히 가라앉히기 전까지 흥분하지 않으려고 정말로 노력했습니다. 아이들이 저를 보고 영향을 받게 되는 것을 원치 않았으니까요."(12E: 72)라고 하였다. 이렇게 감정을 '억누르는' 방법은 생겨나는 감정을 개방적인 태도로 경험하고 표현하는 것에 비해 상대적으로 효과적이지 못하다. 그로스와 존(Gross & John, 2002)은 참여자들에게 슬픈 슬라이드를 보여 주고 난 후에 느끼는 정서를 억압하라고 요청한 이전의 연구(Richards & Gross, 2000)와 유사하게, 이번에는 참여자들에게 영화를 보는 동안 느끼는 정서를 억누르라고 요청하였다. 연구의 결과를 살펴보면, 정서를 억누르도록 요청

받은 참여자들은 그렇지 않은 사람들에 비해 영화의 정보들을 잘 기억하지 못하는 것으로 나타났다(Gross & John, 2002). 이것은 경험을 긍정적인 것으로 느끼도록 요청받은 사람들에 비해 슬라이드의 언어적인 정보들을 잘 기억하지 못하는 것으로 나타난 이전의 연구(Richards & Gross, 2000)와 유사한 결과다. 이 예비교사는 정서를 억제함으로써 교사로서 학습하고 발전할 수 있는 가치 있는 기회를 잃어버렸을 가능성이 있다. 카루소와 살로베이(2004: 67)는 "감정을 같이 느끼지 않으면, 각성, 문제해결, 의사결정 등을 하는 데 상당한 정신적 에너지가 요구된다."라고 하였다. 이렇게 예비교사의 여러 가지의 사례들을 살펴보는 것은 중요하다. 왜냐하면 예비교사들이 사용한 전략들을 알 수 있을 뿐 아니라 실험집단의 어떤 학생들은 다른 학생들보다 더욱 적절하고 좋은 전략을 사용했음을 보여 주기 때문이다.

대체로 학생들은 자신과 타인의 정서조절을 위한 몇 가지 전략에 대한 인식을 보여 주었다. 그들은 인지적 재검토, 생리적 조절, 사회적 측면의 변화에 대한 정서조절에 초점을 두었다. 그들은 하나의 정서를 경험하는 동안 정서에 대해 검토하고, 정서를 이해하여 적절한 반응을 하는 것에 관한 의사결정 능력을 중요하게 여겼다. 또한 그들은 수업 후 자기 평가에 기록된 것을 사용하여 체계적인 방법으로 이후에 자신의 정서적인 경험들을 성찰하는 능력을 강조하였다. 비록 이러한 것들을 추상적으로 표현하는 경향이 있었지만, 예비교사로서 실제 일상에서 어쩔 수 없이 부딪히며 적용해 나가는 것을 볼 수 있었다.

MSCEIT

MSCEIT에 대한 피드백을 받은 실험집단의 15명의 학생 모두는 그것이 교육실습에서 상당히 유용하였다고 말하였다. 이 학생들 중 다수는 피드백이 그들의 수업에 어떠한 영향을 주었는지 예를 들어 설명하였다.

> 네, 저에게는 상당히 유용했어요. 다른 견해를 수용하고, 보다 자신감을 가질 수 있었지요. 그날 선생님과 이야기하고, 선생님이 저에게 교육실습에 관해 몇 가지 조언을 해 주신 것을 기억해요. 무슨 일이 일어날지 말해 줄 수 있는 명확한 기준은 없어요. 실제로 노력해야죠. 저는 조금 더 자신감이 생겼습니다. 자신에 대해 좀 더 잘 알게 된다면, 어쨌든 그것은 자신에게 이익이 될 거라 확신합니다. (22E: 121)

어떤 학생들은 MSCEIT와 피드백 논의의 중요성을 지적하였다. 그중 한 학생은 다음과 같이 말했다.

> 우리는 유용한 피드백을 받았고, 단순히 용지에 기록된 결과물을 받은 것이 아니라 그것에 관해 이야기를 할 수 있었습니다. 만약 인쇄된 결과물만 받았다면, 그만큼 집중하지 않았을 것이고, 효과도 적었을 것입니다. 저는 논의할 수 있는 피드백이 너무 좋았고, 수업과 관련해서도 최고였다고 생각합니다. (12E: 72)

피드백을 워크숍 다음에 곧바로 주는가 아니면 교육실습 전에 주는가에 대해서는 여러 가지 견해가 있었다. 그러나 학생들은 대부분 결과에 대한 해석과 그와 관련된 조언을 원했고, 실제 교육실습 전에 간단한 세미나 형태로 이루어졌으면 하였다.

> 잊어버릴 수 있기 때문에, 교육실습 전에 말해 주거나 다시 한 번 상기시켜 주면 좀 더 유익할 것 같아요. (12E: 191)

종합적으로 볼 때, 워크숍에 참석한 학생들은 확실히 워크숍에서 배운 것들을 그들의 교육실습에 적용하는 것처럼 보였다. 학생들은 얼굴 표정과 몸짓 언어를 읽어 내고, 목소리 톤에 대한 각성을 포함한 전반적인 부분에서 자신과 타인의 정서에 대한 인식이 증가하였다는 것을 인정하였다. 또한 공감하는 능력, 심리상태를 고려하여 학습을 계획하는 능력, 아동의 심리상태에 학습 활동을 맞추는 능력을 포함하여, 어떻게 정서가 사고에 영향을 줄 수 있는지에 대해 어느 정도 이해를 보였다. 그들은 정서의 변화와 과정을 이해하였고, 상황에 대한 정보 파악의 부분으로 정서의 원인에 대한 인식의 중요성을 보여 주었다. 그들은 자신의 상황에 대한 인지적 재검토를 통해 자신의 정서를 관리할 수 있게 하는 초인지적인 자기 관리를 사용하여 자신의 정서를 관리할 수 있었다. 또한 그들은 호흡 훈련과 이완 기술 같은 (인지적인 전략을 결합한) 생리적 반응 전략의 사용을 언급하였다. 학생들은 빈번하게 자신의 이해와 워크숍에서 이루어진 활동들을 연결시켰다. 몇몇 학생들은 워크숍으로 인해 교육실습에 대한 자신감이 향상된 것을 가장 높이 샀다. 몇몇 학생들은 워크숍에서 어떻게 기술들을 접하게 되었는지도 중요하지만 그들이 어떻게 실제 교육실습에서 '행하면서 배웠는지'를 강조하였다. 이것은 서로 다른 두 학습 활동 간에 상승 작용이 있음을 보여 주었다.

첫째 통제집단의 교육실습에서의 정서역량

이 절은 첫째 통제집단에서 10명의 학부 예비교사를 면담하여 질적 연구를 통하여 발견한 것들을 나타내는 것을 목적으로 한다. 이 집단은 정서역량 워크숍 시리즈에 자진해서 참여하고자 했던 집단이다. 그러나 그 워크숍 강의를 들은 것은 아니다. 이 집단에 있는 학생들은 MSCEIT 사전 중재(검사1)를 받았다. 그러나 그들은 정서역량 워크숍에서 강의를 들은 것은 아니다. 또 그들은 MSCEIT 사후 중재(검사2)를 받은 후 교육실습을 가기 전에 면담을 하였다.

지각

정서의 지각, 평가, 그리고 표현(지각)
- 개인의 신체적·심리적 상태에서 정서를 파악하는 능력
- 다른 사람이나 어떤 대상의 정서를 파악하는 능력
- 정서를 정확하게 표현하고 정서와 관련되어 있는 요구들을 표현하는 능력
- 명확한 감정표현과 명확하지 않은 감정표현, 혹은 정직한 감정표현과 정직하지 않은 감정표현을 구별하는 능력

이러한 요소들을 이야기하는 동안 통제집단에 있는 학생들은 자기 자신과 다른 사람들의 감정을 지각하는 능력과 관련된 다양한 기술에 대한 인식을 보였다. 한 학생은 교육실습에서 자신의 목소리 톤에 대해서 이야기하였다. 그는 그의 목소리 톤과 높낮이가 학급에서 학생들을 계속해서 교육하는 것을 도왔다고 믿었다. 그는 2학년 때의 교육실습에서 학급경영에 있어서 어려웠던 점에 대해서 이야기하였다. 이러한 경험 자체가 그가 좀 더 권위적인 접근을 하게 했고, 4학년 때의 교육실습에서 그의 목소리 톤을 고려하게 하였다.

> 2학년 때 저는 강하지 않게 시작했다고 봅니다. 저는 오히려 하나의 그룹을 잃었다고 생각합니다. 저는 지금까지 학생들에 대해서 통제를 잘한 적이 없었습니다. 그리고 그러한 것은 확실히 저의 6주에 영향을 미쳤습니다. 이번에는 저는 제 목소리를 잘 인식하고 있었고, 교육을 잘 시키고 있다고 인식하고 있었습니다. 당신이 알다시피, 아주 엄하게 했어요. (22C: 197)

학습의 관점에서 본다면 이 전략이 대체로 효과적인지는 확실하지 않다. 헤티(Hattie, 2009: 118)가 교사와 학생의 관계의 질에 관한 연구를 메타분석을 해서 보고를 하였는데, 그 연구는 355,325명의 아이들이 포함된 229개의 연구에서 비롯되었다. 이러한 것들은 교사와 학생의 관계의 질이 학생이 학습에 대해서 이해를 잘 할수록 높아진다는 것을 제안한다. 헤티가 발견한 것은 학습에 있어서 교사와 학생 간에 긍정적인 영향은 문제행동을 감소시키는 것보다 그 이

상의 효과가 있다는 것이다. 여기서 중요한 점은 '좋은 훈육'(그러나
이것은 정의되지 않았다)을 유지하는가 하지 않는가가 교육실습생들
에게 있어서 가장 적절한 전략인가 하는 것은 답을 내리기 어렵다는
것이다. 이러한 인용에서 우리가 보고자 하는 것은 단순히 그의 목
소리의 영향에 대한 그의 인식이다.

교육실습에서 몸짓 언어에 대한 깨달음에 대해서 2명의 학생이
이야기하였다. 한 학생이 생생하게 회상하는 것은 그의 자세에 대해
서 그가 어떻게 생각하였는가다. 이 학생은 그가 교실에 있음을 그
가 가르치는 학생들이 인식하는 것이 중요하다고 하였고, 또한 교사
의 몸짓 언어는 교실의 학급경영과 관련이 있다고 하였다.

> 저는 그것이 어떤 것인지 생각해 보았습니다. 사실상 말로
> 하기는 어렵습니다. 단지 저는 이런 식으로 생각해 보았습니
> 다……. 저는 걸어 들어갔고, 아니면 아마도 몸을 구부렸습니
> 다. 교사는 교실에서 존재감을 가져야 한다고 생각합니다. 당신
> 이 교실에서 아주 부드럽게 걷고 있다면…… 그러한 것이 당신
> 이 누구인지 보여 주고 있는 것일 수도 있습니다. …… 당신은
> 부드럽게 가르칠 것입니까? 아니면 딱 버티고 서서 모두를 이끌
> 것입니까? 지금 제가 생각해 보면 저는 교실에 긴장을 풀고 걸
> 어 들어갔었습니다. (22C: 53)

두 학생은 교육실습 때의 그들 자신의 얼굴 표정의 인식에 대해서
이야기하였다. 한 학생이 다음과 같이 이야기하였다.

아이들이 춤이나 체조를 할 때와 같은 체육시간에 저는 얼굴 표정을 사용했던 것 같아요. …… 저는 크게 웃기도 하고, 다른 어떤 표정을 짓기도 했어요. …… 저는 그런 것들이 당신이 계획해서 되는 것이라고 생각하지 않아요. 그건 당신이 그냥 하는 거예요. (22C: 140)

그러나 몇 명의 학생은 그들 자신 속에서 생겨나는 정서를 지각하는 것이 어렵다고 하였다. 한 학생이 말하기를, "저는 갑자기 화가 난 제 자신을 발견했는데, 그것은 제 목소리 톤이 올라가고 그들에게 경고를 하고 있었기 때문이었어요."(12C: 194)라고 하였다. 이 학생은 이것은 심각한 문제가 아니었고, 그는 곧 스스로를 차분하게 할 수 있었다고 하였다(LeDoux & Phelps, 2000). 그러나 거기에 그의 머리가 화로 가득 찼다는 개념은 존재한다.

그들 자신의 정서를 지각하는 것과 더불어 학생들 중 일부는 아동들의 정서를 지각하였다. 한 학생이 이야기하기를, 그는 정서를 정확하게 규명할 수 있다고 하였다. 그에게 있어서 이것은 배웠거나 배울 수 있는 능력이기보다는 '선천적인' 능력이었다. 어떤 면에서 이것은 무언의 정서역량의 불확실성을 나타낸다. 타고난 것이고, 가르칠 수 없다는 점을 본다면 그렇다. 여기서 나타나는 증거들로 밝혀질 수 있는 부분은 아니다.

그것은 당신 자신이나 당신의 머릿속에 있는 무언가입니다. 그것은 당신이 배울 수 있는 그런 것이 아닙니다. 그것은 당신 자신 안에 있습니다. …… 당신은 누군가 화가 나거나, 슬프거나, 기분이 좋지 않을 때 알 수 있습니다. 저는 그러한 것들이 제게 대단한 것(도전적인 것)이라고 생각하지 않아요. (22C: 194)

워크숍 시리즈를 수강하고 그들의 아이들에게 사회적 · 정서적 역량을 가르치려고 했던 학생들과 비교해 보았을 때, 그 학생이 가르칠 아이들의 세대가 그러한 기술을 배울 수 없다고 믿는 교사들의 잠재적인 영향을 고려해 보는 것은 중요하다.

이것은 사회정서학습에 관련된 연구와 관계한다(Durlak et al., 2011). 어떤 학생들은 정서를 인식하는 것과 같은 기술들은 더욱더 발달되어야 하고, 이러한 기술들을 발전시키지 못한 것은 교사 교육 프로그램의 책임으로 볼 수 있다고도 지적하였다. 한 학생은 MSCEIT로 받은 피드백이 그러한 문제들을 생각할 수 있도록 하였다고 지적하였다.

지난 학기에 면담을 한 것과 (MSCEIT 점수에서 얻은) 피드백으로부터인 것 같습니다. 그것은 확실히 그것에 대해 더욱 생각하게 만들었습니다. …… 만약 당신이 책상에 엎드려 있는 학생을 발견하고 왜 그런지 물어보지 않고 그가 최선을 다하도록 하지 않는다면, 어떻게 그가 95%를 알게 할까요? 지난 학기에 이것을 배웠기 때문에 더 고민했습니다. (22C: 169)

이러한 것은 MSCEIT의 피드백을 받는 과정이 통제집단 학생들에게 정서적인 문제에 관련될 수 있는 기회를 제공하였다는 것을 보여 준다. 또 다른 학생은 피드백을 받는 것 자체가 그로 하여금 그의 얼굴 표정에 대해서 생각하게 하였다고 할 뿐만 아니라, 정서를 숨기는 것의 어려움을 강조하였다. 그는 "제가 지금 여기에 와서 실제로 이야기하고 싶은 것을 이야기하는 것처럼, 당신은 당신이 느끼는 어떤 것에 대해서 숨길 수도 없고 가장을 할 수도 없습니다. 왜냐하면 그것은 매 순간에 나타나기 때문입니다."(22C: 53)라고 하였다. 에크먼(1992b: 129)에 의해 수행된 연구가 이러한 점을 지지한다. 그는 작은 표현과 억누르는 표현들이 어떻게 속이려는 얼굴 표정의 중요한 근원인지를 보여 준다. 이러한 표현들이 정서를 숨긴 것을 나타내지만 때로는 놓칠 수 있는 부분이다.

교육실습을 다녀온 4명의 학생은 다른 사람들의 얼굴 표정에 대해서 생각했다고 이야기하였다. 한 학생이 "그렇습니다. 당신은 전혀 어떤 일이 벌어지고 있는지를 찾아낼 수 없는 어떤 아이들의 얼굴 표정을 발견할 수도 있습니다. 아니면 그들은 무엇을 하는 것에 대한 두려움을 가질 수도 있습니다. …… 그들은 얼굴에 아무런 표정이 없습니다."(22C: 140)라고 이야기하였다.

전반적으로 워크숍에 참여하지 않은 학생들은 자기 자신이나 다른 사람들의 정서를 지각하는 능력에 대한 약간의 인식을 보였다. 이것은 몸짓 언어와 얼굴 표정에 집중하는 것을 포함한다. 한 학생이 이러한 능력을 선천적으로 보는 반면에(잠재적으로 이러한 관점으로 교실에 들어가는 것은 위험할 수도 있다), 다른 학생들은 이런 부분에 대하여 충분하게 준비되지 않았다고 느꼈다(교사 교육이 제대로 이

루어지지 않았다고 느꼈다). 몇몇에게 있어서는 MSCEIT를 치르는 과
정 자체가 바로 교육실습을 가기 전에 피드백을 얻고 면담을 하는
것이었다.

활용

> **사고의 정서적 촉진(활용)**
> • 대상, 사건, 그리고 다른 사람과 관련된 감정에 기초한 개인의 생각을 재조
>   정하고, 그러한 생각에 우선순위를 매기는 능력
> • 감정과 관련된 판단 및 기억을 촉진시키는 생생한 정서를 발생시키거나 모
>   방하는 능력
> • 다양한 관점을 갖기 위해 감정의 기복을 활용하는 능력, 즉 이러한 심리상
>   태에 의해서 유발된 감정들을 통합하는 능력
> • 문제해결 및 창의성 촉진을 위해 정서 상태를 활용하는 능력

7명의 학생은 그들 자신의 심리상태가 사고와 교수(Teaching)에
어떻게 영향을 미치는가에 대해서 어렴풋하게나마 인식하고 있었
다. 4명의 학생은 부정적인 심리상태 자체로 아동들을 가르칠 때 아
동들에게 어떻게 영향을 미치는지 이야기하였고, 어떠한 경우에는 그
러한 상태가 온종일 지속되었음을 이야기하였다. 한 학생은 "그것은
그냥 완전히 떨쳐 버려야 하는 그러한 것입니다. 그러한 부정적인 면
을 가지게 되면…… 그것은 당신의 하루에 영향을 미칩니다. …… 저
는 잘 진행되지 않았던 한 반을 계속해서 생각하곤 했습니다."(22C:
140)라고 이야기하였다. 그리고 이것은 심리상태가 사고에 어떻게
영향을 주는지 이해하는 것을 보여 주는 반면, 정서를 어떻게 관리

하고 일으키는지에 대하여 잘 알지 못한다는 것 또한 나타낸다.

9명의 학생은 그들이 가르치는 아동들의 심리상태가 그들의 사고에 어떻게 영향을 주는지를 고려하려고 했다고 이야기하였다. 어떤 학생들은 그들이 가르치는 아동들의 심리상태를 예상하려고 했었고, 이러한 정보를 수업 활동 계획에 사용하려고 했다고 회상하였다. 어떤 학생들은 심리상태라는 것이 여러 형태의 과제들에 있어서 사고하는 것을 어떻게 강화시킬 수 있는지 깨달았다고 하였다. 한 학생이 이야기하였다.

> 저는 금요일 늦은 오후에 가르쳐야 할 수업이 있었습니다. 그들의 마음은 반이 아닌 어딘가에 가 있었습니다. 그것이 마지막 수업이었습니다. 그래서 저는 그들의 심리상태를 알았고, 그러한 때, 학생들에게 테이프 붙이는 작업을 시켰고, 학생들은 확실히 그것을 했습니다. (22C: 18)

한 학생이 어떤 활동의 계열을 만들고자 했을 때 경험한 어려움에 대해서 강조하였다. 그녀는 "제가 생각하기로는 제가 계획한 것이 때로는 계열성을 가지고 있지 않았습니다. 수업이 거의 끝났다고 생각했을 때, 그 활동은 시작이었습니다."(12C: 17)라고 하였다. 그 여학생은 수업활동의 순서를 종종 바꾸었음을 지적했지만, 그 학급의 분위기를 그 과제에 적절하게 매치시키려고 했는지 하지 않았는지에 대한 설명은 하지 않았다. 또 사고와 관련된 과제의 형태에 따라 분위기를 형성하는 방법을 고려하였는지 고려하지 않았는지에 대해서는 설명하지 않았다. 또 다른 학생은 자신이 가르치는 아동들의 심리 상태가 안정되도록 하는 것에 대한 어려움을 이야기하였다. 그녀는 자신이 가르치고 있는 아동들의 부정적인 정서는 비생산적이라고 믿었고, 또한 아동들을 변화시키는 방법 역시 중요하다고 믿었다.

> 아이들이 무엇인가를 하고 있는 것에서 열정적임을 보여야 하고, 그들이 짜증을 내거나, 굉장히 피곤해하거나, 화가 나 있다면, 그들이 그러한 심리상태에서 벗어날 수 있도록 노력해야 합니다. (22C: 140)

또 다른 학생은 깨닫지 못했던 어떤 잠재성을 발견했다. 그는 정서에 대해 배우는 것에 대해서 인식하고, 어떻게 그러한 정서들이 사고에 영향을 주는지 인식한 반면, 교사 교육 프로그램에서 그러한 기술들을 발달시키는 것이 중요시되지 않은 것을 비판하였다. 그는 "그것은 존재해요. 그러나 그것은 항상 명백한 것은 아니에요."(22C: 53)라고 이야기하였다.

이 앞의 부분에서 우리는 관점을 바꾸어 이러한 주제 아래에서 공감하는 것에 대해서 토의해 왔다. 7명의 학생이 이야기한 것은 그들이 가르치는 아동들의 관점에서 모든 것을 보려고 했다는 것이다. 그러나 어떠한 면에서는 이것은 그들이 유사한 경험에 관련될 수 있다고 가정하면서 아동들을 이해한 것이다. 이것은 실제로 다른 사람의 관점에서 보는 것은 아니다(아동들의 입장에서 생각한다고 말은 하는데, 어떻게 보면 아동들의 입장에서 말하는 것이 아니라 예비교사들 자

신의 경험에 비추어 생각해 보려고 노력하는 것―역자 주). 또 다른 학생
이 이야기하기를, "저는 그들의 사회적 배경이 어디였는지 알아요.
그래서 저는 그들이 어떠한 문제를 가지고 있는지 규명할 수 있어
요."(22C: 53)라고 하였다. 또 다른 학생은 그가 그러한 기술들을 좀
더 발전시키는 것이 필요하다고 지적하였다. 그는 다른 관점에서 어
떤 사물을 보는 것의 어려움을 이야기하였다. 특히 가르치는 과목 자
체가 그가 잘하는 과목일 때는 다른 관점에서 본다는 것이 어렵다.

> 저는 체육을 잘하기 때문에 한 가지 문제를 가진 것 같습니
> 다. 저는 아마 체육이 사람들에게 혜택을 주고 건강을 주는 것
> 임에도 시도하지 않거나 체육에 대해서 신경 쓰지 않는 사람들
> 과 노력하려는 의지가 없는 사람들에 대해서 공감할 수 없었던
> 것 같습니다. 아마도 그러한 것이 제가 공감을 그다지 못한 부
> 분인 것 같습니다. (12C: 194)

이것은 예비교사 교육 프로그램에서 예비교사들을 직업과 관련되
는 요구되는 사항에 맞도록 준비시키는 것에서의 차이점을 보여 준
다. 3명의 학생은 교육실습이나 파트타임 일을 통해서 그러한 기술
들을 발전시켰다고 그들의 의견을 말하였다. 몇몇 학생은 그들이 이
러한 기술을 발전시키지 못한 것은 예비교사 교육 프로그램의 잘못
이라고 하며 "제가 생각하는 것은 어떤 사람들은 선천적으로 그러한
것을 가지고 있고, 어쨌든 간에 저의 파트타임 일에 있어서…… 저
는 그러한 것을 이야기하면서 배웠지, 대학에서 배운 것 같지는 않

습니다."(12C: 17)라고 하였다.

그래서 대체로 정서가 어떻게 특별한 형태의 사고를 촉진할 수 있다는 것을 이해하는 데 있어서 학생들은 몇 가지의 어떤 초점들이 있다. 이 영역에 있어서 그들의 지식과 이해는 워크숍 프로그램을 수강했던 학생들의 관점보다는 자세하지 않은 것처럼 보인다. 많은 경우에 학생들은 교육실습에서 그들이 사용했던 역량보다는 어떤 역량에 있어서의 필요성을 이야기하였다. 그들 중 대부분이 교사 양성의 약점들을 이야기하였다.

이해

정서 정보를 이해하고 분석하기, 정서 지식 활용(이해)
- 서로 다른 정서가 어떻게 관련되어 있는지에 대해 이해하는 능력
- 감정의 원인과 결과를 지각하는 능력
- 혼합된 정서 및 모순되는 감정과 같은 복잡한 감정을 해석하는 능력
- 정서 간의 이동을 이해하고 예측하는 능력

7명의 학생은 그들 자신의 정서가 변한다는 것에 대해 어렴풋하게나마 인식함을 이야기하였다. 이러한 학생들의 대부분은 특히 그들이 반응을 할 때 나타내는 화를 언급하였다. 이것은 정서적으로 강렬한 기억이 더 회상이 잘 되기 때문인 것으로 보인다. 이러한 것들은 정서적으로 덜 강력한 기억에 비교해서 볼 때 오랫동안 유지된다(Caruso & Salovey, 2004: 51).

한 학생은 정서상의 진보에 대한 더 복잡한 이해를 설명하였다.

그 학생은 어느 정도 그의 정서가 계속해서 증폭될 것을 그가 어떻게 느끼곤 하였는지를 다소 예측할 수 있었다. 그는 그가 의사결정을 할 때 이러한 정보를 어떻게 사용하였는지 이야기하였다. 이 학생이 교육실습을 가기 전에 정서지능에 대해서 자기주도적인 학습을 했다는 것을 아는 것은 중요하다.

> 저는 저 자신에게 '자, (이것) 다음 단계가 있다. 나는 그것을 느낄 수 있을 것 같은데…… 나는 그러한 것들을 느끼는 데 좀 위축되고, 다음 단계는 얽힐 수 있다. 그것은 나를 화나게 하지 않을까?'라고 말했어요. 그런 것들은 내가 원하는 것들이 아니에요. 그래서 저는 말하지요. '좋아, 이것을 지금 멈추자.' (22C: 53)

한 학생이 정서의 원인을 이해하는 것의 어려움을 이야기하였다. 그녀가 이야기하기를, "난 그것을 이해할 수 없었어요. 1분 정도는 괜찮다가도 갑자기 화가 나는 거예요. 감정이라는 것은 이렇게 완전하게 바뀌는 거예요."(22C: 140)라고 하였다. 또 다른 학생은 그녀가 가르쳤던 아이들의 태도가 바뀌었으나 그녀는 이러한 변화의 원인을 이해하는 것이 어려웠다는 것을 회상하였다. 그녀는 "교육실습의 마지막 두 주는 향상되는 것처럼 보였어요. 그래서 저는 분명히 고비를 넘겼거나 제가 모르는 무언가를 바꾸었다고 이해했어요."(12C: 17)라고 말하였다. 한 학생은 그 교육과정에서 정서발달을 강조하는 것을 추천하였다. 다음은 그 학생이 이야기한 것이다.

사람들은 정서 상태에 있어서 그들이 겪는 어떤 상승세를 모르는 것 같아요. 그래서 저는 그것을 아는 것이 조금 도움이 된다고 생각해요. 그것이 당신이 상황을 읽어 내는 데 어떠한 도움이 됩니다. (22C: 53)

전반적으로 정서 변화와 발달을 이해하는 면에서 워크숍에 참여하지 않았던 일부 학생들은 모호한 인식을 표현하였다. 이것은 전형적으로 화에 대한 것이었다. 또 다시 말하자면, 다른 기술 부분들처럼 이것 역시 학생들이 이러한 능력에 대해서 깨닫게 되었음을 나타낸다. 그러나 학생들은 이렇게 필요로 하는 능력들을 가지지 않았다고 느꼈다. 몇몇의 학생들에게 이것은 그들의 교사 양성에 있어서의 격차를 나타낸다.

관리

정서조절(관리)
- 유쾌한 감정과 불쾌한 감정 모두에 개방적인 능력
- 정서를 관찰하고 성찰할 수 있는 능력
- 판단된 유익함이나 유용성에 따라서 정서 상태를 수용하거나, 연장시키거나, 그로부터 분리되는 능력
- 자기 자신과 다른 사람의 감정을 관리하는 능력

앞에서 첫째 통제집단 학생들이 정서를 인식할 수 있었고, 생각에 대한 정서의 영향을 인식할 수 있었다. 그리고 그들은 정서를 발생

시키거나 조절하는 것에 있어서 어려움을 나타내었다. 통제집단의 6명의 학생이 말한 것은 교육실습에서 그들의 감정이나 정서를 조절하는 데 있어서의 어려움이었다. 이러한 것의 몇 가지 예는 이미 보여 주었다. 그들의 정서를 활용하여 사고를 촉진하는 것에 관련된 것이거나, 누군가가 "부정적인 것은 당신을 옆길로 새게 해요. …… 그리고 그것은 당신의 하루에 영향을 주어요. …… 저는 여전히 하나의 반이 잘 진행이 안 되었던 것을 생각하곤 해요."(22C: 140)라고 한 것과 같다.

2명의 학생은 그 상황에서 뒤로 물러나 정서조절을 돕기 위해서 활용했던 전략들을 멈추었다고 이야기하였고, 4명의 학생은 감정을 숨기려고 하였다고 보고하였다. 한 학생이 이야기하기를 "화라는 것은 확실히 다루어야 합니다. 그러나 그것이 나타나도록 해서는 안 됩니다."(22C: 18)라고 하였다. 이 학생들 모두가 구체적으로 부정적인 정서를 조절하는 것에 대해서 또는 '태연한 척하는 것'(22C: 18)에 대해 말한 것에 반해서, 한 학생은 그녀 역시 긍정적인 정서를 '하향 조절'(Bonanno, 2001)하고 그녀의 감정을 숨기려고 하였다고 보고하였다. 학생들은 그들의 정서표현을 잘 숨기지 못하는 것에 대해서 유감의 뜻을 표했다. 한 학생이 이야기하였다.

(저는) 어떤 반을 기억해요. 저는 실제로 굉장히 좌절했고, 그래서 어떤 사람이 말하기를 "당신이 그 반에서 좌절한 것이 보였어요."라고 했어요. (저는 이야기했어요) "네, 저는 그것을 그렇게 잘 다루지 못했어요. 왜냐하면 그 반 아이들은 제가 좌절했

고 화가 났다는 것을 알았기 때문입니다.” …… 그 수업이 끝나고 나서 (저는 말했어요) “그래, 그런 일은 다시는 일어나지 않을 거예요.”(22C: 110)

몇몇 학생은 그들의 정서적 표현을 왜 통제하는지를 설명하였다. 한 학생은 가르치는 아이들에게 화풀이를 하는 것은 ‘정당’하지 않다고 믿었다. 다른 학생은 그의 정서적인 표현을 조절하는 것 자체가 그가 ‘약함’을 나타내지 않게 해 주고, 그가 좀 더 효과적임을 나타낸다고 하였다. 서튼(Sutton)이 어떤 교사가 이야기한 것과 유사한 이야기를 보고한 적이 있다. 그 교사는 “제가 완전히 다른 사람이 되어야 하는 반이 있어요. 저는 가면을 써야 하고, 그것은 진짜 제가 아니에요. 저는 누군가가 되어야 해요.”(Sutton, 2004: 392)라고 이야기하였다. 앞에서 이야기한 것처럼, 정서에 가면을 씌우려고 하는 것은 정서를 경험하는 것에 대해서 열려 있는 것보다 덜 효과적일 수 있다(감정을 숨기려고 하는 것보다는 그 감정을 그대로 경험하든지 그 감정을 좋게 변화시키는 것이 낫다—역자 주). 몇 가지 사례에 있어서 첫째 통제집단의 학생들은 정서조절에 대해 이야기하였다. 그러나 몇몇의 다른 경우에 있어서는 그들의 초점은 정서적 표현을 가리는 것에 관한 것이었다.

8명의 학생은 그들의 이전 경험을 고려하는 인지 반응 전략들을 사용하였다. 몇몇의 학생들은 혼자 이야기하기를 통해서 이러한 활동에 참여하였고, 또 다른 학생들은 그들의 수업 후 평가(post-lesson appraisals: 필수교육과정의 부분으로서 구조화된 일지)를 사용하였다.

학생들은 또한 그들의 경험을 부모 및 다른 교사들과 토의했다고 이야기하였다. 어떤 학생들은 이것을 감정을 표출하는 수단으로 사용하였다. 한 학생이 이야기하기를 "그들이 듣지 않고 있을지언정 저는 그것에 대해 이야기하고 있었어요."(22C: 140)라고 하였다. 또 어떤 학생들은 이렇게 그들의 경험을 부모 및 다른 교사들과 이야기하는 것이 시야를 넓히는 데 도움이 되었다고 이야기하였다. 3명의 학생은 자신들이 가르치는 아동들의 행동이나 이야기를 기분 나쁘게 받아들이지 않는 것이 중요하다는 것을 이야기하였다. 이렇게 이야기한 학생 중에 1명이 이야기한 것은 흥미로웠다. 그녀는 "기죽지 마세요. 그렇지 않으면 당신은 상황을 엉망으로 만들 거예요."(22C: 162)라고 이야기하였다. 그러나 나머지 2명의 학생이 강조한 것은 이러한 전략을 사용하는 데에 있어서의 어려움이었다.

> 저는 그것에 대해서 생각하면서 집에 가곤 했어요. 당신도 그것에 대해서 계속 생각할 거예요. 제가 생각하기에 저는 때때로 너무 신경을 많이 쓴다고 생각해요. 때때로 사람들은 그냥 잊어버리고 다음 단계로 넘어가야 돼요. 그러나 그것은 조금씩 만들어지는 거예요. (22C: 162)

이전에 이야기한 것처럼, 많은 연구들이 초임교사가 경험했던 불안들을 보고하였다(Bullough et al., 1991; Erb, 2002; Lortie, 1975; Tickle, 1991). 첫째 통제집단에서 어떤 학생들은 그들의 정서에 관련된 것들에 대해서 다시 생각을 해 보고, 다른 학생들은 정서적 경험을 되새겨 보는 과정들을 통해서 정서조절을 할 수 있었던 것이 주목할 만하다.

그들 자신의 정서를 조절하는 것에 덧붙여서 학생들은 또한 그들이 가르치는 아동들의 정서를 조절하려는 시도에 집중하였다. 하나의 전략은 (우리가 이전에 살펴본 것처럼) 그 반이 어떤 심리상태나 정서를 갖도록 하는 계획을 포함한다. 한 학생이 그녀의 수업계획을 수정하여 수업에서의 활동을 좀 더 일찍 시작하였는데, 그것은 '가르치는 아이들이 좀 더 빠르게 생각하고 공부할 수 있도록'(12C: 17)하기 위해서였다. 다른 두 학생은 그들의 수업계획서를 수정하였는데, 이는 그들이 가르치는 아이들을 동기유발하기 위해 참신한 활동이나 재미있는 활동들을 포함하기 위해서였다.

종종 학생들이 필요로 하는 것은 자신들이 가르치는 아동들의 심리상태를 바꾸는 것이다. 다른 집단에 있는 학생들처럼 몇몇 학생은 수업을 방해하는 아동들에게 방과 후에 자신에게 와서 이야기하라고 함으로써 그 상황을 수정하려고 하였다. 학생들은 이러한 기술들이 상황을 진정시키고, 또 그 상황에서 상승되는 부정적인 정서가 확대되는 것을 방지하기 위해서도 이러한 방법을 사용하였다고 이야기하였다. 이러한 방법은 교사들에게 친숙한 정서조절 전략의 예다(예를 들어, Sutton, 2004 참조).

또한 학생들은 정서적 경험 또는 정서적 표현, 심리적 반응을 수정하기 위해서 다양한 반응 집중(response-focused) 전략도 사용하였다. 9명의 학생은 소리 지르기, 그들의 목소리 높이기, 과외 숙제 제공하기, 학생 행동에 대해 주임교수에게 이야기하는 것과 같은 다양한 행동전략들을 사용하였다고 이야기하였다. 예를 들어, 한 학생은 다음과 같이 이야기하였다.

> 갑자기 그 교실에서 소음이 굉장히 커졌고 화가 난 저 자신과 높아지는 목소리 톤, 학생들을 경고하고 있는 저를 발견했어요. (12C: 195)

또 다른 학생이 그가 사용했던 반응 집중 전략에 대한 인상에 대해서 "만일 한 아이가 규칙을 어기면 저는 그들을 아주 심하게 혼을 내었고, 그로 인해 교실은 완벽해졌어요."(22C: 162)라고 이야기하였다. 앞서 이야기한 것처럼, 그러한 전략들은 질서를 유지하는 데 있어서 단기적인 효과가 있는 것처럼 보인다. 그러나 그러한 것들은 학습에 있어서 장기적인 면에서 부정적인 것을 가져올 수 있다. 첫째 통제집단의 학생들은 그 누구도 자신의 감정을 조절할 수 없다고 하였다. (워크숍 시리즈를 수강한 학생들의 일부에 의해서 이러한 점들이 강조되었다) 사실상 어떤 학생들은 어떤 상황에서 그들의 반성을 살펴보았을 때 후회스럽다고 이야기하였다.

> 다른 아이들만큼 빠르게 이해하지 못하는 한 여학생은 많은 질문을 하여 눈에 띄었고, 그 결과 저는 제가 무언가를 더 했었어야 했다고 느꼈습니다. (12C: 17)

한 학생은 그 프로그램 자체가 정서조절이라는 면에서 학생들을

위해서 학생들을 잘 준비시켰는지에 대해서 의문을 가졌다. 앞의 인
용은 초임교사 그리고 예비교사들에게 '자력으로 살아남는'(Lortie,
1975) 접근을 강조하고 있다.

> 당신이 들었던 모든 것은 교실에서 학생들과 대립하지 말라
> 는 것이었습니다. 절대 화내지 말라는 것입니다. 당신의 목소리
> 를 높이지 말라는 것이지요. 하지만 확신컨대 당신은 자신을 어
> 떻게 다룰지에 대해서는 실제적으로 들어본 적이 없다고 했습
> 니다. (22C: 162)

이와 같은 예들은 예비교사들을 더 잘 준비시켜야 함을 이야기하
고 있다. 예를 들어, 플로어와 데이(Flores & Day, 2006)는 긴장감
을 경험하고 이해할 수 있는 기회를 갖는 것의 중요성을 강조하였
는데, 결과적으로 학교에 개인적이고 문화적인 상황을 반영하는 기
회를 갖는 것을 강조하고 있다(Meyer, 2009에서 재인용). 2명의 학
생이 경험한 것은 자신들이 가르치는 아이들의 정서를 조절하는 데
서 오는 어려움이었다. 한 학생이 이야기하기를 "저는 그들에 대해
서 그렇게 많은 생각을 안 해요."(22C: 140)라고 하였다. 다른 학생
은 가끔 자신이 아이들의 정서를 조절하는 법을 몰랐다고 하였다.
즉, "저는 그것을 어떻게 조절하는지 몰랐습니다."(12C: 17)라고 하
였다. 이러한 반응들은 흥미롭고, 또한 이러한 것들은 워크숍에 참
여했던 학생들과 워크숍에 참여하지 않았던 학생들로부터 나타나는
차이점의 일부를 보여 주기도 한다.

전반적으로 첫째 통제집단에 있는 예비교사들은 그들 자신의 정서조절과 그들이 가르치는 아이들의 정서조절의 필요성에 대한 인식을 보여 주었다. 몇 명의 학생은 효과적일 수 있는 자기 조절 전략(Self-regulation strategies)을 사용한 반면, 또 다른 학생들은 감정을 터뜨리고 심각하게 생각하는 것과 같은 비효율적일 수 있는 전략들을 사용하였다. 본인들이 가르치는 아동들의 감정을 조절하는 것이 필요한 학생들일지라도 그들은 이러한 것을 그들의 정서 과정을 관리하는 방법에 대해서 배우는 것이라고 생각하기보다는 행동 전략을 통해서 이루어진다고 보는 경향이 있었다. 그들은 다른 기술 영역들과 마찬가지로 그들의 교사 교육 프로그램에서 이러한 능력 부분에 보다 관심을 가져줄 것이 필요함을 느꼈다고 강조하였다.

MSCEIT

면담을 한 첫째 통제집단의 10명 모두가 이야기하기를, MSCEIT에 참여하고 피드백을 받는 것은 교육실습에 도움이 되었다고 하였다. 그리고 그것이 그들이 가르치는 것에 어떻게 영향을 주었는지 많은 예를 제시하였다.

제가 생각하기에 그 시험을 쳤던 사람들은 굉장히 행운아들이라고 생각합니다. 왜냐하면…… 저는 그러한 기술들에 대해서 인식한 적도 없었고, 그러한 감정들에 대해서 인식한 적도 없었으며, 그러한 감정에 있어서 인지적인 면들을 인식한 적도

없었기 때문입니다. 제가 또는 우리가…… 즉, 작년에 테스트를
하는 기회를 갖지 않았더라면, 저는 모든 기술, 모든 감정, 모
든 감정의 인지적인 면을 인식하지 못했을 것이라 생각합니다.
(22C : 18)

4명의 학생은 그들 자신과 다른 사람들에 있어서의 정서에 대해
서 더 잘 알게 되었다고 이야기하였다. 몇몇 사람들은 그들 자신과
자신이 가르친 아동들을 더욱 잘 이해할 수 있었다고 이야기하였다.
3명의 학생은 정서적인 표현에 대해 더 잘 알게 되었다고 이야기하
였다. 2명의 학생이 이야기한 것은 교육실습 동안에 피드백을 받은
것이 그들이 가르치는 아동들의 얼굴 표정, 몸짓 언어, 제스처를 더
잘 파악하게 하였다는 것이었다. 다른 학생이 이야기하기를, 그녀의
감정을 어떻게 표현하였는지 생각한다고 하였다. 어떤 학생은 관점
을 바꾸어서 아이들의 눈높이에서 생각하려고 한다고 이야기한 반
면에, 한 학생은 그가 정서의 발달을 고려하였다고 이야기하였다.

저는 다른 사람들은 다르게 생각한다는 것을 기억해야 한다
고 생각해요. 교육실습에 대해서 그렇게 생각하는 것은 좋다고
봐요. '그래, 내가 생각하기에는 그들이 이렇게 해야 된다고 생
각하는데, 그들은 저렇게 행동해야 된다고 생각하네. 그래서 그
들은 그렇게 생각하도록 허용된 것 같아.'라고요. 그래서 저는
그곳에서 한발 뒤로 물러섰어요. 옛날 같으면 제가 '이렇게 해
라.'라고 이야기했을 수도 있지만. 그렇게 한 것은 잘한 일이에

요. (22C: 110)

결과적으로, 4명의 학생은 MSCEIT로부터 나온 긍정적-부정적 편향 점수(positive-negative bias score)를 고려하였다고 이야기하였다. 긍정적-부정적 편향 점수는 개인이 그림자극에 대해서 긍정적이거나 부정적인 정서에 대해 할당하는 어떠한 대표적인 경향성을 이야기한다(Mayer et al., 2002b). 이러한 학생들이 이야기하는 것은 MSCEIT로부터의 결과가 그들이 가르칠 동안 긍정적인 정서나 부정적인 정서에 집중하는 경향성을 고려하도록 도와주었다.

제가 발견한 것 중 한 가지는 제가 밝고 명랑한 아이들에게 집중하는 경향이 있다는 거예요. 저는 확실하게 그러한 것들을 인식했어요. 첫 번째 주에 저는 그러한 것들을 사실상 인식하지 않았지만 그렇게 하고 있는 것을 알았고, 그래서 저는 그것에 대해 생각해 보아야 했습니다. …… 단순히 그러한 것들을 인식함으로써, 그리고 그러한 것들을 깨달음으로써. 제가 이야기한 것처럼 밝고 명랑한 아이들에게 집중을 하고, 그로 인해 무엇이 진행되고 있는지를 빠뜨릴 수도 있었고, 그 반에서 다른 면들을 놓치고 다른 아이들이 어떻게 느끼는지를 놓칠 수도 있었습니다. (22C: 18)

4개의 기술 영역에 있어서 첫째 통제집단의 학생들은 각 기술에 대해 어느 정도 알게 되었음을 나타내 주었다. 그들은 대체로 자신과 다른 사람들의 정서가 얼굴 표정이나 몸짓 언어를 통해 어떻게 지각되는지를 알게 되었다.

그들은 정서가 사고에 어떻게 영향을 주는지 어느 정도 이해했지만, 이러한 점은 워크숍에 참여한 학생들보다 분명하지 못했다. 그들은 정서적인 발달에 대해 어느 정도 이해를 했고, 그것을 '화'라는 것에 대하여 설명할 수 있었다. 그들이 보여 준 것은 그들 자신의 정서와 그들이 가르치는 아동들의 정서를 조절하는 것이 필요하다는 것이었다. 아동들의 정서를 조절하는 것에 대해서 그들은 아동들이 그들 자신의 정서 과정을 어떻게 관리하는지를 배우도록 하는 것보다 오히려 행동적인 반응을 강조하는 경향을 보였다. 그들은 종종 정서적 문제에 대한 인식 자체가 그들의 예비교사 교육 프로그램에서 다루어지지 않았음에 대해서 논의되었다. 많은 사람은 MSCEIT를 치르는 것과 구체적인 그리고 개별적인 피드백을 얻는 것이 그들의 정서역량의 이해에 기여하였음을 강조하였다. 교육실습을 가기 전에 이러한 주제에 대해 면담을 받는 자체는 그들의 정서에 관련된 이해에 도움을 줄 수도 있다.

둘째 통제집단의 교육실습에서의 정서역량

지금까지의 초점은 정서역량 워크숍에 자발적으로 참여한 학생들의 경험에 대한 것이었다(워크숍에 직접적으로 참여한 사람과 참여하지 않은 사람 모두를 포함). 워크숍에 참여한 학생은 교육실습에 참여하기 전에 면담을 하였고, 그들은 테스트를 통해서 개별적이고 구체적인 피드백을 받았다. 그러나 예비교사 교육 프로그램의 학생들 대부분이 이러한 피드백이 이루어진 것은 아니다. 이 부분은 둘째 통제집단의 예비교사들과 함께한 열 번의 면담을 통한 중요한 질적인 발견을 나타낸다. 이 집단에 있는 학생들은 정서역량 워크숍에 참석하지 않았고, MSCEIT를 단지 한 번 사후 중재(검사2)로 치렀다. 그들은 MSCEIT 점수에서 수기로 된 자세한 피드백을 받았으며, 그들은 MSCEIT 피드백에 대한 함축성이 일반적인 용어로 묘사된 회기에 참가하였다. 이러한 집단은 거의 '전형적인' 교육실습 경험을 나타내는 학생들이라고 할 수 있다.

지각

정서의 지각, 평가, 그리고 표현(지각)
- 개인의 신체적 · 심리적 상태에서 정서를 파악하는 능력
- 다른 사람이나 어떤 대상의 정서를 파악하는 능력
- 정서를 정확하게 표현하고 정서와 관련되어 있는 요구들을 표현하는 능력
- 명확한 감정표현과 명확하지 않은 감정표현, 혹은 정직한 감정표현과 정직하지 않은 감정표현을 구별하는 능력

이러한 구성요소들을 토의하는 과정에서, 둘째 통제집단의 어떤 학생들은 그들이 가르치는 아동들의 정서를 지각하는 것에 대해 이야기하였다. 한 학생은 자기가 가르치는 아동들의 목소리 톤에 대해서 알게 되었다고 이야기하였고, 또 다른 학생들은 자기 자신의 목소

리 톤에 대해서 깨닫게 된 것을 이야기하였다. 또 다른 2명의 학생은 어떤 상황에서 교육실습에 대해 깨달은 바에 대해 이야기하였다.

> 당신이 만일 화가 나거나 좌절했다면, 그것을 알 수 있을 거예요. 당신은 아이들에게 소리 지르거나, 화를 내서는 안 됩니다. (22C2: 63)

한 학생이 교육실습 동안에 자신과 자신이 가르친 아이들의 얼굴 표정에 대해서 알게 되었음을 지적하였다.

> (교실에서) 안전하게 다루어야 할 학생이 한 명 있었는데요. 제가 교실 밖에서 그에게 이야기하였는데, 그는 그것을 너무나 무서워했어요. 그가 (이야기하기를) "제발 저희 부모님께는 이야기하지 말아 주세요!"라고 했습니다. 그 아이의 눈에서 공포를 볼 수 있었어요. (22C2: 40)

3명의 학생이 이야기한 것은 얼굴 표정이라는 것이 그들이 생각한 것은 아니었다는 것이었다. 한 학생이 이야기하기를 "그것은 내가 분석하거나 나중 일에 대해 깊게 생각하는 그런 것은 아니었어요."(22C2: 115)라고 하였다. 5명의 학생이 보고한 것은 교육실습 동안에 자신들이 가르친 아이들의 몸짓 언어에 대한 인식이었다. 예를 들어 한 학생이 이야기하였다.

> 그들의 구부정함, 어떠한 흥미를 보이지 않는 것. 그로 인해
> 저는 그들의 몸짓 언어를 더 잘 인식하곤 했어요. (22C2: 63)

또 다른 학생은 자신이 가르친 아동들의 감정을 어떻게 인식하였
는지 설명하지 못했다. 그는 단지 "당신도 알잖아요."라고 이야기하
였다(22C: 167).

다른 아동들의 감정을 인식하는 것에 더해서 많은 학생이 그들 자
신의 몸짓 언어가 무엇을 이야기하는지를 알게 되었다고 하였다. 한
학생은 그녀가 자신의 아동들의 숙제를 검사할 때 어떻게 몸짓 언어
를 사용하였는지 생생하게 기억하였다. 그녀가 이야기한 것은 그녀
의 몸짓 언어 자체가 그녀가 얼마나 다가가기 쉬운 사람인지를 나타
내는 것과 관련이 있음을 나타내었다.

> 제가 그들이 숙제를 다 했는지를 체크하면서 돌아다니고 있
> 을 때 제가 늘 했던 것처럼 (몸짓 언어를) 알 수 있었어요. ……
> 제가 바로 그들 옆에 있었을 때 그들은 더 쉽게 질문할 수 있었
> 습니다. 그들에게 있어서 나의 몸짓 언어는 학생들이 좀 더 다
> 가올 수 있도록 바꿔야 하는 것이었어요. (22C2: 12)

이러한 학생들 중 1명은 자신의 몸짓 언어에 대하여 '완전히 의식
하지 않았음'을 이야기하였다. 그러나 이러한 것은 자연스럽게 일어
났다고 하였다. 그녀는 그것을 계획하지도 않았고, 그것을 분석하지
도 않았다고 하였다. 3명의 학생은 자신들의 몸짓 언어는 그들의 교

육실습 동안에 인식하고 있었던 그런 것은 아니었다고 지적하였다. 3명의 학생들 중 1명이 이야기하기를 "난 그것에 대해 생각하지 않았어요."(22C2: 38)라고 하였다.

일반적으로 학생들 중 몇 명은 감정을 어떻게 지각하고 어떻게 의사소통하는지를 잘 모름을 나타내었다. 그들 중에 대부분은 이것을 그다지 심각하게 생각하지 않았다. 이것은 가르친다는 것이 관계적인 직업이라는 것과 학급에서 진행되고 있는 비언어적 의사소통의 양을 감안할 때 주목할 만하다.

활용

사고의 정서적 촉진(활용)
- 대상, 사건, 그리고 다른 사람과 관련된 감정에 기초한 개인의 생각을 재조정하고, 그러한 생각에 우선순위를 매기는 능력
- 감정과 관련된 판단 및 기억을 촉진시키는 생생한 정서를 발생시키거나 모방하는 능력
- 다양한 관점을 갖기 위해 감정의 기복을 활용하는 능력, 즉 이러한 심리상태에 의해서 유발된 감정들을 통합하는 능력
- 문제해결 및 창의성 촉진을 위해 정서 상태를 활용하는 능력

이전 부분에서 우리는 다른 사람이 어떻게 생각하는지 이해하는 능력을 촉진시키기 위하여 자신의 감정을 유발하는 예에 있어서 공감을 이야기하였다. 6명의 학생은 교육실습에서 공감을 사용하는 것에 대해서 이야기를 하였다. 그러나 그들이 이야기하는 공감은 감정 그 자체라기보다는 '가르치는 아동들을 이해하려고 하는 것'과

관련되었다. 예컨대, 몇몇 학생은 가르치는 아동에게 직접적으로 이야기하지 않고 가르치는 아동의 관점을 가지고 어떤 것을 상상하려고 하였다고 이야기하였다. 하지만 다른 학생들은 그들 자신이 아이였을 때로 되돌아가서 기억하려고 하였다. 2명의 학생에게 있어서 공감이라는 것은 학생들이 이야기하게끔 하는 것을 포함한다. 한 학생에게 있어서 공감이라고 하는 능력은 어떤 사람들은 가지고 있고 다른 사람들은 가지지 않은 '자연스러운' 능력으로 보였다. 또 다른 학생은 자신이 종종 공감을 이야기하는 것에 대해서 잊어버린다고 하였다. 하지만 다른 학생은 공감이란 것이 그가 노력할 필요가 있는 그 무엇이라고 이야기하였다.

8명의 학생은 그들의 심리상태가 교육실습에 영향을 미쳤던 다양한 방법에 대해 이야기하였다. 이러한 것들은 그들의 관계를 포함하고 있고, 즉 그들이 가르치는 아이들과 상호작용하는지를 파악하고 있었다. 한 학생은 그녀가 지쳤을 때 더 '정서적'이었음을 이야기하였다(22C2: 63). 그녀는 그녀의 수업을 반성한 후 하나의 경험을 회상하면서 그녀의 학생들에게 미안함을 나타내었는데, 초기 대면에서 안 좋은 심리상태였다는 것에 대해 이야기하였다. 그녀는 "그들이 한 것은 아무것도 아니었어요."(22C2: 63)라고 이야기하면서 그녀의 행동에 대해 후회를 하였다. 또 다른 학생은 그녀의 심리상태 자체가 그녀의 수업과 계획에 어떻게 영향을 끼치는지 깨달았음을 이야기하였다. 그러나 몇몇 학생에게는 그들의 심리상태에 대해 생각하는 것은 교육실습 기간에 최우선적으로 집중해야 할 일은 아니었다.

제가 교육실습(TP)에 갔을 때, 수업 시 저의 심리상태에 대한 것이라든지, 수업에 들어갔을 때 어떻게 느끼는지 생각하기보다는 검사활동, 수업계획, 활동, 학생들 이름을 외우는 것에 대해서 생각했어요. 그것은 학업적인 면에 더욱 가까웠어요. 교육실습의 결과로 얻은 것이었어요. 교육실습을 가면서 생각했던 것은 나의 전반적인 점수 평균이었고, 그것을 준비하려 했어요. (22C: 12)

이 학생은 정서라는 것이 어떻게 인지와 연결되는지 이해를 하지 못했고, '학업적 측면'에서 성공을 하는 것에 있어서 중요한 역할을 한다는 것을 이해하지 못했다. 그녀의 관점은 제3장에 나온 것처럼 정서와 인지의 분리에 대한 전통적인 서구적 믿음에 기인하고 있는 것처럼 보였다(Solomon, 2000). 이후에 논의되는 것처럼, 이것은 면담을 한 것 내에서 반복되는 주제들이다.

이 학생들은 자신이 가르치는 아이들이 그 내용을 이해했는지를 확신할 수 없어서 '뒤로' 가야 할 때 불안하게 되었다는 것을 깨달았다고 이야기하였다(22C2: 12). 서튼과 콘웨이(Sutton & Conway, 2002)에 따르면, 달성되지 못한 학업적 목표는 교사들에 있어서 부정적인 감정의 근원이 될 수 있다(Sutton, 2004에서 재인용). 면담 동안에 경험들을 반성해 보고, 그녀의 심리상태 자체가 '상황을 더 안 좋게 만들었음'을 깨달았다고 이야기하였다.

사고에 있어서 특별한 방법들을 촉진하기 위하여 그들 자신의 정서를 관리하는 것뿐만 아니라 학생들은 또한 그들이 가르치는 아동들의 정서에도 집중할 수 있었다. 그러나 많은 학생은 그들 자신이 가르친 아동들의 감정을 교육실습 동안에는 고려하지 않았다고 이야기하였다. 한 학생은 "저는 그걸 사실상 지금까지 한 번도 생각하지 않았어요."(22C2: 40)라고 하였다. 또 다른 학생이 MSCEIT에 대해 이야기를 하는 동안 한 학생은 심리상태와 활동 사이의 관계 자체가 그녀가 수업을 계획했을 때 더욱 고려할 필요가 있었던 영역이라고 이야기하였다. 6명의 학생은 그들이 교육실습 동안에 자신의 아동들의 심리상태를 고려하는 다른 방법들에 대해 이야기하였다. 한 학생은 자신이 가르치는 아동들의 심리상태와 에너지의 수준을 그날의 어떤 순간에 고려하였다고 이야기하였고, 그렇게 했을 때 그녀의 수업계획에 영향을 미쳤다고 하였다. 이 학생에게 있어서는 자신이 가르치는 아동들의 심리상태를 고려하는 것은 학업적인 목표를 추구하는 것과 대립하는 것이었다. 그녀는 이렇게 이야기하였다.

> 그러나 당신은 그것을 떠넘길 수 없습니다. 당신이 알다시피 다루어져야 할 교육과정이 있고, 당신이 해야 할 것들이 있습니다. 단지 금요일 저녁의 마지막 시간이라고 하는 것 자체가 당신이 아이들이 좀 더 빨리 집으로 가게 해야 한다는 것을 의미하는 것은 아니고, 또 그것은 당신이 알다시피 그 학생들이 조금만 공부해야 한다는 것을 의미하는 것은 아닙니다. (22C2: 5)

정서라는 것이 어떤 면에서 관심이 되는 것은 명백하다. 이는 인지라는 것과 분리되어 있거나, 인지라는 것과 관련이 없거나, 아니

면 인지라는 것과 대립된다는 것이다. 이 학생에 있어서 정서적 목
표와 학업적인 목표가 서로를 촉진하는 것이라기보다는 서로 대립
되는 것으로 보고 있다. 비슷한 방법으로, 또 다른 학생은 어떤 심리
상태가 수업 활동의 어떤 형태와 관련이 될 수 있지만, "교수계획서
에는 약속들이 있고 그것은 있는 그대로 되어야 합니다."(즉, 학생들
의 기분에 맞추어 수업이 진행되어서는 안 된다―역자 주)(22C2: 164)라
고 이야기하였다.

사고를 촉진하는 정서를 활용하는 능력과 관련되는 면이 면담을
한 많은 학생에게서 결여되었다는 것은 명백하다. 대신에 몇몇 학생
에 있어서 우리는 정서와 인지가 분리되었다는 전통적인 서구적 민
간신앙을 발견하게 되었다. 몇몇 학생이 수업계획을 하는 데 있어서
심리상태를 고려하는 것의 필요성을 규정하였는데, 그들은 이러한
것을 그들의 교육실습에서 일관된 패턴의 형태라기보다 모호한 용
어로써 설명하였다.

이해

정서 정보를 이해하고 분석하기, 정서 지식 활용(이해)
- 서로 다른 정서가 어떻게 관련되어 있는지에 대해 이해하는 능력
- 감정의 원인과 결과를 지각하는 능력
- 혼합된 정서 및 모순되는 감정과 같은 복잡한 감정을 해석하는 능력
- 정서 간의 이동을 이해하고 예측하는 능력

6명의 학생은 그들 자신에게 있어서 정서적인 발전을 희미하게나

마 깨달았던 것에 대해서 이야기하였다. 이 학생들 중 5명은 그들의 정서가 변화되는 것을 알았고, 그러한 것들은 주로 화와 같은 부정적인 정서와 관련된 것이었다고 말하였다. 예를 들면, 한 학생은 "수업이 진행됨에 따라서…… 저는 부정적이 되었고, 공황 상태가 되기 시작했고, 그 반은 꽤 괜찮아졌어요."(22C2: 146)라고 이야기하였다. 한 학생이 이야기하기를 그것은 생각했던 적이 없었던 것이었다고 했다. 반면 다른 학생은 "그러한 것에 대해서 의식하는 것은 좋을 것 같습니다."(22C2: 63)라고 이야기하였다. 3명의 학생이 인식한 것은 그들이 피곤할 때 일반적으로 기분이 안 좋아진다는 것이었고, 또 한 여학생이 이야기하기를 "저는 피곤해지면 더 정서적이 되어요."라고 이야기하였다. 또 다른 학생이 이야기한 것은 자신이 가르치는 아이들이 종종 그녀가 어떤 형태로 느끼도록 한다는 것이었다.

> 음, 많은 시간 동안에 (당신이 가르치는 아이들은) 당신을 짜증나게 하는 무엇인가를 할 수 있어요. 예를 들어서 당신이 그들에게 뭘 하지 말라고 하면, 그 아이들은 그것을 할 것이라는 걸 당신은 확신할 거예요. (22C2: 184)

7명의 학생은 그들이 가르치는 아동들의 정서가 어떻게 바뀌는지를 고려하였다고 이야기하였다. 이 학생들 중 2명은 극단적인 사례에서 이러한 것들을 발견했다고 하였고, 한 학생이 말하기를 "대부분 사람들은 단지 가르치는 아동들보다는 수업 자체에 집중을 해요."(22C2: 164)라고 하였다. 다른 4명의 학생은 그들 역시 어떤 상황에서 그러한 것을 알 수 있었다고 이야기를 하였다.

> 제가 눈치를 챈 것은 가능하면 말을 적게 해야 한다는 거예요. 아마 그 아이들이 프로젝트를 하고 있는 동안, 그리고 그들이 뭔가 잘못된 것을 하고 있는 동안 당신은 그들이 약간 슬픈 것과 같은 것들을 볼 수 있을 거예요. 또 만일 그들이 화가 난다면 그들은 해야 할 것들을 던질 수도 있고, 그냥 싫증 내고 앉아있을 수도 있어요. 만일 그들이 프로젝트를 하지 않았다면 저는 실제로 그들의 감정을 알아차릴 수 없었을 거예요. 만일 제가 그들이 실수하는 것을 볼 수 있다면, 저는 그것을 이해하고, 그들의 정서적인 변화를 볼 수 있을 거예요. (22C2: 40)

한 학생은 아동들은 '대체로 각 수업에서 똑같았다.'(22C2: 63)고 이야기하였다. 다른 학생은 자신이 가르치는 아동들의 심리상태가 어떻게 변화되는지를 눈치챘고, "어떤 자그마한 것들이 그러한 아이들의 심리상태를 바꾸는 것 같아요."(22C2: 115)라고 이야기하였다. 그러나 이러한 학생들의 대부분은 다양한 감정 사이에서의 관계 또는 감정이 어떻게 한 단계에서 다른 단계로 이동하는지를 설명하지는 않았다.

5명의 학생은 자신이 가르치는 아이들의 정서의 원인을 이해하려고 시도하였다고 했다. 이 학생들이 이야기를 한 것은 이러한 정보가 그들이 가르치는 아이들이 어떻게 행동할 것인지 예상하는 데 도

움을 주었고, 어떠한 경우에서는 그들이 가르치는 아동들과의 상호
작용의 방법을 변화시켰다는 것이었다. 한 학생이 이야기하기를 "저
는 더 관대할 수 있었어요."(22C2: 40)라고 하였다. 그러나 어떤 학
생들은 그들이 가르치는 아이들의 행동을 다르게 합리화하였다. 한
학생은 3학년 학생들은 '더욱더 열정적이고 더 열망적'이었던 반면
에, 4학년 학생들은 일반적으로 '피곤해했고' 학급에 대해 '냉담한'
태도를 보였는데, 그것은 실제로 어떤 것을 크게 변화시키지 않았다
(22C2: 63)고 하였다. 한 학생은 그가 가르치는 아동들의 '심한 변
덕스러움' 때문에 어려웠다고 보고하였다. 그가 가르치는 아이들의
행동에 대해 그가 생각해 봤는지에 대해서 질문을 받았을 때 그는
"그것은 그냥 그 아이의 성격이고, 모든 반에 들어가 보면 다 똑같아
요."(22C2: 167)라고 하였다. 한 학생은 자신이 가르치는 아동들이
'너무나 정서적이 되어서 결국은 아동들끼리 서로 다툼을 일으키는
일이 발생하는데', 이것을 방임해서는 안 되기 때문에 어떤 주제들
은 그녀가 주도해야 함을 깨달았다고 이야기하였다.

당신이 만약에 교실에서 너무나 정서적이 된다면, 당신은 그
교실에서 정서적인 폭발을 일으킬 거예요. 당신이 어떤 주제를
가르칠 때 당신은 그들에게 너무 심오한 것들을 가르치지 않도
록 조심해야 해요. 왜냐하면 어떤 학생들은 어떤 일이 진행되고
있는지 전혀 모르기 때문이에요. 그들은 다른 것들에 대한 다른
정서들을 느낄 수도 있어요. (22C2: 12)

다시 말해서 '정서적이 되는 것'이 나쁜 것이라고 생각하는 것은 이 반응으로 보아 분명하다.

일반적으로 둘째 통제집단에 있는 학생들은 정서적인 진보나 여러 가지 형태의 정서의 원인에 대해서 잘 알지 못하는 것처럼 보였다. 이것은 일반적인 감각으로 보자면 교실에서의 정서적 분위기를 인식한다는 것이 어렵다는 것과 연결된다. 이러한 기술 영역에 대해서 어떤 학생들은 '정서적'이 된다는 것이 나쁜 것이라는 관점을 설명하였다. 이러한 생각은 정서에 대한 서구 사회의 민간신앙에 깊게 뿌리박혀 있는 것이다(Solomon, 2000).

관리

정서조절(관리)
• 유쾌한 감정과 불쾌한 감정 모두에 개방적인 능력
• 정서를 관찰하고 성찰할 수 있는 능력
• 판단된 유익함이나 유용성에 따라서 정서 상태를 수용하거나, 연장시키거나, 그로부터 분리되는 능력
• 자기 자신과 다른 사람의 감정을 관리하는 능력

많은 학생에 있어서 정서조절이라는 것은 본질적으로 자신들이 가르치는 아동들로부터 적절한 사회적 거리를 발견하는 것의 어려움과 관련된다. 즉, 그들에게 '전문적 교사의 역할'의 한 부분을 인식하고, 온정적인 것을 보여 주는 반면에 '전문적인' 거리감을 보여 줘야 하는 것과의 적절한 조화를 갖도록 하는 것이 필요하다는 것이

다(Klaassen, 2002; Oplatka, 2007). 예를 들면, 어떤 학생들은 그들의 역할이 '친구로서가 아니라 교사로서' 어떠했는지를 이야기하였고, 학생들에게 '당신은 어떤 것도 엉망으로 만들지 않는다.'는 인상을 줄 필요가 있다고 하였다. 이러한 것들은 겉으로 보여야 할 것들(Ekman & Friesen, 1975) 또는 '이상적인 정서 자아상'(Bonanno, 2001)의 예일 수 있다. 한 학생이 교사 역할의 이러한 감각을 획득했을 때를 분명하게 기억하였다.

> 저는 어떤 교사에게 지도를 받았었는데 그 교사는 우리의 친구가 되어 주곤 했지만 저는 그것이 싫었어요. 저는 그것은 전문적이지 않다고 생각했어요. 그래서 저는 여기에 내 일을 하기 위해 있기 때문에 친절하지 않을 거라고 말했습니다. 저는 전문인이에요. (22C2: 5)

반면에, 어떤 학생들은 '인간적으로 보이는 것'의 중요성을 이야기하였다. 이러한 학생들에게 있어서 '인간적이라는 것'은 정서적으로 표현되는 것을 의미한다. 한 사람이 이야기하기를, "당신의 정서를 부정하는 것은 잘못된 것입니다."라고 하였다. 이러한 학생들 중 1명은 아동들에게 교사는 인간임을 보여 주는 것이 중요했고, 그것은 생각하기 위해 시간을 할애할 만한 것은 아니었다고 설명하였다.

> "제가 생각하기에는 당신이 어떠한 직업적인 일을 하고 있다는 것보다 당신은 인간이고 당신이 그들과 똑같다는 것을 보여

주는 것이 중요합니다. …… 저는 이러한 것에 대하여 생각하지
않았지만 문득 그런 생각이 들었습니다."(22C2: 164)

서튼(2004)이 '진실함'에 대해 이야기한 교사들에 대해서 이야기
를 하였다. 또 다른 학생들이 이야기하기를 솔직하게 표현을 하는
것과 사회적 거리를 두는 것 사이에서의 균형을 찾는 것이 필요하
다고 하면서 "당신은 학생들로부터 약간 거리를 두는 것이 좋아요.
…… 그리고 당신은 가르치는 아이들에게 그러한 것들을 이야기하
는 것도 중요하고, 약간 물러서 있는 것 또한 중요해요."(22C2: 146)
라고 하였다.

교사는 감정적 표현과 진실성에 있어서 적절한 균형을 맞추는 데
어려움을 갖는다는 생각은 감정노동 자체가 이러한 과정에 관련되
어 있음을 강조한다. 왜냐하면 보메스터와 헤덜톤(Baumeister &
Heatherton, 1996)이 이야기한 것처럼, 개인들은 상반되는 것을 가
지고 있을 때 자기 조절 실패를 경험할 수 있기 때문이다. 흥미롭게
도, 이 두 가지 역할 사이에서 균형을 집중한 이 학생은 자신이 가르
치는 아동에게 '잔소리를 하고' '공황 상태가 되고' 그리고 점점 '부
정적이고' '스트레스가 생겼다고' 이야기하였다.

다른 학생들처럼 일련의 전략들을 의논한 이 집단은 교육실습 동
안에 자신이 가르치는 아동들의 정서를 조절하곤 했다고 이야기하
였다. 이러한 전략들은 즉시적인 상황에서 수업계획을 수정하는 것
을 포함하였다. 한 학생이 이야기하기를 "당신은 재빠르게 대응하거
나, 무언가를 만들었어야 해요."(22C2: 167)라고 하였다. 다른 학생

들은 그들은 발생할 수 있는 문제들을 예방하기 위해서 준비를 잘했다고 이야기했다. 몇 명이 이야기하기를 그러한 것은 수업이 시작되기 전에 수업계획을 수정하는 것을 포함했다고 하였다. 예를 들어, 팀티칭 아니면 그룹 활동과 같은 것들을 포함시키는 것이다. 둘째 통제집단에서 학생들은 자신이 가르치는 아동들의 정서를 관리하기 위해서 선행사건 집중 전략(antecedent-focused strategies)보다는 반응 집중 전략을 좀 더 사용하였다고 이야기하였다. 한 학생이 이야기하기를, "저는 가르치는 데 더 집중해요. 만일 어떤 훈육문제가 발생하면 저는 그것을 처리할 거예요."(22C2: 164)라고 하였다. 학생들은 정서적 경험이나 표현, 심리적 반응을 수정하기 위해서 다양한 반응 집중 전략을 이야기하였다. 9명의 학생은 계속해서 벌을 사용하여 자신들이 가르치는 아이들을 나무라고 아이들이 잘못한 것을 기록해 두어 자리배열 자체를 수정하는 것과 같은 다양한 행동 관련 전략을 이야기하였다.

이러한 전략들을 사용하는 것은 학생들에게는 간단한 것은 아니다. 한 학생이 이야기하기를 "제가 누구를 찰싹 때리고 나서 그 아이에게 가서, '아, 미안해. 내가 스트레스가 좀 있었어.'라고 했습니다."(22C2: 12)라고 하였다. 3명의 학생은 행동에 문제가 있는 아동들을 다루는 것은 어렵다고 이야기를 했고, 어떤 경우에 있어서 그들은 다양한 반응 집중 전략을 사용하였다고 이야기하였다. 한 학생은 때때로 잘못된 행동을 무시하기도 한다고 하였다. 그러나 자신이 가르치는 아동이 계속해서 그럴 때는 방과 후에 아이를 남게 하여 벌점 종이를 사용한 후 그 아이를 밖으로 내보냈다. 또 다른 학생이 다음과 같이 이야기하였다.

> 한 아이에 따른 사건이 있었는데, 그는 심하게 수업을 방해했
> 고 저는 실제로 무엇을 어찌해야 할지 몰랐어요. 저는 그저 공
> 황 상태에 빠졌어요……. 그때 저는 그것이 그저 흘러가도록 두
> 었고, 포기했습니다. …… 그리고 저는 그때 공황 상태가 되었
> 습니다. (22C2: 146)

또 다른 학생은 자신이 가르치는 아동의 부모에게 반응하는 것이
무척 어려웠다는 것을 이야기하면서 "저는 정말 솔직하게 이야기를
하면 뭐라고 이야기를 해야 될지를 몰랐어요."(22C2: 38)라고 하였
다. 한 학생은 그녀가 가르치는 아동에게 이야기한 방법을 회상하였
다. 그녀가 이야기한 것에 따르면, "그 아이들에게 무엇이 잘못되었
는지에 대해서 야단을 쳤어요."(22C2: 115)라고 하였다. 이 학생이
여기서 말한 것은 흥미롭다. 또 다른 학생은 그들에게 있어서 권위
적인 접근은 중요했다고 하면서, "아이들이 원할 때 바로 그것을 할
수 없다는 것을 그들이 깨닫는 것은 중요합니다……. 저는 아이들에
게 체계적인 시스템을 가르쳐야만 했어요. 교실에 와서 앉고 조용히
하고 수업재료를 꺼내는 거예요."(22C2: 167)라고 이야기하였다.

교실에서 감정을 설명하기 위해서 인지전략으로서 범주화될 수
있는 전략들을 사용하는 것과 관련된 몇 가지 증거가 있었다. 그러
나 이것은 또한 교사 역할의 특성에 관하여 어려운 상황에서 나타났
다. 한 학생은 학교에서 자신이 가르치는 아동들을 화나게 만드

는 불공평한 사건에 직면했을 때, 그는 아동들에게 이와 같은 사건에 대해 "그것에 대하여 멈추고 잊어라."라고 말한 것을 이야기했다 (22C2: 40). 이 학생은 이러한 사건을 다룰 때 그가 직면한 갈등을 강조하며 "저는 사실 그 아이들에게 뭐라고 이야기해야 될지를 몰랐어요. 저는 그들이 옳다는 것을 알았지만 그것을 그들에게 이야기할 수 없었어요."(22C: 40)라고 강조하였다. 토미와 바터슨(Tormey & Batteson, 2011: 15)은 교사 역할의 도덕적인 측면이 교사 정체성에 관련된 질문과 엮일 수도 있다고 강조하였다. 그러한 것처럼 '나는 어떤 종류의 교사일까?' '난 어떤 종류의 사람일까?'와 같은 두 가지 질문은 얽힌다. 이러한 것은 예비교사들에게 있어서 굉장히 개인적이고 정서적인 분투다. 그리고 이러한 것은 협상할 수 있는 정서역량의 유지를 요구한다(Buehler et al., 2009). 어떤 학생들은 '정당'하고 '일관성'을 가지는 것의 중요성을 강조하였다. 한 학생은 그녀 자신이 했던 수업을 되돌아보고 나서 아이들에게 사과를 했다고 이야기하였다. 도덕적인 면은 이런 반응에서 분명하다. 제2장에서 이야기한 것처럼, 로티(1975)는 미국의 교사들은 충동적이고 화를 많은 사람들 앞에서 나타내는 것은 부끄러운 일이라고 믿고 있다고 이야기하였다. 이 연구에서 학생들은 부끄러움을 언급하지는 않았지만, 그들은 후회했고, 어떤 경우는 '잔소리한 것'이나 나쁜 심리상태였던 것을 아이들에게 사과하였다.

그들 자신의 정서를 조절한다는 면에 있어서, 어떤 학생들은 주의분산(attention deployment)을 포함하는 전략을 말하였다. 한 학생이 말하기를, "저는 그냥 저를 아주 바쁘게 만들었어요. 저는 저 자신을 걱정하는 상태로 만들 수는 없었어요."(22C2: 184)라고 하였다. 또 다른 학생은 수업 2분 전까지는 학급에 대해서 생각을 하지 않으려고 한다고 이야기하였다. "하지만 저는 생각하고 있기도 합니다. '오, 맙소사!'"(22C2: 164) 또 다른 전략이 포함하고 있는 것은 장기 목표에 집중하는 것이다. 한 학생이 말하기를, "저는 참지 않고 그것을 다루려고 해요. 저는 제가 해야 될 일에 집중해요. 저는 제가 만약에 A를 받는다면 그것은 가치 있다고 생각한다고 저 자신에게 말했어요. 저의 성적의 대부분은 A예요(4가지 다른 영역에서 전반적으로 A를 받을 정도로)."(22C2: 164)라고 하였다. 그러나 모든 학생이 그들의 정서를 의식적으로 조절하는 것은 아니라고 이야기하였다. 한 학생이 이야기하기를, "아니요, 사실 저는 그것에 대해 생각하지 않았어요. 저는 그것에 대해 생각하지 않았으니 그것을 지금 생각하겠지요. 하지만 제가 전부터 그랬던 것처럼 저는 그것에 대해서 실제로는 생각하지 않아요."(22C2: 12)라고 하였다.

7명의 학생은 그들 자신의 정서를 조절하기 위해서 인지 반응 전략(cognitive response strategies)을 사용했다. 이는 다른 사람(예를 들어, 동료, 부모, 자신이 가르치는 아동, 특수교육 보조원)에게 이야기하는 것, 수업 후 평가를 활용하여 그들의 이전 경험을 다시 생각해 보는 것, 학생들의 가정생활(예를 들어, Day & Qing, 2009 참조)과 같은 다른 요소들이 그들 행동에 영향을 미친 것에 대해서 생각함으로써 관점을 바꾸는 것도 포함한다.

정서조절에 대한 학생의 반응이 나타내는 것은 그들에게 있어서 정서조절이라는 것이 단지 교사의 직업의 핵심이 아니라 교사의 정체성의 핵심이다. 그들에게 있어서 전문적인 거리감으로서 온화함과 솔직함 사이에서 균형을 맞추기 위한 어려움은 정서조절 기술을 사용하는 과정과 정서 혼란의 잠재적 근원 모두에 있다. 샘 인트라터 (Sam Intrator, 2006: 234)가 말한 것처럼, 교사가 된다는 것은 정서적인 롤러코스터와 같다. 자료에 따르면 감정을 적절히 다루거나 감정을 숨기는 것에 따르는 어려움의 혼란에 감정이 덧붙여질 수 있다.

둘째 통제집단 학생들이 묘사하기를 다른 집단에 있는 학생들처럼 똑같은 정서조절 전략들 중 일부를 설명하였다. 그들은 정서적인 상황을 계획하고 반응하는 것에 대한 중요성을 강조했고, 그들의 정서적 경험에 대해서 반추해 보고 이야기해 볼 수 있는 기회를 가지는 것에 있어서의 가치를 강조했다. 그러나 많은 차이도 나타났다. 다른 집단들과 비교해서 그들의 반응은 보다 행동적이고 반응 집중형이었다. 그들은 그들 자신의 정서적 경험에 대해서 이해하려고 하지 않았고, 어떤 경우에서는 면담에서 최초로 자신의 정서적 경험에 대해서 생각해 보는 것처럼 보였다.

MSCEIT

2명의 학생이 MSCEIT를 치르는 것과 피드백을 받는 것에 대해서 이야기하였다. 한 학생은 피드백이라는 것은 '좋은 것'이고, 가르치는 것에 도움이 된다고 말했다. 다른 학생은 그것은 아주 흥미롭고, 검사의 질문 중 몇 가지는 그녀가 다른 형태의 감정을 생각해 보게 하였다고 말하였다. 그녀는 "저는 제가 그들 중의 일부가 왜 화가 났거나 슬프다고 생각했는지를 모르겠어요. 이유는 잘 모르겠지만 내가 분명히 그것을 해야 하고, 당신이 분명히 그것을 하여야 해요."(22C2: 5)라고 하였다. 이 집단에 있는 5명의 학생은 그들이 발달시키기를 원하는 기술은 자신감, 의사소통 기술, 그들 자신의 정서관리, 가르치는 아동들의 정서관리, 훈육문제를 다루는 것, 그리고 차분하게 있는 것이라고 보고하였다. 그들은 "우리는 지금까지 어떻게 차분한 상태로 유지하면서 말해야 될 것을 말하는지에 대하여 이야기한 적이 없습니다."(22C2: 38)라고 하였다.

일반적으로 둘째 통제집단에서의 학생들은 정서역량에 대해서 정서의 제한적 이해를 보였고, 정서에 대해서 깨닫는 것이 필요하다고 이야기하였다. 정서와 인지 사이의 관계에 대한 인식이 필요함을 보였고, 정서적 발전에 대한 인식도 필요하였으며, 정서조절에 대한 전략에 있어서의 인식이 필요하다는 것을 나타냈다. 한 학생은 가르치는 것과 같은 관계적 직업에 많이 참여했던 학생들에 대해서는 사람들이 일반적으로 그들은 정서역량을 가지고 있을 것이라고 기대한다고 하였다. 그러나 그들이 가르치면서 그러한 능력을 사용한 경우를 묘사하는 데 있어서 그들의 능력은 제한적이었다. 다르게 이야기하면 그들은 그것을 잘 설명하지 못하였다.

정서역량에 대해서 이러한 어려움은 특히 정서에 대한 특별한 민간신앙('감정이란 것은 또는 정서라는 것은 인지와 연결되어 있다.' '감정은 위험하고 반드시 억제되어야 한다.' 등)과 연결되어 있는 것처럼 보인다. 결국 이러한 것은 교사의 역할의 다른 영역에 대한 핵심적인 어려움과 얽혀 있다(전문적인 거리를 보여야 하는 교사 대 온정적이고 남을 잘 보살피는 교사, 도덕적인 인간으로서의 교사 대 교육기관의 전형적인 대표자로서의 교사).

둘째 통제집단의 학생들과의 면담에서 가장 흥미로운 점은 어느 정도는 MSCEIT을 치르고 피드백을 받았음에도 불구하고, 교사가 되는 것에 있어서 정서적 어려움을 잘 설명할 수 있었음에도 불구하고 정서란 것은 그들의 맹점으로 남는다는 것이다. 한 학생이 이야기하기를 "저는요. 그것에 대해서 생각을 안 해요. 저는 지금 그것에 대해 생각하고 있다고 가정해도, 저는 그것을 옛날에 그랬던 것처럼 실제로 생각하지 않아요."(22C2: 12)라고 하였다.

결 론

이 장의 목적은 세 번째 연구 문제에 대해서 설명한 것이다. 즉, 말하자면 학생들이 워크숍 시리즈에서 배운 것을 그들의 교육실습 현장에서 사용하는지 사용하지 않는지에 관련된 것이었다. 구체적으로 워크숍 시리즈를 들은 학생들은 그들이 교육실습 현장에 있으면서 워크숍에서 발전시킨 정서역량을 활용할 능력을 보였는가? 그리고 그들은 이러한 면에 있어서 통제집단들과 차이를 보였는가?

발견된 사실들은 정서역량 면에 있어서 실험집단과 통제집단 사이에 분명한 차이가 있음을 나타냈다. 그리고 이러한 기술들이 그들의 교육실습 경험에 어떻게 영향을 미쳤는지 보여 주었다. 워크숍을 듣고 면담을 한 학생들은 그들이 워크숍에서 배웠던 것을 교육실습에 사용할 수 있음을 보여 주었다. 뿐만 아니라 그들은 다른 사람(정서를 활용하는 것)보다 어떤 영역(정서를 관리하는 것)에 있어서 아주 유능한 역량을 가지고 있었다. 발견된 사실들은 학생들이 그들의 정서지능 기술을 발달시키도록 도왔던 워크숍에서의 특별한 활동들이 있었음을 나타내었다. 이러한 워크숍의 특별한 활동 자체가 교육실습에 참여하는 학생들에게 차이를 만들었다. 그 활동들은 학급경영 비디오 분석 및 전략 개발, 교육실습에서 스토리텔링과 관련된 활동들을 열심히 듣는 것을 배우는 것, 귀 기울여 듣는 것, 학생들의 심리상태를 인지과제에 적절히 맞추어 가는 활동, 정서 문해력을 개발시키기 위한 플루트칙 원형모형을 사용하는 것, 이완 기술을 배우는 것을 포함한다. 워크숍은 학생들이 교육실습 현장에 있을 때 연습하고 개발시킬 수 있는 특별한 기술들을 나타내도록 하였다. 이것은 학생들이 정서역량을 더 개발할 수 있다는 여지를 보여 주는 것이다—분명히 자료가 나타내는 것은 그들의 이해 자체가 단순하다는 것이다. 그러나 다른 집단에 있는 학생들과 비교해서 이 집단에 있는 학생들은 가르치는 데 있어서 정서를 적절하게 사용하는 능력에 자신감을 가진 것 같았다. 학생들이 정서역량 개념을 형성하는 기술들이 교육실습 현장에서 어떻게 사용되고 적용되는지를 설명할 수 있었다는 것은 아주 분명하다.

첫째 통제집단에서 면담한 학생들은 자신들이 MSCEIT와 교사가 됨으로써 정서지능 기술에 대해서 어느 정도 인식하게 되었음을 나타내었다. 즉, 이러한 것이 그들의 교육실습에 영향을 미쳤다. 이러한 발견이 나타내는 것은 사전 교육실습에서 면담을 하고 개별화된 일대일 상황에서 피드백을 받는 것이 학생들에게 그들 자신의 감정의 중심성을 생각해 보게 하고 재차 확인하게 하였다는 것이다. 그러나 이러한 학생들은 정서적 문제에 연루되는 데 굉장히 제한적인 능력을 보였다. 질적인 증거들은 정서적인 지식에 있어서 분명한 차이가 있다는 것을 나타냈다. 워크숍을 들은 학생들에 비해서 그들은 그들 자신이 생각하기에 정서역량에 대해서 그러한 역량이 더 있었으면 좋겠다고 인식했음을 강조하였다. 그러나 현재는 예비교사 교육 프로그램 자체에서 이러한 것들이 채워지지 않음을 그들은 알게 되었다.

둘째 통제집단에서 면담한 학생들은 아주 적은 학생들이 정서적인 문제를 지각하게 되었고, 교육실습 동안 정서적인 경험에 대해 이해한다는 측면에서는 일관성이 적은 경향을 보였음을 나타내었다. 적절한 교사 역할에 대한 모형들이 정서와 인지에 대한 진부한 민간신앙들과 얽혀 있는 것처럼 보이는 것과 동시에 이러한 면담은 그들 자신의 교사 역할을 찾는 데 있어서 겪는 어려움도 보여 준다. 아주 놀라운 것은 몇 명에게는 그들이 교사가 됨에 있어서 직면했던 아주 개인적이고 정서적인 분투에도 불구하고 감정이 하나의 이슈로서 인식되지 못한다는 것이다. 몇 명은 그들이 그들의 반에서 정서란 것을 인식하지 못했다고 하였다. 또 어떤 사람들은 그것을 생각조차 안 했다고 이야기하였다.

이것이 그들이 정서조절 전략을 가지고 있지 않다고 말하는 것은 아니다. 일반적으로 학생들은 정서조절 전략에 있어서 다양한 것들을 이야기했다. 그중에서 몇 가지는 교수 상황에 아주 구체적이었고, 또 몇몇은 그렇지 않았다(즉, 교사가 아닌 사람들에 의해서 또는 교사들에 의해서 학교 밖의 그들의 삶에 사용될 수 있는 전략들). 그러나 질적 증거가 제시하는 것은 워크숍에 참여했던 사람들이 다음과 같은 면에서 차이점을 나타내었다는 것이다. 그것은 (1) 학생들은 교육실습에서 다양한 전략을 개발했고 그 이후에도 사용하였다는 것 (2) 학생들은 전략을 교수 상황에 맞게 적절하게 사용하였다는 것이다. 결과적으로 이러한 발견들이 제시하는 것은 이전의 장에서 이야기했던 근거를 지지하는데, 개별화된 언어적 MSCEIT의 피드백을 얻는 것 자체로도 학생들에게 변화를 줄 수 있다는 것이고, 그러한 것들은 워크숍과 연결되었을 때보다 더 적은 차이를 만들 수 있다는 것이다.

제8장

결 론

서 론

정서는 학습, 교수, 그리고 가르치기를 배우는 데 중요하다. 서부 유럽의 전통은 정서가 위험하기에 우리 자신의 이성으로 통제되어야 할 필요가 있는 것으로 간주해 오면서도, 최근 30년간의 신경학, 사회학, 심리학 등에서의 정서 혁명은 이러한 관점을 바꾸어 놓았다. 오늘날 (민중사회에서는 아닐지도 모르지만 학문적 사회에서는) 정서가 합리적 사고와 긍정적인 사회적 상호작용에 중요한 역할을 하고 있음을 받아들이고 있다. 학교 및 교실 기반 연구에서, 교사와 학생들에게 있어서 정서의 역할—긍정적 및 부정적 역할 둘 다—이 그려지고 있다. 예비교사들이 교사 교육과정에서 이러한 정서와 정서 속에서 일하는 역량을 어떻게 개발하는가가 이 책의 주요 관심사다. 샘 인트라터(Sam Intrator, 2006: 234)는 다음과 같이 썼다.

가르치는 활동에서 강한 정서성을 이해하기, 협상하기, 모니터하기 등은 가르치기를 시작하는 초기의 주요 국면이다. ……특히 교실은 정서 에너지가 넘치고 있으며, 교사는 일련의 '정서지능'을 사용하여야 한다. …… 초임교사들의 내면적 여정은 특히 열성적이며, 갈등적이고, 역동적이고, 손상되기 쉽다. 학년 말의 회상에서 모든 초임교사가 적어 낸 가장 흔한 문구가 '정서적 롤러코스터(급변하는 변화—역자 주)'의 어떤 차원이다. 예비교사들이 그들 정서의 지그재그(왔다 갔다 하기—역자 주)와 협상하기, 학생들의 정서적 삶에 만족하기, 그리고 그들 자신의 내부에서 무엇이 일어나고 있는가가 그들이 어떻게 가르치고, 학생들이 그들을 어떻게 지각하는지를 형성한다는 것을 이해하기 등을 돕는 것은 새로 온 교사들을 지원하는 결정적인 요소 중의 하나다.

정서적으로 유능한 교사 만들기

정서지능(EI)의 구성은 지난 15년간 인기를 많이 모았으며, 지금은 비교적 많은 학구적이고 인기 있는 관련 문헌들을 포함하고 있다. 살로베이와 메이어(Salovey & Mayer)에 있어서 정서지능은 4가지 기술 영역을 포함하고 있다(Mayer & Salovey, 1997; Salovey et al., 2000).

- 자신과 다른 사람의 정서를 지각하는 능력
- 서로 다른 사고유형을 촉진하는 데 정서 상태를 활용하거나 발생시키는 능력
- 정서 정보를 분석하고 정서 변화, 혼합, 전환 등을 이해하는 능력
- 자신과 다른 사람의 정서를 조절하는 능력

높은 수준의 정서지능은 교사기술세트 중 가치 있는 부분임이 입증되고 있다(Corcoran & Tormey, 2012b). 교사들의 정서기술은 학생들의 행동, 참여 정도, 학교에 대한 애착, 학업수행 등에 영향을 주는 것으로 확인되어 왔다(Baker, 1999; Hawkins, 1997; Schaps et al., 1996; Wentzel, 2002). 정서적으로 기술적인 교사들은 의사소통에 건강한 접근을 격려하고, 학생들이 안전하고 가치 있다고 느끼는 더 효과적인 학습환경을 창출하기 쉽다(Brackett et al., 2008). 정서지능의 정서조절 요소에서 고도의 기술 수준을 보인 교사들이 극도의 피로감을 덜 보고하며, 더 높은 직업만족도를 보고하고 있다(Brackett et al., 2010). 예비교사 교육에서 정서지능 기술 영역에 몇몇 초점을 포함시키는 것이 분명해지는 것 같다.

이러한 경향은 정서지능체계가 교수에 있어서 충분히 잘 계발된 정서이론을 제공할 수 있다는 것을 제시하는 것은 아니다. 정서가 형성되고 경험되는 상황적, 사회적, 문화적, 정치적 맥락 등에 주의를 기울이지 않으면서 개인의 능력에 초점을 맞춘 정서에 대한 심리학적 접근은 무엇이 정서경험에 대한 중요성과 의미를 주는가를 상

당한 정도로 부정하는 위험에 빠지게 한다(Hargreaves, 2000). 또한 '지능'의 개념은 사회적 및 경제적 불평등을 합리화시키는 데 이념적으로 흡수된 '타고난 능력'이라는 신념에 기여하는 방식으로 수십 년간 평가절하되어 왔다(Fischer et al., 1996). 그러나 이러한 제한에도 불구하고, 여기에 제시된 증거는 정서지능의 개념이 교수(teaching)에 있어서 정서이론에 중요한 무언가를 기여하고 있음을 제시한다. 가르치기와 교사 교육이 교사의 능력 또는 기술보다 더 관심이 주어져야 하는 반면, 그러한 기술 개발은 교사 교육의 중요한 목표로 남게 되었다. 메이어와 살로베이의 정서지능체계는 교사 교육에 대한 그러한 기술에 대하여 사고의 구조를 제공하고 있으며, 예비교사들이 실제로 사용하고 또 그러한 기술을 가르치기를 배울 때 사용할 수 있는가에 대해서는 거의 연구된 것이 없다는 전제하에서도, 예비교사 교육에 있어서 정서역량을 연구하는 체계를 제공하기도 한다. 그러한 기술들이 어떻게 교수와 학습 상황에 있어서 예비교사들에 의해 사용될 것인가보다는, 단지 정서지능모형이 추상적인 기술에 불과하지만 메이어와 살로베이가 판별하는 네 가지 기술 영역이 어떻게 교수와 학습 상황에 적용되는가에 대한 교사 정서역량(emotional competence)이라고 불리는 공식화가 급하게 요구되고 있다(Corcoran, 2011).

이 연구는 교사 교육 노력에 중심이 되는 것처럼 보이는 일련의 질문을 다루기 위해 형성되었다.

(1) 예비교사들은 어떤 수준의 교사 정서역량을 가지는가?

(2) 예비교사 교육 프로그램에서 정서역량이 소개된다면 예비교
　　사들은 정서역량을 개발할 수 있는가?

(3) 예비교사 교육에서 그러한 역량을 개발하는 것은 실제로 교
　　사로서의 그들의 실전에 영향을 주는가?

이 연구는 MSCEIT에 의한 측정에서 예비교사들이 예기치 않게
낮은 수준의 정서지능을 가진 것으로 나타났다. 평균으로 측정된 능
력은 '유능한' 범위에 속하는 반면, 그것은 기대된 평균 점수보다 유
의미하게 낮았다. 이러한 발견은 관심을 *끄는* 것임에 틀림없다. 높
은 수준의 정서지능을 가지는 것이 일련의 성공적인 교수 측면과 관
련이 있는 것으로 보일 수 있기 때문에 정서기술은 교사의 기술 목
록에 있어서 중요한 것으로 보인다. 그러므로 예비교사들은 그러한
기술의 높은 수준을 보이는 것을 더 선호할 것이다. 반면에 미국이
라는 다른 문화(이 책은 아일랜드 기준)에서 개발된 검사의 사용에 대
한 질문이 남아 있으며, 특히 그들이 다른 한 나라(영국)의 연구에서
발견된 것을 합쳐서 자료 처리를 하였기 때문에 그러한 연구 발견이
완전히 통제의 손을 벗어나면 실수가 될 수 있다. 사방에서 고려해
본다면, 그 양적 자료는 염려스러운 근거를 제시하는 것이다. 사려
깊은 반응으로서 예비교사들이 그러한 프로그램에 참여하여 그들이
이러한 기술을 개발하도록 우리가 어떻게 돕는가에 대한 주의 깊은
생각을 해야 하는 것이다.

그것이 어떻게 효과적으로 이루어질 것인가를 탐구하기 위하여
학생들은 짧은 정서역량 워크숍 시리즈를 연수받았다. 이 워크숍에

자발적으로 참여한 사람 중 60명이 이 연구에 참여하도록 선정되었다. 이 중의 반은 짧은 정서역량 워크숍 시리즈(4년제 프로그램 중 3년째에 각 2시간씩 6회기를 12주 내에 실시)를 받았으며, 나머지 반은 정상적인 프로그램만을 이수하였다. 이 두 집단의 경험은 양적으로 (MSCEIT를 사용하여), 그리고 질적으로(면접을 통하여) 자료 처리되었다. 양적 자료는 그 워크숍이 참가한 학생집단의 정서지능 수준에 거의 또는 아무런 변화를 일으키지 않은 것을 보여 주었다. 그들의 정서조절(관리)에는 눈여겨볼 만한 점수의 향상은 있었으나, 근소하게 유의미하지 않은 것으로 나타났다. 이것은 실망스러운 발견이었으나, 중재의 시기가 짧다는 상황으로 보면 예기치 못한 것은 아니었다.

한편 질적인 자료는 양적인 자료가 놓치고 있는 많은 것을 제시하였다. 정서역량 워크숍을 받은 집단은 가르치기와 관련하여 정서 인식 및 정서 정보에 더 민감한 것으로 나타났다. 그들은 자신과 다른 사람의 정서를 지각하는 기술을 개발하였음을 확실히 하였다. 그들은 또한 정서 변화에 대한 이해가 향상되었고, 자신과 다른 사람의 정서를 어떻게 관리해야 하는가를 이해하게 되었다고 보고하였다. 이것은 10주간의 교육실습 이전(즉, 짧은 기간의 워크숍 직후)과 교육실습 후(워크숍 후의 몇 달 뒤)에도 사실로 나타났다. 흥미롭게도 이 프로그램의 효과가 두 배로 나타났는데, 워크숍을 받은 사람들은 그들이 가르쳤던 아동들이 자신의 정서를 관리하도록 어떻게 도왔는가에 대해 때때로 이야기하였다. 예를 들면, 평정심을 어떻게 갖는가를 학생들에게 가르쳤다는 것이다. 또한 그 워크숍의 경험이 교육실습 경험과 함께 일어났으며, 그 실습이 그들에게 워크숍에서 설명되고 시범 보여진 기술들을 개발하고 갖게 하는 기회를 주었다는 것이다.

다른 한편, 통제집단(워크숍에 참여하지 않음) 참여자들은 교육실습에서 자신과 다른 사람의 다양한 정서기술에 대하여 인식이 낮은 것으로 나타났다. 몇몇은 교육실습에서 그들의 정서를 자제하기가 어려웠음을 보고하였다. 그들은 학생들의 행동과 정서를 조절함에 있어서 개별적으로 지도하는 것의 어려움을 강조하였다. 그들이 자신의 정서를 조절하기 위해 사용한 전략들은 덜 효과적인 것으로 나타났다. 일반적으로 그들의 프로그램이나 과목이수에서 배운 것에 대한 것보다는 효과적인 교사가 되기 위하여 그들에게 필요하다고 느꼈던 기술이 무엇인가에 관한 것을 이야기하는 경향이었다. 통제집단의 한 학생이 진술한 내용이다.

제가 들어 온 것은 교실에서 학생과 절대로 맞서지 말고, 절대로 정신을 잃지 말고, 목소리를 절대로 크게 하지 말라는 것이 전부입니다. 그러나 그것을 어떻게 다루라는 말은 실제로 들어 보지 못했습니다.

통제집단에 속한 학생들은 충족되지 않은 요구를 강조하였다면, 다른 학생들(MSCEIT 점수에 대한 개별적인 언어적 피드백을 받지 않았거나 정서역량 프로그램에 지원하지 않은)은 정서가 문제가 되는가에 대한 인식조차 일어나지 않은 것으로 나타났다. 그들은 교사의 적절한 역할을 규명함에 있어서 정서적 도전을 인식하는 반면에, 몇몇은 교사의 적절한 역할에 구성되어야 하는 것이 무엇인가에 대해서는 그들의 모형에 기초하고 있는 것으로 나타났으며, 부분적으로는 구식의 민중들이 정서에 대해 믿고 있는 것으로 정서를 인지와 무관하거나 위험한 것으로 보는 견해였다.

결 론

예비교사 교육이 교수 – 학습의 정서적 차원을 적절하게 다루어 주는 것이 필요하다. 또한 교사 교육이 그것을 의미 있게 해 주는 것도 가능하다. 그러나 그렇게 하는 것이 정서 및 정서와 인지의 관계에 관해 일부 가정된 것에 대해 도전할 필요를 의미하는 것일지도 모른다. 이러한 토의해 보지 않은 가설에 대해 의문을 갖는 것은 쉬운 일이 아닐 것이다. 어떤 의미에서, 필요한 것은 정서, 인지, 학습 등에 대한 우리의 사고에 있어서 어떤 기본적인 혁신이다.

교사 교육에 있어서 정서에 대한 작업은―이러한 이슈는 최근 교사연구 문헌에서 쇠퇴해 가고 있는데―교사 및 학생의 정서의 사회적 · 정치적 맥락에 대한 초점을 포함시켜야 한다. 또한 교사들이 교실에 가져오는 정서역량에 대한 초점도 포함시켜야 한다. 이러한 역량은 일련의 다른 기술 속에도 보일 수 있어야 한다. 첫째로는 그들 자신과 학생들 속의 정서를 지각하는 능력으로, 자신의 신체와 마음속에서 무엇이 일어나고 있는가를 인식할 뿐만 아니라 교실의 정서박동을 느끼는 것이다. 둘째로는 서로 다른 학습요구에 대한 반응으로 서로 다른 사고를 촉진하는 정서와 심리상태를 활용하고 생성하는 능력이다. 셋째로는 정서가 각자에게 어떻게 연결되어 있는가를 이해하는 능력인데, 예컨대 골칫거리가 어떻게 화가 되고 후회가 되는지 혹은 그것을 학습을 촉진하는 데 어떻게 활용할 수 있는지 혹은 더 긍정적인 정서로 변형시킬 수 있는지 등에 대해 이해하는 능력이다. 네 번째 영역으로는 그들 자신과 다른 사람의 정서 상태를 바꾸기 위해 사회적 상호작용과 자신의 신체와 사고를 사용하는 능력이다.

지난 30년간 정서에 대한 우리의 이해는 사회학, 심리학, 신경학 등에서의 정서 혁명 때문에 상당히 변화해 왔다. 지금이 바로 새로운 정서 혁명을 위한 시간이며, 지금이 예비교사 교육의 영역에서 다루어야 할 때다.

부록 - 워크숍 활동

　12주 동안 2주에 한 번, 2시간씩 이루어지는 단기간의 정서역량 워크숍 프로그램의 중재가 있었다(총 6번의 수업). 이것은 다양한 활동을 통해 학생들의 정서역량을 개발하는 데 그 목적이 있었다. 이 활동들 중의 많은 활동은 EI 기술 개발 워크숍─MSCEIT 자격증을 지닌 개인들을 위한 응용 훈련 코스─의 일부로 개발되었다(Caruso et al., 2005). 이 활동들의 몇몇은 교수와 교사 교육의 관점을 포함할 수 있도록 수정되었다. 중재 기간 동안, 학생들은 다른 개별 지도를 받는 집단과의 일관성을 확보할 수 있는 의무적 예비교사 교육 모듈과 관련된 내용을 다루어야 했다(다른 집단과 똑같은 방식으로 모듈에 대한 평가를 받아야 한다). 이 기간 동안 학생들은 자신의 정서역량을 개발하고 활용하도록 촉구되었다. 이후에 워크숍에 포함되었던 활동들의 일부를 제시한다.

정서의 지각, 평가, 그리고 표현

심리상태 측정(Mood meter): 심리상태 측정(Caruso et al., 2005)은 느낌(부정적인 것에서부터 긍정적인 것까지)과 에너지(높은 상태에서 낮은 상태까지)라는 두 가지 차원에서 정서를 다룬다. 이 활동은 학생들이 자신과 다른 학생의 심리상태를 살펴보고, 심리상태가 변하는 것을 인지하도록 돕는다.

정서가 나타난 얼굴 표정을 설명하고 그림으로 그리기: 두 사람씩 서로 등을 대고 앉아, 한 학생이 정서가 드러난 얼굴 표정의 그림을 보고 신체적 특징을 설명한다. 그러면 다른 학생은 (그림을 보지 않고) 설명에만 의존하여 정서를 추측하고 그 특징을 그림으로 그린다.

정서 포커(Emotional poker): 학생들은 집단으로 카드를 활용하여 6가지 정서군, 즉 화, 두려움, 혐오, 슬픔, 행복, 놀라움(Caruso et al., 2005)에 따라 가능한 한 많은 정서를 맞추도록 한다. 이 활동의 목적은 학생들이 그림 속의 얼굴 표정을 정확하게 확인하고 정서 이름을 붙이는 것을 돕는 데 있다.

정서 몸짓 놀이(Emotional charades): 이 활동의 목표는 집단 상황에서 나타나는 상이한 정서를 정확하게 표현하고 확인하는 데 있다 (더 깊은 논의를 위해서는 Caruso et al., 2005: 88 참조).

사고의 정서적 촉진

심리상태와 과제의 짝 맞추기: 학생들은 정서가 어떻게 서로 다른 방식으로 생각될 수 있는지를 집단으로 토론하고, 심리상태의 측정 방법을 활용하여 정서와 과제의 짝을 맞추게 된다.

교육실습의 스토리텔링: 세 사람이 한 집단이 되어, 한 사람(스토리텔러)이 정서 단어가 적힌 카드를 한 장 집는다. 그리고 그 단어를 사용하지 않고 2차년도 교육실습(전년도에 있었던 6주간의 기간)에서 있었던 경험 중 해당 정서와 관련된 이야기를 한다. 스토리텔러는 그 자신과 청자에게서 그 정서가 생겨나도록 해야 한다. 청자는 적극적으로 경청하고, 스토리텔러의 정서를 반영한 질문을 하며 계속해서 공감적인 코멘트를 할 수 있어야 한다. 세 번째 구성원은 카루소 등(Caruso et al., 2005)에 의해 소개된 것과 유사한 '차트를 보는 사람'을 사용하여 청자를 관찰하고 평가한다. 이 활동은 학생들이 자신의 교육실습에 관한 이야기를 해야 하고, 청자가 계속해서 관찰된다는 점을 제외하고 카루소 등(2005)과 카루소와 살로베이(Caruso & Salovey, 2004)에 의해 소개된 것과 유사하다.

정서 정보의 이해와 분석

왜 우리는 우리가 하는 것을 하는가: 이 활동은 카루소 등(2005)이 소개한 것과 유사하다. 학생들은 정서의 원인의 목록을 검토하고, 자신이 그 정서를 경험하였을 때의 교육실습에 대해 성찰한다. 그리고 자신과 다른 사람들이 특정한 정서를 경험하게 된 특정한 사건을 설명한다. 예를 들어, 그 정서가 강화되었는지 어떤지 등등 그 정서와 연계된 동기부여된 행동에 대해서도 토론한다.

정서 리터러시(Emotional literacy): 학생들은 집단으로 플루트칙(Plutchik) 원형의 그래픽 표현에 있는 빈칸을 채워야 한다. 그러면서 학생들은 정서의 원인, 정서 단어의 의미, 상이한 정서 간의 전이, 그리고 다양한 정서 간의 관계에 대해 숙고해야 한다.

정서조절

교실 관리 비디오: 학생들은 예방적 정서관리 전략과 반응적 정서관리 전략을 사용하는 교사들의 비디오를 관찰하고, 교사와 학생 간의 정서적으로 연결된 상황을 평가한다. 이 활동의 목적은 교사가 학생과의 갈등 상황을 어떻게 관리하는지를 확인하고 대안의 더 나은 성과를 계획하는 것이다.

지그소와 사람 관찰: 이 활동은 바블라스(1973)에 의해 설명된 정사각형 맞추기 퍼즐 게임(Broken Squares game)의 원본과 유사하다. 5명으로 구성된 집단에서 개별 학생은 두세 개의 퍼즐 조각이 담긴 봉투를 받는다. 이 활동의 목적은 각 구성원들이 완전한 사각형을 만들 수 있도록 이 조각들을 함께 놓는 것이다. 그러나 이 활동은 침묵 속에 수행되어야 하며, 학생들은 어떤 방식으로든 다른 사람에게 표시하거나 가리킬 수 없다. 각자 자신의 사각형을 다른 구성원에게 줌으로써 자신의 사각형을 함께 놓아야 한다. 각 사각형에는 활동 이후의 목표를 브리핑하고 토론하는 데 사용되는 그림이 포함되어 있다. 이 활동을 하는 동안 차트를 보는 사람들도 활용되었다.

이완 기술: 학생들은 워크숍 동안 다양한 이완 기술에 참여하고, 이러한 전략을 개발하기 위해 드클란 아헤른느(Declan Aherne, 2005)의 몸과 마음을 이완하는 프로그램(BodyMind Relaxation Programme) CD를 받게 된다.

각 워크숍에서 학생들은 여러 활동에 참여했을 뿐만 아니라, 정서지능에 관련된 연구와 내용에 관해서도 접할 수 있었다. 학생들이 답하고 설문 조사에 반응해야 할 때, 카루소와 살로베이(2004)에 출판된 것과 유사한 정서지능 자기-연구 조사가 계속 사용되었다. 이러한 조사는 흔히 학생들이 정서지능 능력을 더 잘 이해하고, 이에 관해 생각하도록 자극하는 데 도움이 되는 토론의 기초를 형성하였다. 마지막으로 중요한 점은 워크숍 기간 동안 여러 단계에서 그리고 각 활동을 한 뒤에 활동에 대한 설명이 이루어졌다는 점이라는 것을 강조할 필요가 있다.

Aherne, D. (2005). 'BodyMind Relaxation Programmer', [online], available: http://www.2.ul.ie/web/WWW/Services/Student_Affairs/Student_Supports/Student_Counselling/Relaxation [accessed 10 December 2006].

Allen, J. G., and Haccoun, D. M. (1976). 'Sex differences in emotionality: A multidimensional approach', *Human Relations, 29*(8), 711-720.

Andrade, E. B., and Ariely, D. (2009). 'The enduring impact of transient emotions on decision making', *Organizational Behavior and Human Decision Processes, 109*(1), 1-8.

Archer, S. N., Robilliard, D. L., Skene, D. J., Smits, M., Williams, A., Arendt, J., and von Schantz, M. (2003). 'A length polymorphism in the circadian clock gene per3 is linked to delayed sleep phase syndrome and extreme diurnal preference', *Sleep: Journal of Sleep and Sleep Disorders Research, 26*(4), 413-415.

Arnsten, A. F. T. (2009). 'Stress signalling pathways that impair prefrontal cortex structure and function', *Nature Reviews Neuroscience, 10*(6), 410-422.

Bachorowski, J. A., and Owren, M. J. (2008). 'Vocal expressions of emotion.' In M. Lewis, J. M. Haviland-Jones and L. F. Barrett (eds), *Handbook of emotions* (third edn, pp. 196-210). New York; London: Guilford Press.

Baker, J. A. (1999). 'Teacher-student interaction in urban at-risk classrooms: Differential behavior, relationship quality, and student satisfaction with school', *The Elementary School Journal, 100*(1), 57-70.

Bar-On, R. (1988). *The development of a concept of psychological well-*

being. Unpublished Doctoral Dissertation, Rhodes University, South Africa.

Bar-On, R. (1997a). *Bar-On Emotional Quotient Inventory (EQ-i): A test of emotional intelligence*. Toronto: Multi-Health Systems.

Bar-On, R. (1997b). *Bar-On Emotional Quotient Inventory (EQ-i): Technical manual*. Toronto: Multi-Health Systems.

Bar-On, R. (2000). 'Emotional and social intelligence: Insights from the emotional quotient inventory'. In R. Bar-On and J. D. A. Parker (eds), *The handbook of emotional intelligence: Theory, development, assessment, and application at home, school, and in the workplace* (pp. 363-388). San Francisco: Jossey-Bass.

Bar-On, R. (2002). *Bar-On Emotional Quotient Inventory (EQ-i): Resource report*. Toronto: Multi-Health Systems.

Bargh, J. A., and Williams, L. E. (2007). 'The case for nonconscious emotion regulation'. In J. J. Gross (ed.), *Handbook of emotion regulation* (pp. 429-445). New York: Guilford Press.

Barrett, L. F. (1995). 'Valence focus and arousal focus: Individual differences in the structure of affective experience', *Journal of Personality and Social Psychology, 69*(1), 153-166

Barrett, L. F. (1998). 'Discrete emotions or dimensions? The role of valence focus and arousal focus', *Cognition and Emotion, 12*(4), 579-599.

Barrett, L. F., Robin, L., Pietromonaco, P. R., and Eyssell, K. M. (1998). 'Are women the "more emotional" sex? Evidence from emotional experiences in social context', *Cognition and Emotion, 12*(4), 555-578.

Baumeister, R. F., and Heatherton, T. F. (1996). 'Self-regulation failure: An overview', *Psychological Inquiry, 7*(1), 1-15.

Bavelas, A. (1973). 'The five squares problem: An instructional aid in group cooperation', *Studies in Personnel Psychology, 5*(2), 29-38.

Benson, E. (2003). 'Intelligent intelligenc testing', *APA Monitor on Psychology, 34*(2), 48-58.

Biehl, M., Matsumoto, D., Ekman, P., Hearn, V., Heider, K., Kudoh, T., and Ton, V. (1997). 'Matsumoto and Ekman's Japanese and Caucasian Facial Expressions of Emotion (JACFEE): Reliability data and cross-national differences', *Journal of Nonverbal Behavior, 21*(1), 3-21.

Biggers, J. L. (1980). 'Body rhythms, the school day, and academic achievement', *The Journal of Experimental Education, 49*(1), 45-47.

Bonanno, G. A. (2001). 'Emotion self-regulation'. In T. Mayne and G. A. Bonanno (eds), *Emotions: Current issues and future directions* (pp. 251-285). New York; London: Guilford Press.

Borg, M. G. (1990). 'Occupational stress in British educational settings: A review', Educational Psychology: *An International Journal of Experimental Educational Psychology, 10*(2), 103-126.

Boyle, G. J., Borg, M. G., Falzon, J. M., and Baglioni, A. J. (1995). 'A structural model of the dimensions of teacher stress', *British Journal of Educational Psychology, 65*(1), 49-67.

Brackett, M. A., and Katulak, N. A. (2007). 'Emotional intelligence in the classroom: Skill-based training for teachers and students'. In J. Ciarrochi and J. D. Mayer (eds), *Applying emotional intelligence: A practitioner's guide* (pp. 1-27). New York: Psychology Press.

Brackett, M. A., Katulak, N. A., Kremenitzer, J. P., Alster, B., and Caruso, D. R. (2008). 'Emotionally literate teaching'. In M. A. Brackett, J. P. Kremenitzer, M. Maurer, M. D. Carpetner, S. E. Rivers and N. A. Katulak (eds), *Emotional literacy in the classroom: Upper elementary*. Port Chester, NY: National Professional Resources.

Brackett, M. A., and Mayer, J. D. (2003). 'Convergent, discriminant, and incremental validity of competing measures of emotional intelligence', *Personality and Social Psychology Bulletin, 29*(9), 1147-1158.

Brackett, M. A., Palomera, R., Mojsa-Kaja, J., Reyes, M. R., and Salovey, P. (2010). 'Emotion-regulation ability, burnout, and job satisfaction among British secondary-school teachers', *Psychology in the Schools, 47*(4), 406-417.

Brackett, M. A., Patti, J., Stern, R., Rivers, S. E., Elbertson, N., Chisholm, C., and Salovey, P. (2009). 'A sustainable, skill-based model to building emotionally literate schools'. In M. Hughes, H. L. Thompson and J. B. Terrell (eds), *Handbook for developing emotional and social intelligence: Best practices, case studies, and strategies* (pp. 329-358). New York: John Wiley and Sons.

Brackett, M. A., and Salovey, P. (2004). 'Measuring emotional intelligence as a mental ability with the Mayer-Salovey-Caruso Emotional Intelligence Test'. In G. Geher (ed.), *Measurement of emotional intelligence* (pp. 179-194). Hauppauge, New York: Nova Science Publishers.

Briggs, J. L. (1970). *Never in anger: Portrait of an Eskimo family.* Cambridge, Massachusetts: Harvard University Press.

Briñol, P., Petty, R. E., and Rucker, D. D. (2006). 'The role of meta-cognitive processes in emotional intelligence', *Psicothema, 18,* 26-33.

Briton, N. J., and Hall, J. A. (1995). 'Beliefs about female and male nonverbal communication', *Sex Roles, 32*(1), 79-90.

Brody, L. (1999). *Gender, emotion and the family.* Cambridge, MA: Harvard University Press.

Brody, L. R. (1993). 'On understanding gender differences in the expression of emotion: Gender roles, socialization and language'. In S. Ablon, D. Brown, E. Khantzian and J. Mack (eds), *Human feelings: Explorations in affect development and meaning* (pp. 89-121). Hillsdale, New Jersey: The Analytic Press.

Brody, L. R. (1997). 'Gender and emotion: Beyond stereotypes', *Journal of Social Issues, 53*(2), 369-393.

Brody, L. R., and Hall, J. A. (2000). 'Gender, emotion and expression'. In M. J. Lewis and J. M. Haviland-Jones (eds), *Handbook of emotions* (second edn, pp. 338-349). New York: Guilford Press.

Brookhart, S. M., and Freeman, D. J. (1992). 'Characteristics of entering teacher candidates', *Review of Educational Research, 62*(1), 37-60.

Brown, J. L., Jones, S. M., LaRusso, M. D., and Aber, J. L. (2010). 'Improving classroom quality: Teacher influences and experimental impacts of the 4rs program', *Journal of Educational Psychology, 102*(1), 153-167.

Buehler, J., Gere, A. R., Dallavis, C., and Haviland, V. S. (2009). 'Normalizing the fraughtness: How emotion, race, and school context complicate cultural competence', *Journal of Teacher Education, 60*(4), 408-418.

Bullough, R. V. (2009). 'Seeking eudaimonia: The emotions in learning to teach and to mentor'. In P. A. Schutz and M. Zembylas (eds), *Advances in teacher emotion research* (pp. 33-53). New York: Springer.

Bullough, R. V., Knowles, J. G., and Crow, N. A. (1991). *Emerging as a teacher*. London; New York: Routledge.

Burman, E. (2009). 'Beyond "emotional literacy" in feminist and educational research', *British Educational Research Journal, 35*(1), 137-155.

Bushman, B. J. (2002). 'Does venting anger feed or extinguish the flame? Catharsis, rumination, distraction, anger, and aggressive responding', *Personality and Social Psychology Bulletin, 28*(6), 724-731.

Butler, E. A., Egloff, B., Wilhelm, F. H., Smith, N. C., Erickson, E. A., and Gross, J. J. (2003). 'The social consequences of expressive suppression', *Emotion, 3*(1), 48-67.

Byron, C. M. (2001). *The effects of emotional knowledge education in the training of novice teachers*. Unpublished Doctoral thesis, Teachers College, Columbia University, New York. Available from ProQuest Dissertations and Thesis database (UMI No. 3014883).

Campbell, L., Campbell, B., and Dickinson, D. (2004). *Teaching and learning through multiple intelligences* (third edn). London: Allyn and Bacon.

Campos, J. J., Campos, R. G., and Barrett, K. C. (1989). 'Emergent themes in the study of emotional development and emotion regulation', *Developmental Psychology, 25*(3), 394-402.

Caruso, D. R., Kornacki, S., and Brackett, M. A. (2005). *Understanding and developing your emotional intelligence skills*. Unpublished manual distributed at MSCEIT certification workshop, London School of Business.

Caruso, D. R., and Salovey, P. (2004). *The emotionally intelligent manager: How to develop and use the four key emotional skills of leadership* (first edn). San Francisco, California: Jossey-Bass.

Cattell, R. B. (1963). 'Theory of fluid and crystallized intelligence: A critical experiment', *Journal of Educational Psychology, 54*(1), 1-22.

Chan, D. W. (2006). 'Emotional intelligence and components of burnout among Chinese secondary school teachers in Hong Kong', *Teaching and Teacher Education, 22*(8), 1042-1054.

Chipuer, H. M., Rovine, M. J., and Plomin, R. (1990). 'LISREL modeling: Genetic and environmental influences on IQ revisited', *Intelligence, 14*(1), 11-29.

Coats, E. J., and Feldman, R. S. (1996). 'Gender differences in nonverbal correlates of social status', *Personality and Social Psychology Bulletin, 22*(10), 1014-1022.

Cochran-Smith, M., and Fries, K. (2006). 'The AERA panel on research and teacher education: Context and goals'. In M. Cochran-Smith and K. M. Zeichner (eds), *Studying teacher education: The report of the AERA panel on research and teacher education* (pp. 37-68). Mahwah, New Jersey: Lawrence Erlbaum Associates.

Coffield, F., Moseley, D., Hall, E., and Ecclestone, K. (2004). *Learning styles and pedagogy in post-16 learning: A systematic and critical review*. London: Learning and Skills Research Centre. Available: http://www.hull.ac.uk/php/edskas/learning%20styles.pdf [accessed 20 August 2010].

Cooper, R. K., and Sawaf, A. (1998). *Executive EQ: Emotional intelligence in leadership and organizations*. New York: Perigee.

Corcoran, R. P. (2011). *Investigating the role of emotional competencies in initial teacher education*. Unpublished Doctoral Dissertation, University of Limerick, Ireland.

Corcoran, R. P. (2012). *Development of a measure of emotion regulation in the context of teaching: Reasons and methodological challenges*. Paper presented at Research Cluster in Emotions in Society conference, May, Limerick, Ireland.

Corcoran, R. P., and Tormey, R. (2011). *Developing emotional intelligence in initial teacher education: An action research approach*. Paper presented at the American Educational Research Association annual conference April, New Orleans, Louisiana.

Corcoran, R. P., and Tormey, R. (2012a). 'Assessing emotional intelligence and its impact in caring professions: The value of a mixed methods approach in emotional intelligence work with teachers'. In A. Di Fabio (ed.), *Emotional Intelligence: New perspectives and applications* (pp. 215-238). Rijeka: InTech.

Corcoran, R. P., and Tormey, R. (2012b). 'How emotionally intelligent are pre-service teachers?', *Teaching and Teacher Education, 28*(5), 750-759.

Damasio, A. R. (1996). *Descartes' error: Emotion, reason and the human brain.* London: Papermac.

Darling-Hammond, L. (2001). 'The challenge of staffing our schools', *Educational Leadership, 58*(8), 12-17.

Darling-Hammond, L., and Baratz-Snowden, J. (2005). *A good teacher in every classroom: Preparing the highly qualified teachers our children deserve.* San Francisco, CA: John Wiley and Sons.

Darling-Hammond, L., and Fickel, L. (2006). *Powerful teacher education: Lessons from exemplary programs.* San Francisco: Jossey-Bass.

Darwin, C. (1965/1872). *The expression of the emotions in man and animals.* Chicago: University of Chicago Press.

Day, C., and Qing, G. (2009). 'Teacher emotions: Well being and effectiveness'. In P. A. Schutz and M. Zembylas (eds), *Advances in teacher emotion research* (pp. 15-31). New York: Springer.

de Heus, P., and Diekstra, R. F. W. (1999). 'Do teachers burn out more easily? A comparison of teachers with other social professions on work stress and burnout symptoms.' In R. Vandenberghe and A. M. Huberman (eds), *Understanding and preventing teacher burnout: A sourcebook of international research and practice* (pp. 269-284). New York: Cambridge University Press.

Deary, I. J. (2001). *Intelligence: A very short introduction.* Oxford: Oxford University Press.

Denzin, N. K. (1984). *On understanding emotion.* London: McGraw-Hill.

DeWall, C. N., Twenge, J. M., Koole, s. L., Baumeister, R. F., Marquez, A., and Reid, M. W. (2011). 'Automatic emotion regulation after social exclusion: Tuning to positivity', *Emotion, 11*(3), 623-636.

Dimberg, U., and Lundquist, L. (1990). 'Gender differences in facial reactions to facial expressions', *Biological Psychology, 30*(2), 151-159.

Duckworth, A. L., Kirby, T. A., Gollwitzer, A., and Oettingen, G.

(under review). 'Teaching self-regulation improves academic performance'.

Dunning, D., Heath, C., and Suls, J. M. (2004). 'Flawed self-assessment: Implications for health, education, and the workplace', *Psychological Science in the Public Interest, 5*(3), 69-106.

Durlak, J. A., Weissberg, R. P., Dymnicki, A. B., Taylor, R. D., and Schellinger, K. B. (2011). 'The impact of enhancing students' social and emotional learning: A meta-analysis of school-based universal interventions', *Child Development, 82*(1), 405-432.

Ekman, P. (1992a). 'An argument for basic emotions', *Cognition and Emotion, 6*(3), 169-200.

Ekman, P. (1992b). *Telling lies: Clues to deceit in the marketplace, politics, and marriage.* New York; London: Norton.

Ekman, P., and Friesen, W. V. (1975). *Unmasking the face: A guide to recognizing emotions from facial clues.* Englewood Cliffs, New Jersey: Prentice-Hall.

Ekman, P., and Friesen, W. V. (1978). *Facial Action Coding System: Investigator's guide.* Palo Alto, California: Consulting Psychologists Press.

Elliott, J. G., Stemler, S. E., Sternberg, R. J., Grigorenkó, E. L., and Hoffman, N. (2011). 'The socially skilled teacher and the development of tacit knowledge', *British Educational Research Journal, 37*(1), 83-103.

Ellsworth, P. C. (1994). 'Sense, culture and sensibility'. In S. Kitayama and H. Markus (eds), *Emotion and culture: Empirical studies of mutual influence* (first edn, pp. 23-50). Washington, D. C.: American Psychological Association.

Emmer, E. T. (1994). 'Towards an understanding of the primacy of classroom management and discipline', *Teaching Education, 6*(1), 65-69.

Epstein, S. (1998). *Constructive thinking: The key to emotional intelligence.* Westport, CT: Praeger.

Erb, C. S. (2002). *The emotional whirlpool of beginning teachers' work.* Paper presented at the annual meeting of the Canadian Society of Studies in Education, May, Toronto, Canada.

Evelein, F., Korthagen, F., and Brekelmans, M. (2008). 'Fulfilment of the basic psychological needs of student teachers during their first teaching experiences', *Teaching and Teacher Education, 24*(5), 1137-1148.

Eysenck, H. J. (1979). *The structure and measurement of intelligence.* New York: Springer-Verlag.

Field, A. P. (2005). *Discovering statistics using SPSS (and sex, drugs and rock'n roll)* (second edn). London: Sage.

Fischer, A. H., and Manstead, A. (2000). 'The relation between gender and emotions in different cultures'. In A. H. Fischer (ed.), *Gender and emotion: Social psychological perspectives* (pp. 71-94). Cambridge: Cambridge University Press.

Fischer, C. S., Hout, M., Sanchez Jankowski, M., Lucas, S. R., Swidler, A., and Voss, K. (1996). *Inequality by design: Cracking the bell curve myth.* New Jersey: Princeton University Press.

Flavell, J. H. (1979). 'Metacognition and cognitive monitoring: A new area of cognitive-developmental inquiry', *American Psychologist, 34*(10), 906-911.

Flynn, J. R. (1984). 'The mean IQ of Americans: Massive gains 1932 to 1978', *Psychological Bulletin, 95*(1), 29-51.

Flynn, J. R. (1987). 'Massive IQ gains in 14 nations: What IQ tests really measure', *Psychological Bulletin, 101*(2), 171-191.

Flynn, J. R. (1994). 'IQ gains over time'. In R. J. Sternberg (ed.), *Encyclopedia of human intelligence* (pp. 617-623). New York: Macmillan.

Flynn, J. R. (1998). 'IQ gains over time: Toward finding the causes'. In U. Neisser (ed.), *The rising curve: Long-term gains in IQ and related measures.* Washington, D. C.: American Psychological Association.

Flynn, J. R. (1999). 'Searching for justice: The discovery of IQ gains over time', *American Psychologist, 54*(1), 5-20.

Folkman, S., and Moskowitz, J. T. (2000). 'Stress, positive emotion, and coping', *Current Directions in Psychological Science, 9*(4), 115-118.

Fried, R. L. (1995). *The passionate teacher: A practical guide.* Boston: Beacon Press.

Frijda, N. H. (1986). *The emotions.* Cambridge: Cambridge University

Press.

Frijda, N. H. (2000). 'The psychologists' point of view'. In M. Lewis and J. M. Haviland-Jones (eds), *Handbook of emotions* (second edn, pp. 59-74). New York: Guilford Press.

Frijda, N. H. (2007). *The laws of emotion*. Mawwah: Erlbaum.

Frijda, N. H. (2012). 'Emotion regulation: Two souls in one breast?'. In D. Hermans, B. Rime and B. Mesquita (eds), *Changing Emotions. Hove*: Psychology Press.

Fullan, M., and Stiegelbauer, S. (1991). *The new meaning of educational change* (second edn). London: Cassell.

Galton, F. (1869). *Hereditary genius: An inquiry into its laws and consequences*. London: Macmillan.

Gardner, H. (1983). *Frames of mind: The theory of multiple intelligences*. New York: Basic Books.

Gardner, H. (1993). *Multiple intelligences: The theory in practice*. New York: Basic Books.

Gardner, H. (1995). 'Reflections on multiple intelligences: Myths and messages', *Phi Delta Kappan, 77*(3), 200-209.

Gardner, H. (1999). *Intelligence reframed: Multiple intelligences for the twenty-first century*. New York: Basic Books.

Gay, G. (2000). *Culturally responsive teaching: Theory, research, and practice*. New York; London: Teachers College Press.

Gilligan, A. L. (2004). 'Love matters'. In R. Tormey (ed.). *Time for action: Re-shaping initial teacher education to meet the challenge of socio-economic inequalities in education* (pp. 47-50). Limerick: Centre for Educational Disadvantage Research, Mary Immaculate College.

Gleeson, J., and Kiely, L. (2006). *Perceptions of professionalism among Irish post-primary teachers*. Paper presented at the American Educational Research Association annual conference, May, San Francisco.

Gohm, C. L., and Glore, G. L. (2002). 'Affect as information: An individual-differences approach'. In L. F. Barrett and P. Salovey (eds), *The wisdom in feeling: Psychological processes in emotional intelligence* (pp. 89-113). New York: Guilford Press.

Goleman, D. (1995a). *Emotional intelligence: Why it can matter more than IQ*. New York: Bantam Books.

Goleman, D. (1995b). 'The brain manages happiness and sadness in different centers', *New York Times*, 28 March, pp. 9-10.

Goleman, D. (1998). *Working with emotional intelligence*. London: Bloomsbury.

Goodlad, J. I. (1990). *Teachers for our nation's schools*. San Francisco: Jossey-Bass.

Grant, C. A., and Agosto, V. (2008). 'Teacher capacity and social justice in teacher education'. In M. Cochran-Smith, S. Feiman-Nemser, D. J. McIntyre and K. E. Demers (eds), *Handbook of research on teacher education: Enduring questions in changing contexts* (third edn, pp. 175-200). New York: Routledge.

Gross, J. J. (1998a). 'The emerging field of emotion regulation: An integrative review', *Review of General Psychology*, *2*(3), 271-299.

Gross, J. J. (1998b). 'Antecedent- and response-focused emotion regulation: Divergent consequences for experience, expression, and physiology', *Journal of personality and Social Psychology*, *74*(1), 224-237.

Gross, J. J. (2002). 'Emotion regulation: Affective, cognitive, and social consequences', *Psychophysiology*, *39*(3), 281.

Gross, J. J., and John, O. P. (2002). 'Wise emotion regulation'. In L. F. Barrett and P. Salovey (eds), *The wisdom in feeling: Psychological processes in emotional intelligence* (pp. 297-318). New York: Guilford Press.

Gross, J. J., and John, O. P. (2003). 'Individual differences in two emotion regulation processes: Implications for affect, relationships, and well-being', *Journal of Personality and Social Psychology*, *85*(2), 348-362.

Gross, J. J., and Thompson, R. A. (2007). 'Emotion regulation: Conceptual foundations'. In J. J. Gross (ed.), *Handbook of emotion regulation* (pp. 3-24). New York; London: Guilford Press.

Hagger, M. S., Wood, C., Stiff, C., and Chatzisarantis, N. L. D. (2010). 'Ego depletion and the strength model of self-control: A meta-analysis', *Psychological Bulletin*, *136*(4), 495-525.

Hains, A. B., and Arnsten, A. F. T. (2008). 'Molecular mechanisms of stress-induced prefrontal cortical impairment: Implications for mental illness', *Learning and Memory, 15*(8), 551-564.

Hall, J. A. (1984). *Nonverbal sex differences: Communication accuracy and expressive style*. Baltimore: John Hopkins University Press.

Hargreaves, A. (1997). 'From renewal to reform: A new deal for a new age'. In A. Hargreaves and R. Evans (eds), *Beyond educational reform: Bringing teachers back in* (pp. 105-125). Buckingham: Open University Press.

Hargreaves, A. (1998). 'The emotional practice of teaching', *Teaching and Teacher Education, 14*(8), 835-854.

Hargreaves, A. (2000). 'Mixed emotions: Teachers' perceptions of their interactions with students', *Teaching and Teacher Education, 16*(8), 811-826.

Hargreaves, A. (2005). 'Educational change takes ages: Life, career and generational factors in teachers' emotional responses to educational change', *Teaching and Teacher Education, 21*(8), 967-983.

Hattie, J. A. C. (2009). *Visible learning: A synthesis of over 800 meta-analyses relating to achievement*. Oxford: Routledge.

Hawkins, J. D. (1997). 'Academic performance and school success: Sources and consequences'. In R. P. Weissberg, T. P. Gullotta, R. L. Hampton, B. A. Ryan and G. R. Adams (eds), *Enhancing children's wellness* (pp. 276-305). Thousand Oaks, CA: Sage.

Heatherton, T. F. (2011). 'Neuroscience of self and self-regulation', *Annual Review of Psychology, 62*, 363-390.

Heatherton, T. F., and Wagner, D. D. (2011). 'Cognitive neuroscience of self-regulation failure', *Trends in Cognitive Sciences, 15*(3), 132-139.

Hedlund, J., and Sternberg, R. J. (2000). 'Too many intelligences? Integrating social, emotional, and practical intelligence'. In R. Bar-On and J. D. A. Parker (eds), *The handbook of emotional intelligence: Theory, development, assessment, and application at home, school, and in the workplace* (pp. 136-168). San Francisco: Jossey-Bass.

Helsing, D. (2007). 'Regarding uncertainty in teachers and teaching', *Teaching and Teacher Education, 23*(8), 1317-1333.

Herrnstein, R. J., and Murray, C. A. (1994). *The bell curve: Intelligence and class structure in American life.* New York: Free Press.

Hochschild, A. R. (1983). *The managed heart: Commercialization of human feeling.* Berkeley: University of California Press.

Hoekstra, A., and Korthagen, F. (2011). 'Teacher learning in a context of educational change: Informal learning versus systematically supported learning', *Journal of Teacher Education, 62*(1), 76-92.

Hoffman, M. L. (2001). 'Towards a comprehensive empathy-based theory of prosocial moral development'. In A. C. Bohart and D. J. Stipek (eds), *Constructive and destructive behaviour implications for family, school and society* (pp. 61-86). Washington, D. C.: American Psychological Association.

Howitt, D., and Cramer, D. (2001). *A guide to computing statistics with SPSS release 10 for windows.* Harlow: Prentice-Hall.

Hui, E. K. P., and Chan, D. W. (1996). 'Teacher stress and guidance work in Hong Kong secondary school teachers', *British Journal of Guidance and Counselling, 24*(2), 199-211.

Humphrey, N., Curran, A., Morris, E., Farrell, P., and Woods, K. (2007). 'Emotional intelligence and education: A critical review', *Educational Psychology, 27*(2), 235-254.

Intrator, S. M. (2006). 'Beginning teachers and the emotional drama of the classroom', *Journal of Teacher Education, 57*(3), 232-239.

Isen, A. M., Daubman, K. A., and Nowicki, G. P. (1987). 'Positive affect facilitates creative problem solving', *Journal of Personality and Social Psychology, 52*(6), 1122-1131.

Jackson, P. W. (1968). *Life in classrooms.* New York: Holt.

James, W. (1952/1890). *The Principles of Psychology.* Chicago: Encyclopedia Britannica.

Jennings, P. A., and Greenberg, M. T. (2009). 'The prosocial classroom: Teacher social and emotional competecne in relation to student and classroom outcomes', *Review of Educational Research, 79*(1), 491-525.

Jensen, A. R. (1998). *The g factor: The science of mental ability.* Westport, CT: Praeger.

Jensen, A. R. (2000). 'Testing: The dilemma of group differences',

Psychology, Public Policy, and Law, 6(1), 121-127.

Kagan, D. M. (1992). 'Professional growth among preservice and beginning teachers', *Review of Educational Research, 62*(2), 129-169.

Keltner, D., and Bonanno, G. A. (1997). 'A study of laughter and dissociation: The distinct correlates of laughter and smiling during bereavement', *Journal of Personality and Social Psychology, 73*(4), 687-702.

Keltner, D., and Ekman, P. (2000). 'Facial expression of emotion'. In M. J. Lewis and J. M. Haviland-Jones (eds), *Handbook of emotions* (second edn, pp. 236-249). New York: Guilford Press.

Kitayama, S., and Markus, H. R. (1994). 'Introduction to cultural psychology and emotion research', In S. Kitayama and H. Markus (eds), *Emotion and culture: Empirical studies of mutual influence* (first edn, pp. 1-19). Washington, D. C.: American Psychological Association.

Klaassen, C. A. (2002). 'Teacher pedagogical competence and sensibility', *Teaching and Teacher Education, 18*(2), 151-158.

Klassen, R. M. (2010). 'Teacher stress: The mediating role of collective efficacy beliefs', *The Journal of Educational Research, 103*(5), 342.

Kline, P. (1991). *Intelligence: The psychometric view.* London: Routledge.

Kober, H., and Ochsner, K. N. (2011). 'Regulation of emotion in major depressive disorder', *Biological Psychiatry, 70*(10), 910-911.

Koole, S. L. (2009). 'The psychology of emotion regulation: An integrative review', *Cognition and Emotion, 23*(1), 4-41.

Krathwohl, D. R., Bloom, B. S., and Masia, B. B. (1964). *Taxonomy of educational objectives: The classification of educational goals, handbook II: Affective domain.* New York: McKay.

Kremenitzer, J., Lopes, P. N., Grewal, D., and Salovey, P. (2004). *Emotional intelligence in preservice teacher education.* Paper presented at the American Educational Research Association annual conference, April, San Diego, California.

Kyriacou, C. (1987). 'Teacher stress and burnout: An international review', *Educational Research, 29*(2), 146-152.

Kyriacou, C. (1998). 'Teacher stress: Past and present'. In J. Dunham and V. Varma (eds), *Stress in teachers: Past, present and future* (pp. 1-13). London: Whurr.

Larsen, J. T., Bernston, G. G., Poehlmann, K. M., Ito, T. A., and Cacioppo, J. T. (2008). 'The psychophysiology of emotion'. In M. Lewis, J. M. Haviland-Jones and L. F. Barrett (eds), *Handbook of emotions* (third edn, pp. 180-195). New York: Guilford Press.

Lazarus, R. S. (1991). *Emotion and adaptation.* New York: Oxford University Press.

LeDoux, J. E. (1986). 'The neurobiology of emotion'. In J. E. LeDoux and W. Hirst (eds), *Mind and brain: Dialogues in cognitive neuroscience* (pp. 301-354). New York: Cambridge University Press.

LeDoux, J. E., and Phelps, E. A. (2000). 'Emotional networks in the brain'. In M. J. Lewis and J. M. Haviland-Jones (eds), *Handbook of emotions* (second edn, pp. 157-172). New York: Guilford Press.

LeDoux, J. E., and Phelps, E. A. (2008). 'Emotional networks in the brain'. In M. Lewis, J. M. Haviland-Jones and L. F. Barrett (eds), *Handbook of emotions* (third edn, pp. 159-179). New York: Guilford Press.

Lemerise, E. A., and Dodge, K. A. (2000). 'The development of anger and hostile interactions'. In M. Lewis and J. M. Haviland-Jones (eds), *Handbook of emotions* (second edn, pp. 594-606). New York: Guilford Press.

Lerner, J. S., Small, D. A., and Loewenstein, G. (2004). 'Heart strings and purse strings', *Psychological Science, 15*(5), 337-341.

Levine, A. (2006). *Educating school teachers. Princeton*, NJ: The Education Schools Project.

Loether, H. J., and McTavish, D. G. (1993). *Descriptive and inferential statistics: An introduction.* Boston: Allyn and Bacon.

Lortie, D. C. (1975). *School teacher: A sociological study.* Chicago: University of Chicago Press.

Lutz, C. (1988). *Unnatural emotions: Everyday sentiments on a Micronesian atoll and their challenge to Western theory.* Chicago: University of Chicago Press.

Lynn, R. (1990). 'The role of nutrition in secular increases in intelligence', *Personality and Individual Differences, 11*(3), 273-285.

Maltby, J., Day, L., and Macaskill, A. (2010). *Personality, individual differences, and intelligence* (second edn). London: Pearson Education Limited.

Manucia, G. K., Baumann, D. J., and Cialdini, R. B. (1984). 'Mood influences on helping: Direct effects or side effects?', *Journal of Personality and Social Psychology, 46*(2), 357-364.

Maroney, T. A. (2011). 'Emotional regulation and judicial behavior', *California Law Review, 99*(6), 1485-1555.

Matsumoto, D,. Keltner, D., Shiota, M. N., O'sullivan, M., and Frank, M. (2008). 'Facial expressions of emotion'. In M. Lewis, J. M. Haviland-Jones and L. F. Barrett (eds), *Handbook of Emotions* (third edn, pp. 211-234). New York: Guilford Press.

Mauss, I. B., Cook, C. L., Cheng, J. Y. J., and Gross, J. J. (2007). 'Individual differences in cognitive reappraisal: Experiential and physiological responses to an anger provocation', *International Journal of Psychophysiology, 66*(2), 116-124.

Mauss, I. B., Levenson, R. W., McCarter, L., Wilhelm, F. H., and Gross, J. J. (2005). 'The tie that binds? Coherence among emotion experience, *behavior, and physiology'*, *Emotions, 5*(2), 175-190.

Mayer, J. D., Caruso, D. R., and Salovey, P. (1999). 'Emotional intelligence meets traditional standards for an intelligence', *Intelligence, 27*(4), 267-298.

Mayer, J. D., Roberts, R. D., & Barsade, S. G. (2008). 'Human abilities: Emotional intelligence', *Annual Review of Psychology, 59*(1), 507-536.

Mayer, J. D., & Salovey, P. (1997). 'What is emotional intelligence?'. In P. Salovey & D. Sluyter (eds), *Emotional development and emotional intelligence: Educational implications* (pp. 3-31). New York: Basic Books.

Mayer, J. D., Salovey, P., and Caruso, D. R. (2000). 'Models of emotional intelligence'. In R. J. Sternberg (ed.), *Handbook of intelligence* (pp. 396-420). Cambridge: Cambridge University Press.

Mayer, J. D., Salovey, P., and Caruso, D. R. (2000b). 'Emotional intelligence as zeitgeist, as personality, and as a mental ability'. In R. Bar-On and J. D. A. Parker (eds), *The handbook of emotional intelligence* (pp. 92-117). San Francisco: Jossey-Bass.

Mayer, J. D., Salovey, P., and Caruso, D. R. (2002a). *The Mayer-Salovey-Caruso Emotional Intelligence Test (MSCEIT): Item booklet.* Toronto: Multi-Health Systems.

Mayer, J. D., Salovey, P., and Caruso, D. R. (2002b). *The Mayer-Salovey-Caruso Emotional Intelligence Test* (MSCEIT): *User's manual.* Toronto: Multi-Health Systems.

Mayer, J. D., Salovey, P., and Caruso, D. R. (2004). 'Emotional intelligence: Theory, findings, and implications', *Psychological Inquiry, 15*(3), 197-215.

Mayer, J. D., Salovey, P., Caruso, D. R., and Sitarenios, G. (2003). 'Measuring emotional intelligence with the MSCEIT V2.0', *Emotion, 3*(1), 97-105.

McCrae, R. R. (2000). 'Emotional intelligence from the perspective of the five-factor model of personality'. In R. Bar-On and J. D. A. Parker (eds), *The handbook of emotional intelligence: Theory, development, assessment, and application at home, school, and in the workplace.* San Francisco, California: Jossey-Bass.

McRae, K., Heller, S. M., John, O. P., and Gross, J. J. (2011). 'Context-dependent emotion regulation: Suppression and reappraisal at the burning man festival', *Basic and Applied Social Psychology, 33*(4), 346-350.

Meyer, D. K. (2009). 'Entering the emotional practices of teaching'. In P. A. Schutz and M. Zembylas (eds), *Advances in teacher emotion research* (pp. 73-91). New York: Springer.

Morris, H. (1961). Freedom and responsibility. Stanford, California: Stanford University Press.

Neisser, U. (1998). 'Introduction: Rising test scores and what they mean'. In U. Neisser (ed.), *The rising curve: Long-term gains in IQ and related measures.* Washington, D.C.: American Psychological Association.

Neisser, U., Boodoo, G., Bouchard, T. J., Boykin, A. W., Brody, N., Ceci, S. J., Halpern, D. F., Loehlin, J. C., Perloff, R., Sternberg, R.

J., and Urbina, S. (1996). 'Intelligence: Knowns and unknowns', *American Psychologist, 51*(2), 77-101.

Nias, J. (1989). *Primary teacher talking: A study of teaching as work.* London: Routledge.

Nias, J. (1996). 'Thinking about feeling: The emotions in teaching', *Cambridge Journal of Education, 26*(3), 293-306.

Noddings, N. (1992). *The challenges to care in schools: An alternative approach to education.* New York; London: Teachers College Press

Nolen-Hoeksema, S., McBride, A., and Larson, J. (1997). 'Rumination and psychological distress among bereaved partners', *Journal of Personality and Social Psychology, 72*(4), 855-862.

O'Connor, K. E. (2008). '"You choose to care": Teachers, emotions and professional identity', *Teaching and Teacher Education, 24*(1), 117-126.

O'Connor, R. M., and Little, I. S. (2003). 'Revisiting the predictive validity of emotional intelligence: Self-report versus ability-based measures', *Personality and Individual Differences, 35*(8), 1893-1902.

Oatley, K. (2010). 'Two movements in emotions: Communication and reflection', *Emotion Review, 2*(1), 29-35.

Oatley, K., Keltner, D., and Jenkins, J. M. (2006). *Understanding emotions* (second edn). Malden, MA: Blackwell.

Ochsner, K. (2011). *The cognitive control of emotion: Neural mechanisms and beyond.* Paper presented at 'From habits to self-regulation: How do we change?' conference, November, Yale University, New Haven, CT, USA.

Ochsner, K. N., and Gross, J. J. (2005). 'The cognitive control of emotion', *Trends in Cognitive Science, 9*(5), 242-249.

Ochsner, K. N., and Gross, J. J. (2008). 'Cognitive emotion regulation', *Current Directions in Psychological Science, 17*(2), 153-158.

Oplatka, I. (2007). 'Managing emotions in teaching: Toward an understanding of emotion displays and caring as nonprescribed role elements', *The Teachers College Record, 109*(6), 1374-1400.

Oplatka, I. (2009). 'Emotion management and display in teaching: Some ethical and moral considerations in the era of marketization and commercialization'. In P. A. Schutz and M. Zembylas (eds), *Advances in teacher emotion research* (pp. 55-71). New York: Springer.

Ortony, A., Clore, G. L., and Collins, A. (1988). *The cognitive structure of emotions*. Cambridge: Cambridge University Press.

Ortony, A., and Turner, T. (1990). 'What's basic about basic emotions?' *Psychological Review, 97*(3), 315-331.

Pajares, M. F. (1992). 'Teahcers' beliefs and educational research: Cleaning up a messy construct', *Review of Educational Research, 62*(3), 307-332.

Palfai, T. P., and Salovey, P. (1993). 'The influence of depressed and elated mood on deductive and inductive reasoning', *Imagination, Cognition and Personality, 13*(1), 57-71.

Palomera, R., Fernandez-Berrocal, P., and Brackett, M. A. (2008). 'Emotional intelligence as a basic competency in pre-service teacher training: Some evidence', *Electronic Journal of Research in Education Psychology, 6*(2), 437-454.

Pavlenko, A. (2005). *Emotions and multilingualism*. New York: Cambridge University Press.

Pedrabissi, L., Rolland, J. P., and Santinello, M. (1993). 'Stress and burnout among teachers in Italy and France', *Journal of Psychology, 127*(5), 529-535.

Pennebaker, J. W. (1997). 'Writing about emotional experiences as a therapeutic process', *Psychological Science, 8*(3), 162-166.

Petrides, K. V., and Furnham, A. (2000). 'On the dimensional structure of emotional intelligence', *Personality and Individual Differences, 29*(2), 313-320.

Petrides, K. V., and Furnham, A. (2001). 'Trait emotional intelligence: Psychometric investigation with reference to established trait taxonomies', *European Journal of Personality, 15*(6), 425-448.

Pisanti, R., Gagliardi, M. P., Razzino, S., and Bertini, M. (2003). 'Occupational stress and wellness among Italian secondary school teachers', *Psychology and Health, 18*(4), 523-536.

Pithers, R. T., and Soden, R. (1998). 'Scottish and Australian teacher stress and strain: A comparative study', *British Journal of Educational Psychology, 68*(2), 269-279.

Plomin, R. (2004). *Nature and nurture: An introduction to human behavioral genetics.* London: Wadsworth.

Plutchik, R. (1994). *The psychology and biology of emotion* (first end). New York: Harper-Collins.

Plutchik, R. (2001). 'The nature of emotions', *American Scientist, 89*(4), 344-350.

Richards, J. M., and Gross, J. J. (2000). 'Emotion regulation and memory: The cognitive costs of keeping one's cool', *Journal of Personality and Social Psychology, 79*(3), 410-424.

Roberts, R. D., MacCann, C., Matthews, G., and Zeidner, M. (2010). 'Emotional intelligence: Toward a consensus of models and measures', *Social and Personality Psychology Compass, 4*(10), 821-840.

Roberts, R. D., Zeidner, M., and Matthews, G. (2001). 'Does emotional intelligence meet traditional standards for an intelligence? Some new data and conclusions', *Emotion, 1*(3), 196-231.

Robson, C. (1993). *Real world research: A resource for social scientists and practitioner-researchers.* Oxford: Blackwell.

Rosaldo, M. Z. (1984). 'Toward an anthropology of self and feeling'. In R. A. Shweder and R. A. LeVine (eds), *Culture theory: Essays on mind, self and emotion* (pp. 137-157). Cambridge: Cambridge University Press.

Rosiek, J. (2003). 'Emotional scaffolding: An exploration of the teacher knowledge at the intersection of student emotion and the subject matter', *Journal of Teacher Education, 54*(5), 399-412.

Salovey, P., Bedwell, T. B., Detweiler, J. B., and Mayer, J. D. (2000). 'Current directions in emotional intelligence research'. In M. J. Lewis and J. M. Haviland-Jones (eds), *Handbook of emotions* (second edn, pp. 504-520). New York: Guilford Press.

Salovey, P., and Mayer, J. D. (1990). 'Emotional intelligence', *Imagination, Cognition and Personality, 9*(3), 185-211.

Schaps, E., Battistich, V., and Solomon, D. (1996). 'School as a caring community: A key to character education'. In A. Molnar (ed.),

Ninety-sixth yearbook of the National Society for the Study of Education (pp. 127-139). Chicago: University of Chicago Press.

Scherer, K. R. (1986). 'Vocal affect expression: A review and a model for future research', *Psychological Bulletin, 99*(2), 143-165.

Scherer, K. R., Schorr, A., and Johnstone, T. (2001). *Appraisal processes in emotion: Theory, methods, research.* New York: Oxford University Press.

Schutz, P. A., and Zembylas, M. (2009). 'Introduction to advances in teacher emotion research: The impact on teachers' lives'. In P. A. Schutz and M. Zembylas (eds), *Advances in teacher emotion research* (pp. 3-11). New York: Springer.

Schwarz, N., and Clore, G. L. (1983). 'Mood, misattribution, and judgments of well-being: Informative and directive functions of affective states', *Journal of Personality and Social Psychology, 45*(3), 513-523.

Sheldon, B. (2011). *Cognitive behavioural therapy, research and practice in health and social care* (first edn). Abingdon: Routledge.

Sheppes, G., and Gross, J. J. (in press). 'Emotion regulation effectiveness: What works when'. In H. A. Tennen and J. M. Suls (eds), *Handbook of psychology, volume five: Personality and social psychology.* New York: Wiley.

Sheppes, G., and Gross, J. J. (2011). 'Is timing everything? Temporal considerations in emotion regulation', *Personality and Social Psychology Review, 15*(4), 319-331.

Sheppes, G., Scheibe, S., Suri, G., and Gross, J. J. (2011). 'Emotion-regulation choice', *Psychological Science, 22*(11), 1391-1396.

Sikes, P. J., Measor, L., and Woods, P. (1985). *Teacher careers: Crises and continuities.* London: Falmer.

Simonsohn, U. (2010). 'Weather to go to college', *The Economic Journal, 120*(543), 270-280.

Smith, E., Nolen-Hoeksema, S., Fredrickson, B., and Loftus, G. (2003). *Atkinson and Hilgard's introduction to psychology* (fourteenth edn). Belmont, CA: Wadsworth.

Smyth, J. M. (1998). 'Written emotional expression: Effect sizes, outcome types, and moderating variables', *Journal of Consulting and*

Clinical Psychology, 66(1), 174-184.

Soanes, C., and Stevenson, A. (2006). *Concise Oxford English Dictionary* (Eleventh edn). Clarendon: Oxford University Press.

Solomon, R. C. (2000). 'The philosophy of emotions'. In M. Lewis and J. M. Haviland-Jones (eds), *Handbook of emotions* (second edn, pp. 3-15). New York: Guilford Press.

Spearman, C. (1927). *The abilities of man.* New York: Macmillan.

Srivastava, S., Tamir, M., McGonigal, K. M., John, O. P., and Gross, J. J. (2009). 'The social costs of emotional suppression: A prospective study of the transition to college', *Journal of Personality and Social Psychology, 96*(4), 883-897.

Sternberg, R. J. (1985). 'Implicit theories of intelligence, creativity, and wisdom', *Journal of Personality and Social Psychology, 49*(3), 607-627.

Sternberg, R. J. (1986). 'Toward a unified theory of human reasoning', *Intelligence, 10*(4), 281-314.

Sternberg, R. J. (1988). *The triarchic mind: A new theory of human intelligence.* New York: Cambridge University Press.

Sternberg, R. J. (1993). *Sternberg Triarchic Abilities Test* (STAT): Unpublished test.

Sternberg, R. J. (1999). 'Successful intelligence: Finding a balance', *Trends in Cognitive Sciences, 3*(11), 436-442.

Sternberg, R. J. (2000). *Handbook of intelligence.* Cmabridge; New York: Cambridge University Press.

Sternberg, R. J., Castejón, J. L., Prieto, M. D., Hautamäki, J., and Grigorenko, E. L. (2001). 'Confirmatory factor analysis of the Sternberg Triarchic Abilities Test in three international samples: An empirical test of the Triarchic Theory of Intelligence', *European Journal of Psychological Assessment, 17*(1), 1-16.

Sternberg, R. J., Conway, B. E., Ketron, J. L., and Bernstein, M. (1981). 'People's conceptions of intelligence', *Journal of Personality and Social Psychology, 41*(1), 37-55.

Sternberg, R. J., and Detterman, D. K. (1986). *What is intelligence?* Norwood, N. J.: Ablex.

Sternberg, R. J., Forsythe, G. B., Hedlund, J., Horvath, J. A., Wagner, R.

K., Williams, W. M., Snook, S. A., and Grigorenko, E. L. (2000). *Practical intelligence in everyday life*. New York: Cambridge University Press.

Sternberg, R. J., and Grigorenko, E. L. (2001). 'Ability testing across cultures'. In L. A. Suzuki, J. G. Ponterotto and P. J. Meller (eds), *The handbook of multicultural assessment: Clinical, psychological and educational applications* (second edn, pp. 335-358). San Francisco: Jossey-Bass.

Stuart, C., and Thurlow, D. (2000). 'Making it their own: Preservice teachers' experiences, beliefs, and classroom practices', *Journal of Teacher Education, 51*(2), 113-121.

Suri, G., Sheppes, G., and Gross, J. J. (in press). 'Emotion regulation and cognition'. In M. D. Robinson, E. R. Watkins and E. Harmon-Jones (eds), *Handbook of cognition and emotion*. New York: Guilford.

Sutton, R. (2004). 'Emotional regulation goals and strategies of teachers', *Social Psychology of Education, 7*(4), 379-398.

Sutton, R., and Wheatley, K. (2003). 'Teachers' emotions and teaching: A review of the literature and directions for future research', *Educational Psychology Review, 15*(4), 327-358.

Taylor, S. E., Pham, L. B., Rivkin, I. D., and Armor, D. A. (1998). 'Harnessing the imagination: Mental stimulation, self-regulation, and coping', *American Psychologist, 53*(4), 429-439.

Thamm, R. A. (2006). 'The classification of emotions'. In J. E. Stets and J. H. Turner (eds), *Handbook of the sociology of emotions* (pp. 11-37). New York: Springer.

Thayer, R. E. (2001). *Calm energy: How people regulate mood with food and exercies*. Oxford: Oxford University Press.

Thoma, S. J. (2002). 'An overview of the Minnesota approach to research in moral development', *Journal of Moral Education, 31*(3), 225-245.

Tice, D. M., and Bratslavsky, E. (2000). 'Giving in to feel good: The place of emotion regulation in the context of general self-control', *Psychological Inquiry, 11*(3), 149-159.

Tice, D. M., Bratslavsky, E., and Baumeister, R. F. (2001). 'Emotional distress regulation takes precedence over impulse control: If you feel bad, do it!', *Journal of Personality and Social Psychology, 80*(1), 53-67.

Tickle, L. (1991). 'New teachers and the emotions of learning teaching', *Cambridge Journal of Education, 21*(3), 319-329.

Tormey, R. (2005a). 'Belonging, emotion and intercultural teacher education'. In R. McMinn and J. Coolahan (eds), *Teacher education for citizenship in diverse societies, 2005 SCoTENS conference and annual reports* (pp. 47-55). Armagh: SCoTENS and Center for Cross-Border Studies.

Tormey, R. (2005b). 'The cost of values: Questioning the application of the term in development education', *Development Education Journal, 11*(2), 9-11.

Tormey, R., and Batteson, T. (2011). 'Introduction'. In T. Batteson and R. Tormey (eds), *Teaching global perspectives: Introducing student teachers to development education* (pp. 127-139). Dublin: The Liffey PRess.

Travers, C., and Cooper, C. (1993). 'Mental health, job satisfaction and occupational stress among UK teachers', *Work and Stress, 7*(3), 203-219.

Turner, J. H., and Stets, J. E. (2005). *The sociology of emotions.* Cambridge: Cambridge University Press.

van Dick, R., and Wagner, U. (2001). 'Stress and strain in teaching: A structural equation approach', *British Journal of Educational Psychology, 71*(2), 243-259.

Veen, K., and Sleegers, P. (2009). 'Teachers' emotions in a context of reforms: To a deeper understanding of teachers and reforms'. In P. A. Schutz and M. Zembylas (eds), *Advances in teacher emotion research* (pp. 233-251). New York: Springer.

Velleman, J. D. (2008). 'A theory of value', *Ethics, 118*(3), 410-436.

Velten, E. Jr. (1968). 'A laboratory task for induction of mood states', *Behaviour Research and Therapy, 6*(4), 473-482.

Vohs, K. D., Baumeister, R. F., and Loewenstein, G. (2007). *Do emotions help or hurt decision making? A hedgefoxian perspective.* New York: Russell.

Vohs, K. D., Baumeister, R. F., Schmeichel, B. J., Twenge, J. M., Nelson, N. M., and Tice, D. M. (2008). 'Making choices impairs subsequent self-control: A limited-resource account of decision making, self-regulation, and active initiative', *Journal of Personality and Social Psychology, 94*(5), 883-898.

Wager, T. D., Barrett, L. F., Bliss-Moreau, E., Lindquist, K. A., Duncan, S., Kober, H., Joseph, J., Davidson, M., and Mize, J. (2008). 'The neuroimaging of emotion'. In M. Lewis, J. M. Haviland-Jones and L. F. Barrett (eds), *Handbook of emotions* (third edn, pp. 249-271). New York: Guilford Press.

Wagner, D. D., Dal Cin, S., Sargent, J. D., Kelley, W. M., and Heatherton, T. F. (2011). 'Spontaneous actin representation in smokers when watching movie characters smoke', *The Journal of Neuroscience, 31*(3), 894-898.

Waller, W. (1932). *The sociology of teaching*. New York; London: Wiley.

Warren, C. A. B. (1988). *Gender issues in field research*. London: Sage.

Weare, K., and Gray, G. (2003). *What works in developing children's emotional and social competence and wellbeing?* London: Department for Education and Skills (research report no. 456). Available: http://publications.education.gov.uk/eOrderingDownload/RR456.pdf [accessed 20 March 2008].

Wentzel, K. R. (2002). 'Are effective teachers like good parents? Teaching styles and student adjustment in early adolescence', *Child Development, 73*(1), 287-301.

Wessinger, H. (1998). *Emotional intelligence at work*. San Francisco: Jossey-Bass.

Whitcomb, J., Borko, H., and Liston, D. (2008). 'Why teach? Part II', *Journal of Teacher Education, 59*(4), 267-272.

White, G. M. (1994). 'Affecting culture: Emotion and morality in everyday life'. In S. Kitayama and H. Markus (eds), *Emotion and culture: Empirical studies of mutual influence* (pp. 219-239). Washington, D.C.: American Psychological Association.

White, G. M. (2000). 'Representing emotional meaning: Category, metaphor, schema, discourse'. In M. J. Lewis and J. M. Haviland-Jones (eds), *Handbook of emotions* (second ed., pp. 30-44). New

York: Guilford Press.

Woods, P., and Jeffrey, B. (1996). *Teachable moments: The art of teaching in primary schools.* Buckingham: Open University Press.

Zajonc, R. B. (1984). 'On the primacy of affect', *American Psychologist, 39*(2), 117-123.

Zembylas, M., and Schutz, P. A. (2009). 'Research on teachers' emotions in education: Findings, practical implications and future agenda'. In P. A. Schutz and M. Zembylas (eds), *Advances in teacher emotion research* (pp. 367-377). New York: Springer.

찾아보기

인 명

저자 소개

Roisin P. Corcoran는 Yale 대학교의 건강, 정서, 행동 연구소에서 박사과정과 박사후과정을 이수했으며, 영국심리학회와 미국심리협회의 회원으로 미국교육연구협회 사회정서학습 SIG의 커뮤니케이션 위원장이다. 또한 생물의학 이미징 Harvard-MIT Athinoula A. Martinos 센터 연구원이다. 관심 연구 주제는 사회정서학습 프로그램과 역량 기반 도구 개발 및 실행, 도구 및 프로그램의 사회적·심리적·학문적 영향력에 대한 효과성 평가 등이다.

Roland Tormey는 École Polytechnique Fédérale de Lausanne의 교수지원센터에 있으며, 고등교육에서의 학습, 교사 교육, 교육 불평등, 윤리적 활동을 위한 학습, 정서지능 등에 관심을 가지고 있다.

Corcoran과 Tormey의 주요 논문으로는 「*Does Emotional Intelligence Predict Student Teachers' Performance?*」(Teaching and Teacher Education, 2013), 「*How Emotionally Intelligent Are Pre-Service Teachers?*」(Teaching and Teacher Education, 2012) 등이 있다.

역자 소개

정명화(Cheong Myung-Hwa), 동의과학대학교 유아교육과 교수
대표 저서
- 교육학의 이해(공동체, 2009)
- 교육방법 및 교육공학(공저, 학지사, 2009)
- 실기교육방법론(공저, 학지사, 2012)

허승희(Huh Sung-Hee), 부산교육대학교 교육학과 교수
대표 저서
- 초등학교 상담-이론과 실천(공저, 학지사, 2010)
- 초등학교 학교폭력-예방과 지도(학지사, 2014)

박소영(Park So-Young), 대구대학교 교육대학원 교육학과 교수
대표 저서
- 질적 연구 실천 방법(공저, 교육과학사, 2009)
- 국제이해교육의 이론과 실제(공저, 학지사, 2012)
- 교육학의 이해(공저, 학지사, 2014)

신경숙(Shin Gyoung-Suk), 백석대학교 아동복지전공 교수
대표 저서
- 교사를 위한 교육심리학(공저, 서현사, 2005)
- 정서와 교육(공저, 학지사, 2005)

김아영(Kim A-Young), 동아대학교 교직부 강의전담교수

대표 저서
- 국제이해교육의 이론과 실제(공저, 학지사, 2012)
- 국제이해교육과 신식민주의 비평(공저, 학지사, 2012)

손 미(Shon Mi), 부산교육대학교 교육학과 교수

대표 저서
- 교육방법 및 교육공학(공저, 학지사, 2007)
- 질적 연구 실천 방법(공저, 교육과학사, 2009)

윤경미(Yun Kyung-Mi), 부산대학교 교육인증지원센터 교수

대표 저서 및 역서
- 아동발달과 교육(공저, 학지사, 2008)
- 학습과 행동 문제 해결을 위한 학교 컨설팅(공역, 학지사, 2010)

김건희(Kim Keon-Hee), 대구대학교 유아특수교육과 교수

대표 역서
- 자폐스펙트럼장애(공역, 시그마프레스, 2012)
- 학제간 팀들(공역, 학지사, 2012)

김윤옥(Kim Youn-Ock), 공주교육대학교 교육학과 교수

대표 저서
- 학습장애 학생을 위한 교수-학습전략(교육과학사, 2009)
- '양가'집 도련님: 읽기장애(난독증) 사례연구(교육과학사, 2014)

정서적으로 유능한 교사 되기

Developing Emotionally Competent Teachers:
Emotional Intelligence and Pre-Service Teacher Education

2015년 8월 10일 1판 1쇄 인쇄
2015년 8월 20일 1판 1쇄 발행

지은이 • Roisin P. Corcoran · Roland Tormey
옮긴이 • 정명화 · 허승희 · 박소영 · 신경숙 · 김아영
　　　　손 미 · 윤경미 · 김건희 · 김윤옥
펴낸이 • 김진환
펴낸곳 • (주)**학지사**
　　　　121-838 서울특별시 마포구 양화로 15길 20 마인드월드빌딩
대표전화 • 02)330-5114　　팩스 • 02)324-2345
등록번호 • 제313-2006-000265호

홈페이지 • http://www.hakjisa.co.kr
페이스북 • https://www.facebook.com/hakjisa

ISBN 978-89-997-0540-3 03370

정가 16,000원

이 도서의 국립중앙도서관 출판시도서목록(CIP)은 서지정보유통지
원시스템 홈페이지(http://seoji.nl.go.kr)와 국가자료공동목록시스템
(http://www.nl.go.kr/kolisnet)에서 이용하실 수 있습니다.
(CIP제어번호: CIP2015020019)